민주주의에

反하다

민주주의에 反하다

하승우 지음

2012년 4월 5일 처음 찍음
펴낸곳 도서출판 낮은산
펴낸이 정광호 | 편집 정우진 | 제작 정호영 | 디자인 박대성
출판 등록 2000년 7월 19일 제10-2015호
주소 서울시 마포구 서교동 395-179 미르빌딩 6층
전자우편 littlemt@dreamwiz.com
전화 (02)335-7365(편집), (02)335-7362(영업)
전송 (02)335-7380
제판·인쇄·제본 상지사 P&B

© 하승우, 2012

표지 그림 © 최호철 | 본문 사진 © 노순택 | 조각 작품 © 구본주

ISBN 978-89-89646-76-1 03300

민주주의에

反하다

하승우 지음

낮은산

차례

그동안 직접행동이라는 주제로 3권의 책이 나왔다. 에이프릴 카터의 《직접행동》은 왜 자유민주주의 체제 아래서 직접행동이 필요하고 때로는 요구되는지를 잘 설명했다. 두꺼운 부피만큼 많은 직접행동의 사례가 담겨 있다. 박현주의 《행동하는 양심》은 시민불복종과 비폭력 직접행동에 주목하며 그린피스의 활동, 브라질의 숲을 지키는 세링게이루, 나무를 껴안아 숲을 지켜 온 인도의 칩코 운동, 미국의 인종차별에 도전한 프리덤 라이더스, 마하트마 간디의 소금 행진, 무기 없는 세상을 꿈꾸는 쟁기날 행동 등을 다룬다. 또 다른 한 권은 내가 지은 《참여를 넘어서는 직접행동》으로, 아나키즘과 니체를 연결시키려는 욕심, 아나키즘과 풀뿌리 운동을 연관시키려는 욕심이 좀 어설프게 버무려졌다. 이 책은 여러 가지 욕심을 부렸기에 잘 읽히지 않는다.

이런 책들이 있음에도 굳이 다시 직접행동에 관한 책을 쓰는 이유는 한 가지이다. 카터나 박현주의 책은 외부의 사례에만 주목했고, 내가 썼던 책은 좀 설익었다. 지금 우리가 살고 있는 사회를 변화시킬 방법이 외부의 경험에서 찾아질 수도 있지만 그것이 실제 시민의 힘으로 만들어지려면 이 땅의 경험과 맞닿아 있어야 한다. 우리의 경험과 지식이 대안으로 재구성되어야 직접행동이 가능하다.

기억의 힘은 강하다. 그래서 힘을 가진 자들은 자신이 원하는 것만을 사람들이 기억하기 원한다. 우리가 순응하고 순종하는 삶만을 기억하기 원한다. 반만 년의 오랜 투쟁과 저항의 역사를 가진 민족이라고 자화자찬하면서도 등장인물을 영웅으로만 채우는 이유는 바로 그 때문이다. 하지만 시민이 자기 삶의 주인으로 서려면 이 모든 거짓을 극복하고 되살려 자신의 경험과 기억을 활용할 수 있어야 한다.

이런 식의 역사 서술에 대한 비판도 있다. 민중이나 시민이라는 개념이 너무나 다양한 삶의 결을 획일화시키고 저항하는 주체로 이상화시킨다는 비판이다. 그 비판에 충분히 공감한다. 한국 사회의 모든 사람들이 자기 삶의 주인이 되고자 나선 것은 아니기 때문이다. 오히려 소수의 사람만 용감하게 나섰고 대부분의 사람은 침묵으로 일관했을 수도 있다.

이 책은 모든 사람이 자기 삶의 주인으로 나섰다고 일반화시키려는 것이 아니다. 민중을 비하하거나 민중을 역사의 주인이라며 무조건 찬양하려는 것도 아니다. 이 책에서 얘기되는 민중의 의미는 함석헌 선생이 얘기했던 '씨올'의 뜻과 가깝다. "나무의 뿌리, 잎 같은 것이요, 몸의 발 같은 것"인 씨올은 역사를 만들어 온 민중이요, 현재의 부조리한 사회를 지탱해 온 민중이다. 나는 "함께 나서 함께 자라 함께 썩어 함께 부활하는 풀"이라는 함석헌 선생의 말을 좋아한다. 즉, 권력을 가진 자들을 따르며 함께 썩어 가는 자도 민중이고 썩어 버린 정치를 갈아엎고 희망의 씨앗을 심는 자도 민중이다.

그래서 함석헌 선생은 이렇게 말한다. "앓는 자에게 묻지 않고 약을 지을 수는 없다. 고치는 것은 의사가 아니라 앓는 자 자신이다." 우리의 민중은 부패한 세상에 눈감아 왔지만 그런 자신의 모습을 반성하며 조금씩 자신을 변화시키려 하는, 지금도 병을 앓고 있는 평범한 사람들이다. 이 책은 이런 사람들의 다양한 욕구와 삶의 결을 드러내려 한다.

과거에 아나키스트들은 주로 산적, 도적, 테러리스트라 불렸다. 또한 그들 말고도 운동의 역사를 장식하지 못한 채 사라진 사람들이 많았다. 역사 속에서 이들은 그냥 산적, 도적일 뿐이었다. 하지만 직접행동의 관점에서 보면 그들을 그렇게만 부를 수는 없다. 코뮌을 만들기 위해 귀족이나 부르주아지, 자본가의 집을 공동으로 점유한 사람들이 정부의 명령에 따르지 않았다고 산적이나 도적으로 불릴 수는 없다. 그렇게 불린 사람들의 마음속에는 또 다른 사회를 향한 갈망이 싹트고 있었다. 이 책은 그런 갈망과 희망을 살려 내고자 했다.

희망은 오래 지속되지 않고 반짝하며 사라질 수 있다. 허나 희망을 버리지 않고 가슴속에 품고 있다면 그 희망은 기억이 되고 역사가 되어 다시금 우리 세계로 돌아온다. 내가 희망이 될 때 그 희망은 세상의 등불이 될 수 있다. 이 원고들은 그러한 희망을 가슴속에 품고자 쓴 것이다.

이 원고들의 싹은 인권재단사람이 발행하는《세상을 두드리는 사람》

에 연재했던 글과 그 밖의 몇몇 지면에 썼던 글들이다. 그런데 그 싹을 한 권의 책으로 완성시키기로 마음먹고 나자 그전까지 안 보이던 것들이, 생각하지 못했던 고민들이 쏟아졌다. 그렇게 새롭게 자료를 찾고 확인하고, 생각의 결을 다듬으며 보태고 빼고 하는 과정을 여러 차례 거치다 보니 쉽게 생각했던 작업이 꽤 길어졌다.

그 와중에 한 아이가 세상에 태어났다. 이제 그 아이가 이 세상에 새로운 기운을 불어넣도록 돕고 싶은 절박한 심정이다. 그 아이가 숙명을 따르지 않고 자기 삶을 살도록 내가 할 수 있는 부분을 같이 찾아 보려 한다. 그런 작업을 함께 즐겁게 하고 있는 우리 각시에게 고마움을 전한다. 내 고민을 많이 성숙시켜 주고 끊임없이 현장에 관한 관심을 환기시켜 주는 사람이다. 이 책을 조금 더 살아 있게 만들도록 도와주었다. 삶을 살며 만난 많은 벗들에게도 고마움을 전한다. 일일이 부를 수 없을 만큼 많은 벗이 나의 가장 큰 재산이다.

2012년 3월
하승우

9

들어가는 말   나는 존엄한 인간인가?

2008년, 광화문 사거리에 높이 세워진 컨테이너 박스를 보며 울분을 참을 수 없었다. 시민이 권력의 주인이라는 것은 당연한 상식인데, 왜 시민의 목소리가 차가운 차벽에, 높다란 컨테이너 박스에 가로막혀야 하나? 마치 외침을 막기 위해 성곽을 쌓듯 정성스레 빈틈없이 쌓아 놓은 컨테이너 박스와 늘어선 경찰 버스, 시민들 앞에 군림하듯 무장한 채 늘어선 전경과 경찰은 과연 무엇을 지키고자 하는가? 누구의 질서를 지키고자 시민을 억압하는가? 정작 거리를 가득 메운 시민들에게는 묻지 않으면서, 여론 조사를 내세워 민심에 귀 기울이는 시늉만 하는 권력은 과연 누구를 위해 존재하는가?

이런 계속되는 물음은 일상의 분주함에 가로막혔지만 마음과 몸은 계속 거리로 향했고, 딱히 결론이 나지 않는 상황에서 시간은 또 흘러갔다. 내가 나가지 못해도 누군가가 나왔고, 누군가가 나오지 못할 때는 내가 그 자리를 채웠다. 촛불 광장은 얼마 가지 못할 것이라는 정부나 지식인들의 예측과 달리 몇 달째 이어졌고, 그 속에서 예상치 못한 만남의 자리가 이어졌다. 오랜 친구들을 그곳에서 우연히 만났고, 중간중간 술자리도 가졌다. 6월 10일에는 엄청난 수의 시민이 시청 앞과 청계 광장을 가득 메웠다. 시민의 힘이 권력을 만든다는 말이 맞다면, 그날 권력은 그곳에 있어야 마땅했다.

그동안 권력은 시민의 것일 수 없었다. '권력이 총구에서 나올 수 없다.'는 말은 절대적인 복종을 요구하는 총구가 동의와 합의를 필요로 하는 권력과는 근본적으로 다르다는 점을 뜻한다. 결국 그동안 우리가 선출했던 것은 권력이 아니라 총구였다. 우리가 행사한 것은 대표를 뽑는 투표권이 아니었다. 우리의 선거는 민주적인 대표자가 아니라 '누가 총을 들 것인가' '누구에게 총구를 겨눌 것인가'에 관한 결정권자를 뽑는 과정일 뿐이었다. 그래서 그들은 선출되고 나면 언제나 자신을 뽑은 사람들에게 총구를 겨눠 왔다. 그런 역사가 계속 반복되었지만, 시민들은 감히 자신의 권력을 되찾으리라 생각하지 못했다. 그런 일은 벌어질 수 없다고 믿기에, 아니 지난 삶을 돌이켜봤을 때 그런 일은 너무 불온하고 위험한 생각이라 믿기에 감히 엄두를 내지 못했다.

촛불 집회에 나온 시민들에게 가한 경찰의 폭력은 거리의 시민들을 아예 무시하는 듯했다. 앞으로 거리로 나오고자 하는 사람들에게 그럴 생각조차 하지 말라는 듯 경찰의 폭력은 시간이 흐를수록 강해졌다. 거리로 나왔던 시민들에게 하나둘씩 출두 요구서가 날아들기 시작했고, 기득권층의 나팔수인 《조선일보》《중앙일보》《동아일보》에 광고를 싣지 말라고 압박을 가하던 소비자 운동마저도 재판정에 끌려갔다. 끝까지 버티고 억누르면 시민들이 곧 다시 고분고분해지리라고 힘을 가진 자들은 믿기 때문이다.

그 와중에 누군가는 "이제 그만하고 일상으로 돌아가라!"고 외쳤다. 하지만 왜 우리의 일상은 거리에서 펼쳐지면 안 되는 것인가? 또 다른 이는 "이제 웬만큼 했으니 뒷일은 정당에게 맡기라!"고 외쳤다. 하지만 왜 우리가 직접 참여해서 결정하면 안 되는 것인가? "일상을 정치의 장으로, 생활정치의 장으로 만들어라!" "지금 우리 눈앞에서 결정하라!" 내 삶에 영향을 미치는 결정들인데 이런 외침이 지극히 당연한 것 아닌가? 그렇지 않다면 어찌 내가 내 삶의 주인이라 당당히 얘기할 수 있겠는가? 그런데도 왜 우리는 그런 당연한 요구를 터무니없거나 비현실적인 요구라고 생각해 왔을까? 아니, 정확하게 말하자면 왜 그렇게 여기게 되었을까?

전경의 진압봉이나 최루가스, 물대포도 무섭지만 그보다 더 무서운 것은 좌절감일지도 모른다. 이번에도 아무것도 안 바뀌면 어쩌냐는 두려움, 결국 우리는 아무것도 이루지 못했다는 좌절감, 나만 피해를 보면 어쩌냐는 공포, 이것들이 진짜 무서운 일이다. 냉소하지 않으며 희망을 품는 대신 주위의 시선을 의식하며 자기 색깔을 숨겨야 하는 이 현실이 명박산성보다 더 무서운 장벽이다. 이 두려움과 좌절감, 공포는 나를 낮춰 보게 만들고 자신을 무능력한 존재로 여기게 만든다.

아이가 생기면서 그런 두려움은 더 커졌다. 이 무거운 짐을 우리 아이에게도 물려줘야 하나. 물려줄 것도 변변찮은데 이런 우울하고 꽉 막힌 현실을 물려줘야 하나. 세상을 떠나며 눈감을 때 아빠는 할 만큼 했다고, 이제 네가 더불어 살아가면 된다고 말해 주고 싶은데, 과연 그럴 수 있을까? 아니, 이제는 네가 뭘 할 수 있고 어떻게 살 수 있는 세상을 물려 주는 거라고 떳떳하게 말할 수 있을까?

세상은 바뀌지 않는다고 생각하는 자들이 역사는 반복된다고 우리를 세뇌시켜 왔다. 그런데 정말 역사는 반복되는 것일까? 우리는 정말 아무것도 할 수 없는 것일까?

그런 근본적인 궁금함이 우리 역사로 관심을 돌리게 만들었다. 그리고 그렇게 돌아본 우리 역사에는 놀랍게도, 누구나 주권자가 될 수 있다는 달콤한 말에 속지 않고 자신의 존엄함을 지켰던 수많은 사람이 있었다. 멀리 외국의 혁명을 동경하지 않아도 될 만큼 엄청난 저항과 투쟁의 역사가 바로 우리의 것이었다.

민족 대표 33인과 유관순 누나로만 기억했던 3·1 운동에는 수많은 민중의 목소리와 행동이 있었다. "대한독립 만세!"라는 구호 속에는 "내 땅을 돌려 달라!" "내 땅에 내가 원하는 것을 심겠다!" "내 삶에, 우리 마을에 간섭하지 마라!" "더 이상 일제 경찰과 헌병의 말을 듣지 않겠다!"는 단호한 의지와 그를 얻어 내기 위한 행동 역시 있었다.

일제 경찰과 헌병이 칼을 차고 총을 들고 다니던 서슬 퍼런 강점기였는데도 민중은 전국 방방곡곡에서 자신이 원하는 것을 당당히 외쳤다. 외침으로 풀리지 않으면 곡괭이와 낫, 몽둥이를 들고 경찰서와 우체국, 면사무소를 습격했다. 그렇게 나서는 것이 정 무서우면 밤중에 야산에 올라 "독립 만세!"를 외쳤다. 생각해 보라. 한밤중 마을 곳곳에 울려 퍼지는 "독립 만세!" 소리를. 밤공기를 타고 메아리치듯 퍼지는 그 만세 소리를 들으며 사람들은 더 이상 혼자가 아님을 깨닫고, 아무것도 할 수 없는 존재가 아니라 무엇이라도 할 수 있는 존재로 자신을 바라보게 되었을 것이다.

3·1 운동에 관한 기록만이 아니다. 우연히 방문한 남해의 작은 섬 소안도에도 엄청난 사회 운동의 역사가 숨 쉬고 있었다. 사랑과 정의를 부르짖는 교육을 받으며 자란 소안도의 학생들은 학교에서 배운 그대로 자기 삶을 살았다. 소안 사립 학교의 졸업생들은 일제에 빌붙는 공무원이나 지식인이 아니라 항일 운동가, 노동 운동가가 되었고 공동체를 꾸려서 더불어 일하고 공부하며 살았다. 그 운동의 뿌리가 전국을 넘어 일본에까지 이어져 있었다. 하지만 주민들은 빨갱이들의 섬이라

는 낙인이 찍힌 채 그 당당한 역사를 말하지 못하고 목으로 삼켜야 했고, 2003년이 되어서야 소안항일운동기념관을 만들어 한을 삭였다.

1923~24년에 일어난 암태도 소작 쟁의도 유명한 사건이다. 이 소작 쟁의는 최초의 소작 쟁의이자 성공적인 쟁의로 불린다. 부조리한 소작료를 거부하는 불납 동맹이 결성되고, 지주 측이 이를 탄압하고 식민 경찰이 간부들을 구속시키자 소작인들은 면민 대회를 열고 저항에 나섰다. 이 소작인들은 간부들이 구속된 목포 경찰서와 광주 지방법원 목포 지청으로 몰려갔고 석방하지 않으면 법정에서 굶어 죽겠다고 결의했다. 남녀노소 모두가 굶어 죽기를 각오한 아사 동맹이 나흘을 넘기자 언론이 이 사건을 보도하기 시작했고, 전국에서 모금 운동이 벌어지고 변호사들이 변호를 자처했다.

작가 송기숙은 소설 《암태도》에서 당시 소작인들의 고민을 글로 복원했다.

"요새 세상에는 싸운다는 것이 그냥 버티는 이렇게 버티는 것만 싸우는 것이 아닙니다. 한쪽에서는 이렇게 버티면서 또 한쪽으로는 신문으로 세상에다 대고 왜장을 치고, 양수겸장으로 몰아쳐야 해요. 개명한 세상에 산다는 것이 뭡니까? 연락선 놔두고 풍선 타고 다니던 생각만 하면 그만치 세상에서 뒤떨어지는 것이 됩니다. …… 옛날 동학 난리 때도 요새같이 신문만 있었더라면 일이 그렇게 전라도 쪽에서만 일어나다 말지는……."

통신 기술이 아무리 발달해도 결국 한편으론 버티면서 다른 한편으론 현실을 널리 알려야 힘을 가진 자의 폭력에 맞설 수 있다는 점은 그대로이다. 자세히 보면 사람들을 동요시키던 논의거리도 변하지 않았다. 《암태도》에서 소작인들은 투쟁을 방해하는 사람들에 관해 회의를 열고 이렇게 얘기한다.

"저자들하고 실랑이가 벌어졌을 때 부애난다고 혹시라도 저 작자들한테 손을 대서는 큰일납니다. 악담은 얼마든지 퍼부어도 좋지만 손을 대서는 절대로 안 돼요. 혹시 저쪽에서 먼저 손을 대더라도 그냥 맞아요. 저놈들은 내중에 가서는 이쪽에서 그렇게 손을 대도록 수를 쓸지도 모릅니다. 경찰을 불러들일 언턱거리를 만들자는 것이지요. 그러니까 부애난다고 때리는 것은 저자들 수에 말려드는 것이고, 같이 치고 맞더라도 경찰을 불러들일 구실이 되기는 마찬가지니까 결국 이쪽이 지는 것입니다. 이 점 각별히 주의해야 합니다."

1924년의 일이니 무려 88년 전이다. 허나 지금의 상황과 얼마나 비슷한가?

자신의 존엄을 찾기 위한 그러한 행동이 먼 과거의 일만도 아니다. 2003년과 2004년에 전라북도 부안에서 펼쳐진 핵 폐기장 반대 운동에서도 그런 존엄한 기운을 찾을 수 있다. 그곳에서, 노인들은 보수적이고 농민들은 수동적이라는 일반적인 인식을 거스르는 저항의 역사가 펼쳐졌다. 바닷바람이 부는 차가운 겨울 거리를 남녀노소 할 것 없이 주민들이 183일 동안 채웠다. 인구 7만여 명의 도시에 1만여 명의 경찰이 배치되는 공포 상황에서도, 공동체는 약하고 시민들은 수동적이라는 비관적인 인식을 비웃듯 400여 명의 주민이 형사처벌을 받으면서도 자신의 뜻을 굽히지 않았다. 심지어 정부가 한 치도 돕지 않는 가운데 주민 스스로 준비하고 진행한 주민투표가 이루어졌는데, 전 세계 어디에서 그런 역동적인 사건을 찾아볼 수 있을까? 그 사건은 단순한 투표와 선거가 아니었다. 정부 없이도 주민이 스스로 민주주의를 실현할 수 있음을 증명한 엄청난 사건이었다. 그것은 민란을 넘어서, 혁명이었다.

중앙 언론이 장악한 미디어를 벗어나 조금만 시선을 돌리면 우리는 지금도 곳곳에서 싸우는 사람들을 만날 수 있다. 팔당의 두물머리를 지키는 농민들, 강정 마을을 지키는 사람들, 송전탑을 반대하며 싸워 온 밀양의 주민들…… 이기지 못할 거라는 그 싸움을 몇 년째 우직하게 일상으로 만들어 온 수많은 사람이 있다. 자기 밥벌이에 바빠 다른 사람의 일에 신경을 쓸 시간이 없을 거라는 인식을 비웃듯 희망버스를 타고 한진중공업으로 향한 시민들이 있다. 그리고 때로는 그런 시민들이 새로운 사건을, 희망찬 승리를 만들어 낸다.

이렇게 우리 민중과 시민은 살아 있는 민주주의의 역사를 써 왔다. 그런데 우리는 이런 역사를 단 한 줄도 학교에서 배우지 못했다. 오히려 우리는 태정태세문단세로 이어지는 왕조의 역사만 배웠다. 국사國史라는 말 자체가 역사를 정해진 눈으로 바라보게 만든다면, 그 내용은 사람들이 역사를 싫어하도록 만든다. 학교에서 배우는 국사는 많은 사람이 벌였던 흥미진진한 저항의 역사를 지우고 법과 제도의 역사만 남겨 놓았다. 사람들이 역사라는 금단의 열매를 맛보지 못하게 만들려고 일부러 재미없고 골치 아픈 암기 과목으로 만들었다. 힘을 가진 자들은 우리가 그런 역사를 배우는 것을 두려워하기 때문이다. 그들은 우리가 "해도 안 돼." "예전에도 해 봤지만 안 돼." "가만히 있으면 중간이라도 가지."라고 스스로 설득하기를 원하기 때문이다.

그러나 이 책에 등장하는 이야기의 주인공들은 역사가 우리의 것이 되기를 원한다. 아울러 권력이 우리의 것이기를 원하고, 그것을 주장하는 데 역사가 무기로 활용되기를 원한다. 우리의 힘은 결코 약하지 않고 다만 그 힘이 모이지 못한 것일 뿐이라고, 힘을 가진 1퍼센트의 인간들이 우리를 갈라놓고 이용하고 있을 뿐이라고, 그래서 우리 스스로가 힘을 발견하고 그 힘을 뭉치고 우리의 것으로 쓴다면 힘을 가진 자들도 결코 우리를 무시하지 못하고 존중하게 될 것이라고 굳게 믿는다. 이런 확신을 가질 수 있다면 우리의 세계는 달라질 수 있다.

그런데 안타깝게도 시간이 많이 남지 않았다. 탐욕스러운 자본주의와 부패한 권력이 돌이킬 수 없는 공멸의 시간대로 우리를 끌고 들어가고 있기 때문이다. 1986년 체르노빌 핵 발전소가 폭발하고 2011년 일본 대지진으로 후쿠시마 핵 발전소가 폭발했을 때, 이미 지옥문은 열렸다. 그곳에서 벌어진 끔찍한 사건들, 생명체가 죽고 변형되고 스스로 목숨을 끊는 사건들은 과거 인류가 한 번도 경험하지 못한 사건, 예상하지 못한 사건이다. 그 사건들로 인해 우리가 맞닥뜨린, 인간과 생명이 살 수 없는 땅은 결코 자연이 만들어 낸 결과일 수 없다. 이 역시 더러운 권력과 자본의 결탁이 가져온 인류 최대의 불행이다. 더구나 이곳 한국은 원자력 르네상스를 꿈꾸는 국가이다.

재해이든 그 무엇이든 자연적인 것은 돌이킬 수 있다. 하지만 지금 우리가 맞고 있는 것은 결코 돌이킬 수 없는 생지옥이다. 남을 위해서가 아니라 내가 살기 위해, 우리 아이들이 살기 위해 지금 우리는 행동에 나서야 한다. 백마 타고 올 기사를 기대하지 말고 우리가 직접 나서야 한다. 그럴 때 우리는 이미 희망을 만들고 있는 것이다. 근대 산업 문명에 정면으로 맞섰던 사상가 이반 일리치는 "'누군가의 머리' 속에서 나와 '누군가에게 이렇게 해 보자'고 하는 것이 유토피아라면, '자신의 마음'에서 나와 '자신이 이렇게 해 보려 하는 것'이 희망"이라 말했다. 행동하려 마음을 먹는 순간 나는 희망의 근원이다.

이제 그 희망의 사건 속으로 함께 들어가 보자.

지난 100년 동안

시민의 존엄은

어떻게 **짓밟혀 왔는가?**

1

© 노순택 | 나종기 열사의 영정, 광주 망월동 옛묘역 2011.

1976년 6월 16일자 《동아일보》에는, 경찰이 청년들을 일렬로 앉혀 놓고 가위로 머리카락을 자르는 장면을 담은 사진이 실렸다. 많은 청년이 앉아서 경찰이 머리카락을 자르는 장면을 초조하게 또는 물끄러미 바라보고 있다. 니들이 뭔데 머리카락을 자르느냐, 옛날에 단발령을 거부한 것은 애국이라 찬양하면서 이제는 왜 마음대로 머리카락을 자르느냐며 항의하는 청년은 없다. 이렇게 1970년대에는 다른 사람에게 혐오감을 준다며 경찰이 머리 긴 사람들을 무조건 경찰서로 연행하거나 바로 그 자리에서 머리카락을 잘랐다.

　　기사 내용을 보면 더 놀랍다. "공무원, 직장인, 학생 등 신분이 뚜렷한 사람에 대해서는 모든 기관장에게 통보, 조발하도록 종용하고 다만 무직자, 청소년, 부랑아 등 히피성 장발족에 한해 조발을 권유, 조발 후 훈방"했다고 한다. 그때나 지금이나 사람 취급 제대로 못 받는 것은 실업자와 청소년, 부랑자이다. 이들은 시민이 아니란 말인가? 왜 이들의 머리만 경찰이 손수 깎아서 내보냈을까?

　　그리고 사람들은 왜 이런 야만적인 일을 순순히 받아들였을까? 단지 머리가 길다는 이유만으로 경찰이 시민의 몸에 손을 대는 것은 어떻게 정당화될 수 있었을까? 이 시기에는 미니스커트가 미풍양속을 어지럽힌다는 이유로 경찰이 여성들의 치마와 무릎 사이를 자로 재는 일까지 있었다. 남자 경찰이 고개를 숙여 여성의 허벅지를 들여다보는 것은 풍기문란이 아니란 말인가?

오래전 일도 아니다. 불과 40여 년 전의 일이다. 그런데 더욱 놀라운 것은 이런 야만적인 일이 우리 시대에도 완전히 사라지지 않았다는 사실이다. 우리는 아직도 학교가 학생들의 두발을 단속하는 시대, 우측으로 걸어라, 좌측으로 걸어라까지 정부가 간섭하는 시대를 살고 있으니 말이다. 주민 대다수가 반대하는 해군 기지 건설을 위해 경찰의 폭력으로 땅과 사람을 짓밟고, 송전탑과 재개발을 반대하는 주민들을 용역들이 조롱하고 폭행하는 시대를 살고 있으니 말이다.

왜 시민들은 이런 정부의 폭력을 묵묵히 받아들였을까? 사실 일제 강점기, 미군정 통치, 군사 독재를 거쳐 온 우리 역사에서 대다수 민중과 시민의 권리는 존중받지 못했다. 신분 사회가 붕괴하고 민중이 자신의 이름과 정체성을 찾을 기회를 가지게 되었을 때에는 외세와 내부의 기득권층이 그 기회를 잔인하게 짓밟았다. 아이를 몇 명 낳아라(가족계획)부터 도시락에 보리를 섞어라, 밀가루를 먹어라(혼분식 장려), 이런 노래를 들어라(건전가요), 저런 노래는 듣지 마라(금지곡), 밤에 쏘다니지 마라(심야 통행금지) 등 수많은 규칙이 우리의 일상을 옥죄었다. 먹고 입고 여가 시간을 즐기고 성을 즐기고 아이를 낳는 내밀한 문제까지 권력이 간섭했다. 이 모든 야만적인 조치는 정부가 시키는 말을 잘 들어야 '사람 대접' 받을 수 있다는 논리를 내면화시켰다. 그리고 영화 〈고고70〉에서 록 밴드 보컬인 상규가 대공분실에 끌려가 취조를 당하는 장면은 이런 일상의 억압이 빨갱이를 막는다는 논리와 교묘하게 결합되어 있었음을 잘 보여 준다. 정부 정책에 털끝만큼이라도 다른 목소리를 내면 빨갱이로 몰렸다. 그러면서 우리의 일상 구석구석까지 자유는 그 모습을 감추고 우리는 외부의 힘에 좌지우지되었다. 하지만 그런 억압에 민중이 언제나 순응했던 것은 아니었다.

이제 1부는 존엄한 삶을 위해 싸웠던 사람들의 이야기로 시작해서 그런 시도들이 어떻게 짓밟혔는지, 그런 짓밟힘이 우리의 몸과 마음에 어떤 상처를 남겼는지, 또 그런 비참한 상황에서도 존엄한 삶을 되찾으려는 몸부림이 어떻게 일어났는지를 살피려 한다.

과거의 지배 양식이 지금과 다를 바 없다는 사실에, '역사는 과연 발전하는가?' 물으며 절망할 수도 있다. 하지만 고통스럽고 아픈 기억이더라도 그것을 잊지 말아야 새로운 행동이 가능하고 희망이 싹틀 수 있다. 내가 직접 벌이는 행동은 나를 존엄하게 만든다.

1
3·1 운동과 빨갱이섬의 비밀

1919년 4월 1일 밤 11시, 경기도 화성군 수촌리의 주민들은 잠을 이루지 못했다. 개죽산 봉우리는 마치 산불이 난 듯 환했고 만세 소리가 온 마을을 뒤덮었다. 개죽산만이 아니라 쌍봉산, 천덕산, 당재봉, 무봉산 등 화성 일대의 산들이 붉게 타올랐고 깜깜한 밤공기를 타고 만세 소리는 사방으로 퍼졌다. 일본 헌병대가 총을 쏘며 산기슭을 올랐지만 도망을 치면서도 만세를 외치는 사람들의 입을 막지는 못했다. 그전에는 인근 수원에서 위생 검사와 도박을 핑계로 사람들을 괴롭히던 일본 경찰 한 명이 주민들에게 맞아 죽었다는 소식도 들렸다. 칠흑 같은 밤, 만세 소리를 들으며 수촌리 주민들의 마음은 산 위의 햇불처럼 타올랐다. 이대로 꿇고 사느니 서서 죽자, 굳은 다짐이 입을 타고 흘러나왔다.

같은 날 경기도 안성군 원곡면과 양성면 주민들은 몽둥이를 들고 일본인들이 사는 마을로 쳐들어갔다. 식민지가 되기 전에도 힘든 삶이었고 그놈이 그놈이었지만 일제가 권력을 잡은 뒤에는 삶이 더 어려워졌다. 자기 땅에서 농사짓던 사람도 소작농으로 전락했고 대부분이 높은 소작료에 시달렸다. 심지어 일제는 '일본 모종을 심어라.' '뽕나무를 키워라.' '매달 가마니를 몇 장씩 짜서 내라.'는 등 온갖 무리한 요구를 했다. 그래서인지 주민의 82.9퍼센트가 소작농이던 칠곡리에서 그날 유독 많은 사람이 시위에 나왔다. 안성 주민들은 헌병 주재소를 불태우고 전선을 끊었으며 우체국과 면사무소에 불을 질렀다. 주민들은 일본인의 상점도 부쉈고 다리와 철도까지 끊으려 했다. 심지어 일본 군대가 공격할 것을 대비해 산 위에 돌무더기를 쌓아 놓기도 해서 상해 임시정부는 시위대를 '독립군'이라 부르기도 했다. 일제는 이날 경기도 안성의 만세 시위를 평안북도 의주, 황해도 수안의 시위와 더불어 '전국 3대 폭동'이라 불렀다.

일제가 총칼로 지배하던 시기에 가난한 농민들은 왜 이리 열심히 싸웠던 것일까? 요즘 말처럼 배후에 조종 세력이 있었을까? 아니면 국가의 은혜를 너무 많이 입어서 대한제국과 조선 왕족에 대한 충성심 때문에 그토록 치열하게 싸웠을까? 우리는 싸움이 있었다는 사실만 기억하지 그 싸움이 왜, 어떻게 시작되고 끝났는지를 알지 못한다.

그리고 눈을 한반도 남쪽으로 돌려 보면 또 다른 놀라운 역사를 만나게 된다. 전라남도 완도군에는 소안도라는 작은 섬이 있다. 작은 섬이지만 소안도는 일제 강점기에 경찰과 말도 섞지 말자는 불언 동맹不言同盟을 조직했고, 1928년에는 4000여 명의 주민 가운데 800명이 공산주의자 혐의를 받으며 심한 탄압을 받기도 했다. 일제 강점기 동안 섬 주민들이 감옥에 갇힌 시간을 모두 합치면 300년이 넘을 정도로 저항의 기운이 드높았던 곳이다. 주민들은 "슬프도다 / 감옥에 있는 우리 형제들 / 이런 고생 저런 고생 악행 당할 때 / 두 눈에서 눈물이 비오듯 하나 / 장래 일을 생각하니 즐거움도다"라는 〈옥중가〉를 부르며 한겨울에도 이불을 덮지 않고 잠을 잤다고 한다. 그리고 그곳은 일본과 만주 등지의 항일 조직과 사람과 물자를 주고받으며 수많은 활동가를 배출한 '해방의 땅'이기도 했다. 지금도 작은 섬에 항일운동기념관이 있을 정도로 주민의 자부심은 높다.

하지만 바로 그 점 때문에 소안도 역시 해방 이후 제주도 4·3 항쟁 같은 비극을 피하지 못하고 말았다. 좌익 사상범을 전향시키겠다는 국민보도연맹의 바람은 소안도에까지 상륙해서 주민 가운데 270여 명의 목숨을 바다에 수장시켰다. 그 이후에도 경찰은 소안도를 '모스크바'라고 부르며 감시의 눈길을 거두지 않았다. 그리하여 자랑스러운 저항의 역사는 해방 이후 쉬쉬 숨겨야 할 비밀로 변해 묻혀 버리고 말았다.

제주도 4·3 항쟁과 관련해서는 여러 가지 사실이 복원되었지만 이 작은 섬에서 벌어진 사건들을 기억하는 사람들은 드물다. 왜 이 섬은 빨갱이섬이 되었을까? 이 섬의 주민들은 왜 그토록 극렬하게 저항했을까?

우선 1919년 3월, 한반도 전역에 민중의 시위가 들불처럼 번졌던 그 현장부터 가 보자.

우리가 유관순 누나와 태극기, 만세 삼창으로만 기억하는 3·1 운동은 조선 말기 수많은 민란의 뒤를 이었고, 가까이는 1894년 동학 농민 혁명의 기운을 이어받았다. 이 땅의 민중은 마을 곳곳에서 시위를 벌였고 심지어 산꼭대기에 횃불이나 봉화를 피우고 만세를 외치며 자신이 원하는 바를 주장했다. 시골 장터가 열리는 곳마다 만세 시위가 벌어졌고, 사람들은 인근 지역을 돌아다니며 릴레이 시위를 벌이기도 했다. 경찰의 총에 맞아 목숨을 잃은 사람의 시신을 떠메고 상여 시위를 벌이기도 했고 상인들은 가게 문을, 학생들은 학교 문을, 노동자들은 공장 문을 닫았다. 농민들은 일제 품종이나 묘목을 심지 않고, 세금 납부를 거부하고, 일제 상품을 사지 않으며 일상 속에서 싸움을 하기도 했다. 그동안 거리에서 자기 목소리를 내지 못했던 어린이, 거지, 기생도 이 시기에는 만세를 외치며 정치의 주체로 등장했다. 심지어 삼베 주머니로 도시락을 만들어 망태에 넣고 돌아다니는 전문 시위꾼인 '만세꾼'이 등장하기도 했다. 이렇게 참여자가 다양한데, 감히 누가 운동을 이끌었다 얘기할 수 있다는 말인가? 어떻게 전국에서 벌어진 그 많은 시위를 민족 대표 33인의 성명서로만 설명할 수 있는가?

어쩌면 누가 이끌었는가를 보려는 우리의 시선 자체가 문제일 수 있다. 왜 우리는 언제나 어떤 '사건'이 아니라 '인물'을 찾을까? 다양한 사람의 흐름과 그들의 목소리에 귀를 기울이지 않고 사람들을 이끈 '인물'에게만 관심을 가질까?

폭력과 비폭력의 문제에 대해서도 이와 비슷한 물음을 던져 볼 수 있다. 많은 사람이 3·1 운동을 그저 아름다운 비폭력 시위, 일제의 총칼 앞에 목숨을 던진 하얀 옷을 입은 사람들의 이미지로만 기억한다. 그러기에 부당하고 못된 권력에 맞섰던 그 다양하고 치열한 방식에 대한 기억은 사라졌고, (권력이 정해 놓은 테두리 안에서) 누구나 동의할 수 있는 정정당당한 방식으로만 싸워야 하고 그러면서도 그 책임을 고스란히 져야 한다고 배워 왔다.

하지만 과연 그런 조건에서라면 누가 자신의 생각과 이념을 분명히 드러낼 수 있을까? 부당한 권력은 수단과 방법을 가리지 않고 민중을 억압하는데, 민중은 언제나 (권력이 정해 놓은 테두리 안에서) 정당한 방식으로 그에 맞서야 한다는 생각은 누가 만들었을까? 소크라테스가 말한 적도 없는 "악법도 법이다."라는 말이 교과서에 실리고 사회의 상식이 된 것처럼, 3·1 운동이 대중들에게 의미화되는 방식 역시 뭔가 억지스럽고 편향된 느낌이 없지 않다. 실제로 옆의 표에 나와 있듯이, 3월 1일 이후 항쟁의 흐름을 따라가다 보면 이야기가 달라짐을 알 수 있다.

사실 만세 시위는 전국적으로 벌어졌고 참여한 사람들도 200만 명을 넘었다. 그리고 3월 1일만이 아니라 3월부터 4월 말까지 꾸준히 이어졌다. 3·1 운동의 실제 과정을 보면 폭력적인 충돌도 자주 일어났다. 국사편찬위원회가 편찬한 《한국 독립 운동사》에 정리된 옆의 표에서 볼 수 있듯이, 시위대는 일본 경찰이나 헌병과 폭력적으로 충돌하기도 했고 때로는 총격전까지 벌어졌다. 비폭력 시위의 비중이 초반에는 높지만 4월 초가 되면 확 줄었다가 그 이후에 다시 높아지는 것을 확인할 수 있다.

또한 서울의 만세 시위는 4월 이후 일제의 탄압을 받아 점점 수그러

1919년 3·1 운동의 시위 양상

기간	3.1~3.10			3.11~3.20			3.21~3.31			4.1~4.10			4.11~4.20			4.21~4.30			계		
구분	폭력		비폭력	폭력		비폭력	폭력		비폭력	폭력		비폭력	폭력		비폭력	폭력		비폭력	폭력		비폭력
	발포	충돌		발포	충돌		발포	충돌		발포	충돌		발포	충돌		발포	충돌		발포	충돌	
서울			10		1	1		13	39									1	0	14	51
경기		2	6	3	3	6	28	24	90	23	9	23	2		2				56	38	127
충북						1	3	4	3	10	8	15	1		4				14	12	23
충남			3	3		10	4	2	8	19	9	17	1						27	11	38
강원			1			3	2	1	5	11	4	34	1		7				14	5	50
경북			3	2	10	7	6	4	7	1	5	10			4		1	1	9	20	32
경남				6	2	15	10	2	24	15	3	25	3	1	2			6	34	8	72
전북			3		2	7		1	11	1	1	4			2				1	4	27
전남			1	1		8			7	1		13	1		13	1		3	4	0	45
황해	3	2	18	4		19	5	6	11	14	12	26		1	9	1			27	21	83
평남	14	8	48			2			5	1		5			1				15	8	61
평북	2	4	35	2	2	8	9	2	10	13	10	17			1				26	18	71
함남	2	3	13	7	1	38	2	1	2	1		1							12	5	54
함북		1	1	3	1	15			8	2		9			4			7	5	2	44
계	21	20	142	31	22	140	69	60	230	112	61	199	9	2	49	2	1	18	244	166	778
비율	22.4		77.6	26.7		73.3	35.9		64.1	46.5		53.5	18.3		81.7	21.4		78.6	34.6		65.4

든 반면, 오히려 그 밖의 전국 각지에서는 그 기운을 이어받아 운동이 더욱 활발해졌다. 3월 말과 4월 초에는 시위가 정점에 이르렀고 수많은 사람이 말 그대로 '목숨 걸고' 거리에서 일제와 맞섰다. 때로는 태극기를 손에 들고, 때로는 돌멩이를 던지며, 때로는 낫과 몽둥이, 호미를 들고 경찰, 헌병과 맞섰다.

지역별로 보면, 3월 말 경기도에서 가장 큰 시위가 있었고 4월 초까지 총격전도 마다하지 않는 치열한 싸움이 벌어졌다. 3월 초에 가장 치열하게 싸웠던 평안남도 지역은 3월 중순 이후 시위가 뜸해졌지만, 평안북도에서는 시위가 꾸준히 이어져 3월 말부터는 무력 충돌을 마다하지 않는 싸움도 벌어졌다. 동학 농민 혁명이 강제로 진압당했던 전라도 지역에서는 시위가 뜸했지만, 옆 지방인 경상남도와 경상북도에서는 상대적으로 시위가 많고 격렬했고, 경상북도에서는 상대적으로 폭력 시위의 비중이 더 높았다. 전라도와 인접한 충청도에서도 3월 말부터 시위가 폭발했다.

이렇게 전국에서 들불처럼 번진 시위였기에 3·1 운동의 불길은 쉽게 수그러들지 않았다. 늘 서울로만 몰려드는 오늘날의 시위와 달리 전국으로 번졌던 3·1 운동은 마을을 기반으로 삼았고 그래서 쉽게 진압될 수 없었다. 또한 거리로 나서지 못한 사람들은 일상 속에서 일제로부터 벗어난 삶을 꿈꿨고 자신의 자리에서 일제의 명령을 따르지 않는 방법으로 저항을 펼쳤다.

민중의 저항이 폭발하며 사건을 일으킨 것은 그저 우연이 아니었다. 거기에는 나름의 이유가 있었다. 국가의 독립만을 강조하는 국사의 언어로만 정리될 수 없는 다양한 욕구가 3·1 운동이라는 사건을 통해 드러난 것이다.

| 헐벗은 삶과 전쟁 상태 |

당시 일본 제국주의의 목적은 단순히 조선이라는 영토를 지배하는 데

있지 않았다. 일제는 조선인의 삶에서 자발성과 능동성을 완전히 제거하고 수동적인 인간을 만들어 조선을 통치하려 했다. 일제는 동학 농민 혁명을 경험했고 을사늑약 이후에도 수많은 의병의 저항을 강제로 억눌러야 했기 때문이다. 실제로 일본 측의 통계를 보더라도, 1907년부터 1911년까지 총 2852회의 전투가 벌어졌고 14만 1185명이 전투에 참여했다. 상황이 이러했으니 일제는 민중의 삶 자체를 뿌리째 뽑아 그 삶이 외부의 권력과 자본에 기생하도록 만들어야 했다.

그래서 일제는 행정부, 사법부의 주요 관리를 일본인으로 교체할 뿐만 아니라, 헌병과 경찰의 수를 대폭 늘리고 이들에게 많은 권한을 부여했다. 일제 강점기 헌병과 경찰은 단순히 범죄를 단속하고 첩보를 수집하는 역할만을 맡지 않았다. 일본 정부가 심으라는 모종을 심지 않거나 토지 측량을 거부하거나 위생 검열에 응하지 않으면 헌병과 경찰이 들이닥쳐 무자비한 폭력을 휘둘렀다.

예를 들어, 1910년에 제정된 범죄즉결령은 경찰서장이나 헌병 분대장이 구류, 태형 등의 범죄나 3개월 이하의 징역, 100원 이하의 벌금에 해당하는 범죄를 재판도 없이 즉결처분할 수 있게 했다. 그리고 1912년에 제정된 조선태형령은 조선인이면 징역이나 벌금 대신 매질을 하게 했다. 따라서 경찰서장이나 헌병대장은 자기 마음에 들지 않는 조선 사람이면 마음대로 끌고 와서 매질을 할 수 있었다.

또한 일제는 동양척식주식회사를 설립해 소유가 분명하지 않은 땅을 강제로 빼앗았고, 이를 한반도로 이주해 온 일본인에게 팔아넘겼다. 곡창 지대마다 일본인의 대농장이 만들어졌고, 조선인 농민에게서 비싼 소작료를 걷었다. 소작농으로 전락한 농민들은 비싼 소작료를 낼 뿐 아니라, 일본 모종을 쓰고 일본식 농법으로 농사를 지어야 했다. 종자를 골라 모를 심고 수확하고 건조하고 탈곡하는 과정 모두에 일제가 일일이 간섭하며 명령을 내렸고, 말을 듣지 않으면 모종을 밟아 뭉개고 벌금을 매겼다. 또한 도살세, 연초세, 주세, 학교조합비 등 온갖 세금을 거둬서 농민들의 삶을 벼랑 끝으로 내몰고, 결국에는 농민들이 땅을 버리고 도시로 떠나 도시 빈민으로 비참한 삶을 살게 만들었다.

일제의 만행은 이렇게 개개인의 삶을 억누르는 데 그치지 않았다. 일본은 저항의 힘이 자치 공동체에 스며들어 있다는 점을 그간의 경험으로 깨달았다. 그래서 그때까지 지역마다 다양한 이름으로 불리던 자치 공동체인 동이나 구를 없애고 강제로 면으로 통합시켰고 대부분의 면장을 일제에 협조적인 사람으로 바꿨다. 그리고 두레나 계 같은 자치 조직을 없애고 농촌진흥회나 소작위원회 같은 관변 기구를 만들어 공동체를 지배하려 들었다. 이렇게 일제는 지역의 자치 공동체를 무너뜨려 중앙집권적인 식민지 지배 구조로 흡수시키려 했다.

3·1 운동은 이렇게 국가와 자본에 내몰린 사람들과 공동체들의 극렬한 저항이었다. 일제는 조선에서도 별볼일 없는 이 사람들이 저항하리라고는 예상하지 못했다. 하지만 자신의 뿌리가 송두리째 뽑혀지고 있음을 눈치 챈 사람들은 온 힘을 다해 싸웠다. 시위 때의 구호도 다양했다. 길거리 곳곳에서 사람들은 외쳤다.

"지금 우리는 나라를 위하여 활동하고 있는 것이다. 따라서 면장이든 면서기이든 나오지 않으면 안 된다. 국가를 위하여 이렇게·우리들은 진력하고 있는 것이다. 이러한 때에 조금이라도 국가를 위하여 진력하지

않는 자세를 취하는 놈은 때려 죽여라.""지금부터는 못자리 일을 할 것
도 없다. 송충이를 잡을 필요도 없다.""바닷가의 간척 공사를 안 해도
좋다. 아무것도 하지 말라.""조선이 독립하면 부역, 세금이 필요 없게
될 것이며""이제부터는 묘포苗圃 일도 할 것 없다."

이렇게 민중은 자신이 이 땅의 주인임을 선언했다. 그리고 권력이나
자본의 간섭 없이도 자신이 잘 살 수 있음을, 외부의 간섭을 받지 않고
스스로 다스리고 스스로 마련하는 삶이 민중의 대안임을 이러한 경험
을 통해 깨닫게 되었다. 자치 공동체가 해 온 역할을 대신하던 면사무
소가 공격을 받았을 뿐 아니라 심지어 전라남도 순천, 평안북도 의주와
신미도 등지의 주민들이 면사무소를 접수하고 자치 업무를 봤다는 사
실에서 이러한 점이 잘 드러난다. 다시는 권력의 손에 자기 운명을 맡기
는 헐벗은 삶으로 내몰리지 않으리라는 강한 의지가 국가의 폭력을 극
복하며 새로운 정치의 장을 열었다.

자기 목숨을 건 자발적인 정치 운동이었기에 일제는 합법적이고 정
상적인 방법으로 이를 막을 수 없었다. 서울에서 시위를 막아도 지방으
로 들불처럼 번져 가는 불길을 잡기는 어려웠다. 언제, 어디서 만세 시
위가 벌어질지 일제는 가늠하지 못했다.

이토록 강력한 민중의 의지를 확인했기에, 일제는 상대를 통제하는
'치안'이 아니라 상대를 완전히 말살하는 '전쟁'을 일으켜야 했다. 민중
이 일제의 치안을 무너뜨리고 '정치'를 지향하자 일제는 경찰, 헌병만
이 아니라 일본인 자위대, 소방대까지 동원해서 민중과 전쟁을 벌였다.
그런 상태에서 폭력이냐 비폭력이냐 하는 문제는 중요하지 않았다. 대

부분의 시위는 민족 대표들이 주장했던 평화 시위를 따랐지만 그렇다고 일제의 폭력을 그대로 받아들이지도 않았다.

헌병이나 경찰이 총을 쏘고 주동자를 연행하며 강제로 해산을 시도하면, 평화적으로 진행되던 시위도 돌멩이, 죽창, 삽, 도끼 등을 든 시위로 변했다. 그래서 앞의 표에서 볼 수 있듯이 3월 말이 되면 충돌은 더욱 격렬해졌다. 경기도 수원군 화수리에서는 계획적으로 헌병 주재소를 습격해 일본 경찰을 때려죽이기도 했고, 평안남도 안주에서는 체포된 사람들을 구출하기 위해 주재소에 불을 지르고 헌병 주재소장과 헌병 3명을 붙잡아 살해하기도 했다.

이런 직접행동에 일제는 마을 전체를 파괴하는 것으로 맞섰다. 화수리의 경우, 일제는 마을의 집 30채를 불 지르고 마을 주민들을 끌고 가서 온갖 고문을 다했으며 주모자에게 징역 15년형을 선고했다. 안성 지역에서는 일제 경찰과 함께 보병 부대가 주민 검거에 나서 1명을 죽이고 20명을 부상시켰으며 9채의 집에 불을 질렀다. 심지어 부대가 학교에 야영을 하며 한 달 동안 지나가는 사람을 무조건 붙잡아 몽둥이로 때리기도 했다. 일상 자체가 노골적인 폭력에 노출되었다.

이렇듯 무장하지 않은 민중이 무장한 권력에 맞섰던 전쟁의 결과는 비참했다. 역사가 박은식은《한국독립운동지혈사》에서 이렇게 적었다.

"창으로 찌르고 칼로 쳐서 마치 풀을 베듯 하였으며, 촌락과 교회당을 불태우고 부수었다. 잿더미 위에 해골만이 남아 쌓이고, 즐비했던 집들도 모두 재가 되었다. 전후 사상자가 수만 명이었고, 옥에 갇혀 형벌을 받은 사람이 6만여 명이나 되었다. 하늘의 해도 어두워져 참담하였으며, 초목도 슬피 울었다."

일제는 개인의 인성과 마을을 송두리째 파괴하는 전쟁을 저지른 뒤에야 상황을 수습할 수 있었다.

그리고 이런 피의 전쟁을 감추기 위해, 민중의 정치를 다시 치안의 틀에 가두기 위해 일제는 '문화 정치'를 펼쳤다. 이 문화 정치는 민중을 분열시키는 것을 목표로 삼았다. 함석헌의 말처럼 "일본 군인의 총칼도 감옥의 생죽음도 무서워 않던 민중이 풀이 죽기 시작한 것은, 되는 줄 알았던 독립이 아니 돼서가 아니라, 그보다 훨씬 뒤 소위 일본 사람의 문화 정치 밑에서 사회의 넉넉한 층, 지도층이 민중을 팔아넘기고 일본의 자본가와 타협하여 손잡고 돈을 벌고 출세하기를 도모하게 됨에 따라 민중의 분열이 생기면서부터였다."

작가 이광수를 비롯한 거짓된 자치주의자들이 민중의 자치 의지를 대신하려 들었고 한국인 지주와 자본가는 민중의 피를 팔아 자신의 이득을 꾀했다. 힘을 가진 자들과 타협하며 자기 이익을 챙기려 했던 자들은 겉으로는 언제나 민심을 대표할 대표를 뽑자고 외치면서 실제로는 민중이 권력을 가지는 상황을 가로막았다. 체제를 지키는 일이 자기 이익을 지키는 일과 같아진 이들은 언제나 민중을 속이려 들었다.

즉, 스스로 다스리며 살겠다는 민중의 의지에 공포를 느낀 것은 일제만이 아니었다. 그래서 해방이 되자 기득권층의 국가는 역사를 왜곡해서 3·1 운동의 다양한 목소리를 '독립'이라는 국가주의의 목표로 축소시켜야 했다. 그렇게 다양한 목소리와 정치 행동은 모두 사라지고, 그저 '유관순 누나'의 비폭력만 남아야 했다.

허나 민중도 그대로 물러서지 않았다. 3·1 운동을 계기로 민중은 교육과 조직의 필요성을 깨달았다. 3·1 운동 이후 사회주의, 아나키즘을 비롯한 사상을 공부하는 모임들이 등장했고, 다시 공동체를 조직하려는 노력도 활발해졌다. 그러한 대표적인 사례를 소안도라는 작은 섬에서 찾을 수 있다.

| 땅을 나누고 학교를 세운 소안도 |

일제 강점기 소안도에서는 특별한 사건이 벌어졌다. 1905년, 일제는 토지 조사 사업을 실시하고 소유가 분명하지 않은 토지를 몰수해서 동양척식주식회사나 친일파, 일본인 이주민에게 팔아넘겼다. 당시 소안도에는 왕실에 세를 내던 궁방전이 많았는데, 조선 후기의 종친으로 일제로부터 자작 작위를 받은 이기용이 토지 조사 과정에서 이 땅을 가로챘다. 이에 주민들은 소유권을 반환받으려는 소송을 제기했고 무려 13년 동안 소송이 이어진 끝에 1922년 2월 14일 소유권을 되찾았다. 이것이 '소안도 토지계쟁사건土地係爭事件'이다. 소안도 주민들은 이 승리를 기념하기 위해 그때로 치면 엄청난 돈인 1만 400원을 기금으로 모았고, 기존의 중화 학교를 발전시켜 1923년 5월 16일에 소안 사립 학교를 세웠다.

토지 소유권의 확보와 학교 설립은 소안도의 미래에 중요한 영향을 끼쳤다. 소안도 주민들은 궁방전의 소유권을 가짐으로써 자신이 일굴 땅을 얻게 되었다. 당시 한반도의 대부분 지역에서는 일제의 농장들이 높은 소작료와 갖은 부역으로 소작인들을 괴롭혔는데, 소안도에서는 땅을 가진 자작농이 늘어난 것이다. 더구나 이 자작농들은 13년 동안의 오랜 소송을 통해 땅을 얻었기 때문에 공동체의 필요성과 중요성을 깨달은 사람들이었다.

농민만이 아니라 어민도 섬 지역의 특성상 공동체를 필요로 한다. 바다에 경계선을 긋고 각자의 소유를 나눌 수 없기 때문에, 즉 공유가 기본적인 질서이기 때문에 어장은 공동체의 토의와 회의를 통해 결정될 수밖에 없다. 지금도 어촌에서는 마을 총회와 어촌계 총회를 통해 마을의 크고 작은 일이 결정되고 있다. 소안도는 그때나 지금이나 김 양식으로 유명한데, '단'이라는 특유의 공동 어장을 운영했다. 자연산 톳이나 미역 등을 채취하고 공동 분배하는 조직인 단은 한 마을 내에 같은 수의 가구로 구성되었다. 이런 공동성은 함께 일하고 공평하게 분배하는 구조를 만들었다.

소송에서 승리한 뒤 학교를 세우기로 결정한 것 역시 이런 공동체의 분위기를 반영했을 것이다. 공동의 이익을 활용하는 데 교육보다 중요한 사업을 찾기란 어렵기 때문이다. 소송을 이끌었던 4명의 면민面民 대표들은 자신들의 송덕비 대신 학교를 세우자고 제안했고 주민들은 이에 찬성했다. 1913년에 설립되어 항일 사상의 씨를 심던 중화 학교를 발전시킨 소안 사립 학교에는 저항적인 지식인들이 모여들었고, 완도 근처 섬들만이 아니라 제주도에서도 학생들이 몰려들었다. 당시 일본 노래와 일본어를 가르치며 식민지 교육을 실시하던 공립 학교의 학생 수는 30명에 그쳤지만, 소안 사립 학교에는 한때 150여 명에 달하는 학생들이 학교를 다녔다. 그리고 학교에서 미신 타파, 조혼 폐지, 언어 평등, 남녀 평등 등을 배운 학생들은 공동체의 지도자로 거듭났다. 신간회의 간사였던 송내호, 일본에서 노동 운동을 이끌었던 정남국 등 많은 활동가가 중화 학교나 소안 사립 학교를 졸업했다.

소안도가 일찍부터 사회주의의 세례를 받은 것은 지리적인 탓도 컸다. 일본의 오사카와 제주도를 잇는 뱃길이 개발되면서 많은 전라남도 사람이 일본으로 건너가 노동자로 일했다. 열악한 노동 조건에서 일하던 노동자들은 자연스레 노동조합과 사회주의 운동에 관심을 가지게 되었고, 지식인들도 새로운 사회의 사상으로 사회주의를 받아들였다.

소안도에서는 새로운 사상을 소개하는 각종 강습회, 토론회 등이 열렸고 소안도는 사회 운동의 중심이 되었다. 소안 사립 학교를 다니던 아이들이 부르던 〈소년단가〉는 그 정신을 이렇게 표현했다.

노동과 학문으로 직업을 삼고
정의와 사랑으로 정신을 삼아
같이 먹고 같이 살자
평화 세계는 우리들의 눈앞에 완연하구나

아이돌 그룹의 노래와 팬픽에 사로잡힌 요즘 아이들은 꿈도 꾸지 못할 정신이다. 어릴 적부터 이런 노래를 부르며 자랐고 공동체가 삶의 기반을 공유했기에 당시 소안도에서는 20살만 되어도, 아니 10대에도 직접행동을 할 수 있을 만큼의 의식을 가졌다.

그 영향이 어느 정도였는지는 일본 경찰의 대응에서 잘 읽을 수 있다. 1928년 소안도의 활동가 최평산을 비롯한 12명이 구속되었는데, 그 심리 과정에서 일제 경찰은 "100여 명의 회원으로 배달청년회를 조직하고, 서울에 있는 모모 청년회와 모든 단체 등과 연락을 취해 소안도에다 공산주의를 선전하여, 그 섬 하나를 완전한 공산주의 이상향을 만들고자 계획하고 착착 그 운동을 실행하면서, 한편 면장 배척의 봉화로부터 경관에 대한 불언 동맹을 조직 실행하고 또 소안학교를 설립하여 도민에게 공산주의적 교육을 실시하였는 바, 대정 13년에는 도민 거의 전부인 800여 명을 회원으로 하고, 그 후에도 남자는 청년회에서 여자는 여성회에서 공산주의의 역사상을 선전 실행하여 소안도 안에서는 경찰과 군의 행정이 잘 시행되지 않을 지경까지 되었던 사건이라는 바 실로 근래에 드문 조직적 공산주의 운동"(《조선일보》 1928년 10월 18일자)이라고 주장했다. 섬 전체가 항일 운동의 기지이자 자치와 자급의 공동체를 꿈꿨으니 일제가 발끈할 만한 일이었다.

| 국가에 맞서는 배움의 연대, 생활의 연대 |

소안도의 운동을 탄압하기 위해 일제가 취한 첫걸음은 소안 사립 학교의 문을 닫는 일이었다. 많은 활동가를 배출하고 섬 주민들의 의식을 자극하는 기관이던 이 학교는 눈엣가시 같았다. 호시탐탐 학교 문을 닫을 기회를 엿보던 일제는 1925년 이 학교를 통제하기 위해 공립 학교로 승격시키려 했지만 주민들은 면민 대회를 열어 이 제안을 거부했다.

그러자 일제는 독립군을 양성하고 국경일에도 일본 국기를 달지 않는다는 구실을 들어 1927년에 강제로 학교 문을 닫았다. 작은 사립 학교 하나를 폐쇄하기 위해 일제는 경찰 병력을 풀고 통행금지령을 내렸다. 그리고 섬사람이 3명 이상 모이는 것과 어부가 고기잡이에 필요한 곤봉 같은 도구를 휴대하는 것도 금지했다.

작은 사립 학교 하나에 일제는 왜 이토록 많은 신경을 썼을까? 그것은 학교가 단순히 지식을 배우는 공간을 넘어 생활을 나누고 공동체 의식을 기르는 공간이었기 때문이다. 아이 한 명이 자라려면 한 마을이 필요하다는 말처럼, 소안도 자체가 하나의 학교로서 함께 배우고 생활하며 새로운 사회를 준비하는 기운을 만들었다. 그런 장이었기에 10대 후반이나 20대 초반의 청년들이 마을 일에 적극적으로 참여하고 운동을 이끌 수 있었다.

배움과 생활의 공동체가 가진 중요성은 소안 사립 학교 출신 활동가들이 조직했던 단체들에서도 엿볼 수 있다. 송내호가 중심이 되어 만든 수의위친계守義爲親契는 완도만이 아니라 전라도, 경상도까지 조직망이 이어진 전국 조직이었다. '의를 지켜 서로 가까이한다'는 그 이름부터가 공동체성을 반영하고, 계라는 전통적인 생활 조직을 활용했다는 점에서 수의위친계는 특별함을 지녔다.

1919년 3·1 운동이 지난 뒤에 송내호, 정남국 등은 마을 주민 100명을 회원으로 모아 배달청년회를 만들었다. 이 배달청년회는 마을 자치 단위였던 리里를 중심으로 노동 단체를 조직하는 데 힘썼다. 그리고 1924년에는 소안 노동대성회所安勞動大成會가 결성되어 공동 경작계와 공동 어장계를 만들어 공동 노동에 힘썼다. 동네마다 하나씩 있었다는 계 모임이 공동체의 기반이 되었다. 이 모임은 함께 노동하는 것 외에도 독서회와 강연회를 열어 농민들의 세계관을 확장시켰다. 노동대성회는 당시의 사회주의 노선과 달리 천도교 노선의 조선농민사社가 추진하던 공동 경작계를 받아들였다는 점에서 특별했다. 이처럼 소안도에서는 공동체를 기반으로 다양한 이념이 서로 부딪치고 어울리며 새로운 삶의 양식을 만들어 갔다.

소안도는 전통적인 마을 단위의 조직 형태를 근대적인 사상과 결합하는 실험장이었다. 계급 노선과 공동체 노선이 서로 어울렸고 그 속에서 강력한 연대의 힘이 만들어졌다. 완도 주변에서 1925년 창립된 필연단과 1928년 창립된 살자회는 "우리는 역사적 필연성인 진화 법칙에 의하여 합리적 신사회의 건설을 기하자. 우리는 상호부조와 일치단결로써 민중 운동의 충실한 역군이 되자." "우리는 상호부조와 정의에 희생할 정신 함양을 도모함. 우리는 신사회 건설의 속성을 도모함."이라는 강령을 결의했다. 아나키즘의 주요 노선인 상호부조가 사회주의 청년 단체들의 주요한 강령이 된 것은 이런 어울림과 연대를 반영했다. 그리고 전라남도 지역과 잦은 교류를 갖던 사상 단체가 사회주의와 아나키즘을 함께 수용했던 서울청년회였다는 점도 영향을 미쳤다.

이렇게 배움과 생활의 공간이 일치했기 때문에 학교 폐쇄에 대한 저항도 거셌다. 전라남도 사람들이 조선 거주민의 절반을 차지하던 일본 오사카에서는 800여 명의 일본 경찰이 포위한 가운데 4000여 명의 사람들이 모여 강제 폐교 사건을 규탄하며 제국의 심장부에서 최초로 조선 총독 정치를 비판하는 대회를 열었다. 그리고 소안도 사람들도 아이들을 공립 학교에 보내지 않고 야학에 보내거나 일본으로 유학을 보내는 것으로 저항 의지를 지켜 갔다.

이런 공동체에서 연대는 의식적이고 기계적인 결합이 아니었다. 해방 이후에 사회주의자들을 찾는 방법 가운데 하나가 '누가 회의했다'였다고 할 정도로, 회의는 그 이전부터 마을 공동체의 특징이었다. 촌회나 동회, 계 등 여러 공동체 조직에서 회의는 일상화되어 있었고 서로의 삶이 얽혀 있었다. 그 속에서 연대는 자연스러운 힘이었다.

　해방 이전 한반도 인구의 80퍼센트 정도를 차지하던 농민은 생활 속에서 연대했다. 농민의 혁명 역량은 의식적인 사상 학습만이 아니라 농촌 사회의 전통적인 노동 관행과 공동체를 디딤돌 삼아 성장했다. 일본인 대지주에게 저항하고 소작 쟁의를 일으키고 각종 행사를 개최하는 것은 개인이 아니라 마을의 집단적인 노력으로 가능했다.

　소안도만이 아니라 전라북도 지역의 농민 운동은 촌계村契나 동계洞契 같은 전통적인 자치 조직을 기반으로 삼았다. 이런 계를 디딤돌 삼아 농민협동조합이 조직되기도 했다. 소작인, 자작농만이 아니라 지주도 이런 조직에 속해 있었고, 마을 학교를 세우거나 행사를 치르는 데 이바지하지 않는 사람들은 이 계나 교육 기관에서 제명되거나 쫓겨났다.

　암태도 소작 쟁의 당시 소작인들이 내세웠던 조건은 잡혀간 소작인들의 석방과 소작료율을 7~8할에서 4할로 내리라는 것이었다. 당시 5~6할이던 평균 소작료율을 4할로 내리는 것은 사실 불가능에 가까웠다. 하지만 불납 동맹, 아사 동맹을 각오했던 암태도민의 저항은 그 불가능한 일을 가능하게 만들었다. 심지어 지주 측은 소작료율 인하와 함께 2000원이라는 큰돈을 소작인들에게 기부해야 했다.

　농민 사회에서 연대는 공동체로서의 연대를 뜻했고 이는 강력한 저항의 기반이 되었다. 국가나 자본이 침투하고 공동체를 파괴하려 해도 이런 연대의 망은 쉽게 무너지지 않았다. 하지만 일제의 끊임없는 억압과 분열 공작은 마을을 불태우고 지주와 소작인의 관계를 비틀어서 결국 이 망을 무너뜨렸다. 그리고 해방 이후 군사 정부가 자치 조직을 파괴하고 농협과 수협, 축협을 만든 이유는 이런 연대의 망을 자기편으로 포섭하기 위해서였다. 더구나 한국 사회의 급속한 도시화는 농민 공동체를 붕괴시켰다.

이러한 결과로, 지금 우리 사회에서 연대를 외치는 목소리는 높지만 연대를 가능하게 하는 공동체의 틀이나 서로의 관계를 이어 주는 망은 거의 존재하지 않는다. 공동 생활, 공동 노동을 가능하게 했던 과거의 공동체는 모두 파괴되거나 국가, 자본 내로 흡수되어 버렸다. 지금 농민은 국가가 관리하는 농협의 틀에, 노동자는 자본이 관리하는 개별 공장의 틀에 갇혀 버렸다. 그토록 치열하게 저항했던 소안도의 상황도 다르지 않다. 외지 사람이 몫 좋은 땅을 대부분 차지했고, 소안도 주민은 대부분 농협이나 수협을 통해 국가의 통제를 받고 있다.

이러한 상황에서, 사건이 터질 때마다 연대 회의가 꾸려지고 어떤 일을 추진하기 위해 연석 회의가 꾸려지지만 그 힘은 약하기 그지없다. 관계망이나 공동체가 없으니 일상 속에서 서로 힘을 모으고 공동으로 책임을 지는 것이 아니라 연대 자체가 단체의 업무가 되어 버렸다. 수십, 수백 개의 단체가 연대한다고 서명하지만 가뜩이나 바쁜 일상 속에서 따로 연대할 시간과 고민을 내야 하니 힘들고 어렵고, 그러니 연대가 잘 안 될 수밖에 없다.

연대가 안 되니 자연스럽게 민중의 힘도 약해질 수밖에 없다. 노골적인 폭력과 합법적인 공권력, 돈의 힘과 용역의 폭력에 기댄 재벌 앞에 민중이 맨몸으로, 그것도 홀몸으로 맞서기는 어렵다. 우리는 원래 작은 인간이었던 것이 아니라, 점차 작은 인간으로 전락해 온 것이다.

그렇다면 지금부터는 그토록 강렬했던 민중의 의지가 어떻게 짓밟혔는지 살펴보자.

2
진정 주권은 우리에게 있는가?

2006년 2월 7일 경기도 평택시 팽성읍의 주민들은 대한민국의 국민임을 포기한다는 성명서를 발표했다. 연세 지긋한 노인들이, 묵묵히 땅을 일구며 살아온 농민들이 주민등록증을 불사르며 국적 포기를 선언했다.

"우리는 지난 세월 일본 기지와 미군 기지에 의해 강제로 쫓겨나고 60여 년 동안 미군에 의해 숱한 피해를 당하며 살았다. 그래도 우리는 그것이 애국하는 길인 줄 알았기에 그동안 아무런 요구도 하지 않았다. 오히려 국가에서 내라는 세금 꼬박꼬박 내고 국가에서 하라는 것 충실히 이행하면서 대한민국의 국민으로서 역할을 다한 것이다. 그러나 우리에게 돌아온 것은 또다시 고향을 떠나라는 정부의 일방적인 통보뿐이었다. 우리가 지난 4년 동안 각종 방법을 통해, 우리의 바람은 정든

내 고향에서 이웃과 오순도순 사는 것이라고 그렇게 이야기했건만, 정부는 우리의 의견을 묵살해 버린 것이다. …… 앞으로 모든 일은 우리가 결정하고 우리가 할 것이다. 우리가 만든 들판과 우리가 가꾼 우리 고향은 우리의 것이다. 따라서 단 한 평이라도 약탈해 가서는 안 된다. 만일 이를 어길 시 우리는 수단과 방법을 가리지 않고 대응할 것이다."

농민들은 국가를 포기할지언정 땅과 마을은 포기할 수 없다고 선언한 것이다.

팽성의 농민들은 일제 강점기에는 비행장 때문에 정든 땅에서 쫓겨났고, 해방 이후에도 미군 기지 때문에 강제로 쫓겨나야 했다. 한국의 주권을 되찾았다는 해방이 이런 농민들에게는 어떤 의미였을까?

"벨안간에 이 새끼들이 와서, 막, 사는 사람이고 지랄이고 무조건 막 도저로 밀어 가지고 짐승이고 뭐고 싹 밀어 버리는 겨. 막 미니까. 뒤에다가 큰 흙을 쌓아 놓고 그걸로 깔려 죽는 거 아녀. 그러니까 우린 떠나야지. 우린 떠날 수밖에. 그땐 뭐 시방마냥 떠나란 저기도 없어. 무조건 그냥 씨바 밀어 버려."

한 농민의 이러한 말처럼 일제든 미국이든 한국 정부든 힘 있는 자들은 평범한 시민들의 삶을 무자비하게 밀어 버렸을 뿐이다. 경찰들이 폭력을 휘두르고 군인들이 철조망을 치는 와중에도 농사를 포기하지 않던 농민들이기에 그들은 땅이 아니라 국가를 포기했다. 그렇기에 2005년에 정부가 평택으로 미군 기지를 이전한다며 다시 이들을 밀어내려 했을 때 농민들은 국민임을 포기하며 저항했다. 하지만 이런 절규에도 국가는 농민들의 삶을 다시 밀어 버렸다. 진정 시민으로 대우받는다면 이런 일이 일어날 수 있을까?

팽성만이 아니다. 경기도 화성군 매향리 주민들도 2000년 6월 화성 군청 앞에서 '근조 매향리'라는 만장을 앞세우고 주민등록증 반납 투 쟁을 벌였다. 주민들은 "대한민국은 주권 국가가 아니며, 정부로부터 최소한의 보호도 받지 못하는 우리는 이 나라의 국민이 아니다."라며 주민등록증을 반납했다. 매일같이 밤낮으로 떨어지는 미군의 폭탄은 주민의 생활 터전을 전쟁터로 만들었다. 그런데 조종사 얼굴을 확인할 정도로 낮게 깔리며 폭격 연습을 하는 미군의 쿠니 사격장과 함께 살 아야 하는 시민들을 한국 정부는 자기 소관이 아니고 직접적인 피해가 없다며 방치했다. 결국은 정부의 노력이 아니라 주민의 치열한 싸움이 사격장의 문을 닫았다. 그러한 상황에서 매향리 주민은 시민의 주권을 어떻게 생각할까?

팽성과 매향리 말고도 지금 이 땅 곳곳에서는 평범한 시민이 '내전' 을 경험하고 있다. 이들이 정녕 시민이라면 있어서는 안 되는 일들이다. 국가 안보와 관련되었다는 이유로, 지역 발전을 위해 꼭 필요하다는 이 유로 시민은 자신의 땅에서 밀려나고 있고, 그들을 밀어내는 주체는 다 름 아닌 그들의 정부이다. 주권을 가지고 있지만 실제로 주권을 행사할 수 없는 사람들, 이들은 누구인가?

| 존엄을 포기한 주권자 |

존엄尊嚴은 사람의 지위나 가치가 범할 수 없을 정도로 높고 엄숙하다 는 뜻이다. 지난 100여 년 동안 우리의 존엄이 짓밟혀 왔다고 얘기하면,

어떤 이는 그럼 옛날 사람들의 삶은 존엄했냐고 되물을 것이다. 근대 개화기 이전에는 양반, 상놈이 존재하던 신분 사회였는데 무슨 존엄이 있었겠느냐는 말이다.

왜 아니겠는가. 당연히 그렇다. 근대 개화기 이전의 신분 사회에서는 존엄이 태어나는 순간 핏줄로 결정되었다. 귀족이나 양반 가문에서 태어난 사람은 존엄한 존재로, 평민이나 천민의 집에서 태어난 사람은 천한 존재로 여겨졌다. 허나 신분 사회가 해체되어 자신의 운명을 선택하고 개척하며 스스로 정체성을 구성하게 되면서 인간은 존엄한 삶을 선택할 수 있게 되었다. 이 땅의 사람들도 19세기를 넘어서면서 존엄한 삶을 선택할 기회를 가지게 되었다.

다른 누군가가 나의 삶을 보장하겠다며 약속할 수는 있지만, 사실 그것은 결코 가능하지 않은 거짓말이다. 누군가의 선의에 기댄 삶은 바람에 흔들리는 촛불에 지나지 않기 때문이다. 그리고 스스로 존엄하게 살아야 존엄해질 수 있는데, 힘을 가진 자는 시민의 존엄함을 모욕해서 시민이 자신을 존엄하다고 생각하지 못하게 만든다. 너희는 지저분하고 풍습을 어지럽히는 어리석은 존재이니 우리가 너희를 인간으로 만들어 주겠다며 그들은 자신의 폭력을 정당화한다. 내가 스스로 자신의 가치를 증명하고 지킬 때에만 존엄해질 수 있는데, 기득권층이 장악한 우리 역사는 그런 존엄을 불가능하게 만들었다.

그런데 역사를 꼼꼼히 살펴보면 19세기 초부터 한국 사회에는 농민 반란의 바람이 본격적으로 불기 시작했다. 억압적인 신분 질서가 무너지면서 민중의 목소리가 터져 나오기 시작했다. 홍경래의 난과 진주의 농민 반란 등 거의 모든 지방에서 농민 반란이 시작된다. 군·현 단위에

진정 주권은 우리에게 있는가?

서 무수히 많은 반란이 일어났고 그 다양한 기운이 1894년 동학 농민 혁명으로 모였다. 자잘한 저항이 아니라 전쟁이라 불릴 정도로 그 기세는 강력했다.

사실 그 무렵에는 한국만이 아니라 전 세계적으로 반란의 물결이 출렁이기 시작했다. 신분의 굴레에, 무지의 암흑에 지배당하지 않으려는 민중의 행동이 등장했다. 과거의 억압에서 벗어나 존엄한 삶을 살려는 사람의 수가 점점 늘어났다.

이런 현실은 주권과 시민권을 시민에게 '부여'했다는 식의 추상적인 근대 사상과 맥을 달리한다. 인민주권과 시민권에 관한 논의는 유럽에서 이미 13~14세기에 시작되었지만, 사실 그것은 귀족이나 지식인층의 놀잇감일 뿐이었다. 정작 그 말이 필요했던 민중은 그것을 자신의 권리로 주장할 수 없었다. 민중이 주권이나 시민권을 자신의 권리로 주장하려면, 그들의 마음을 단단하게 다지고 자신의 힘을 믿을 여유가 필요했다. 뒤늦게 자신이 존엄한 존재임을 깨달은 민중은 전쟁을 벌여서라도 옛날 같은 노예 상태로 다시 돌아가려는 것을 막으려 했다. 전 세계 어느 나라에서든 아무런 희생 없이 민중이 주권이나 시민권을 가지게 된 경우는 없었다.

사실 인민주권을 논하기 전에, 사회 현실을 파악하는 눈이 정녕 우리 현실을 잘 반영하는지도 따져 봐야 한다. 즉, 유럽이나 미국의 정치 이론이 주권을 주요한 주제로 다루어 왔지만 그 논의가 우리 사회에 얼마나 적용될 수 있을지는 의문이다. 그 이론들은 식민지가 아닌 제국주의 국가에서 만들어진 것이기 때문이다. 스스로 노예가 된 자와 노예일 수밖에 없는 자가 동일한 눈높이에서 세상을 보고 변화를 꿈꿀 수 있을까? 과거 제국주의 국가들이 만든 '식민성'이라는 마음의 특성心性을 논하지 않고 권리나 제도, 운동의 차원으로만 사회를 변화시킬 수 있을까?

그런 점에서 식민지의 일상 경험을 구체적으로 분석하지 않은 채 이론을 위한 이론을 추구하는 추상적인 논의들은 논리적으로 타당하고 적절할 수 있을지는 몰라도, 적어도 한국 사회의 변화를 설명하는 데는 큰 도움을 주지 못한다. 결국 한국 사회의 변화에 도움을 줄 만한 이론은 유럽이나 미국의 세련된 이론이 아니라 식민지를 경험한 나라에서 발전된 이론이다. 예를 들어, 식민지인의 심성을 꼼꼼하게 분석했던 알제리의 사회심리학자 프란츠 파농이나 민중의 언어로 민중이 사는 세계와 사회 변화를 설명하고자 했던 브라질의 민중교육자 파울로 프레이리, 도시에서 정글로 들어가 원주민의 전통과 문화를 존엄한 말의 무기로 승화시킨 멕시코의 게릴라 마르코스 등이 그런 이론을 발전시킨 사람들이다.

이들의 논의는 지금 우리 사회의 모습을 분석하는 데 꽤 유용하다. 예를 들어, 식민성이 내면화되는 과정에 관한 파농의 논의를 보자. 오렌지를 '아뤈지'라고 읽어야 한다며 한바탕 분란을 일으킨 한국 사회를 예감하듯, 파농은 《검은 피부 흰 가면》에서 이렇게 이야기했다.

"프랑스로 향하는 흑인들에게는 오명의 신화가 하나 있다. 'R'자를 들이마시는 앙띨레스(프랑스령 마르티끄 섬의 한 시골 마을) 촌닭이라는 신화가 그것이다. 그들은 그 신화를 벗기 위해 안간힘을 쓸 것이다. 그들은 그 실상을 예민하게 포착하여 그것과의 전쟁을 수행할 것이다. 따라서 'R' 발음을 굴리는 연습을 부단히 할 것이다. 그러나 그것이 지나쳐 그 발음을 과장하기까지 할 것이다. 끔찍할 정도로 게으른 기관인 자신의 혀를 의심스럽게 만드는 과장된 발음, 그것을 듣고 있을 옆 사람의 가벼운 반감에도 아랑곳하지 않고 그들은 자신만의 빈 방에 스스로를 가둘 것이다. 그리고 몇 시간이고 큰 소리로 그 'R' 발음을 굴릴 것이다. 발음을 제대로 배워야 한다는 그 절체절명의 과제 때문에 말이다."

파농은 식민성을 극복하려면 위선의 가면을 벗고 자기 자신의 고유한 정체성을 되찾아야 한다고 주장했다. 현지인의 영어 발음에 가깝게 하기 위해 아이들의 혀 밑을 자르는 수술을 하는 미친 사회가 귀담아들을 만한 얘기이다.

그렇다면 되찾아야 할 우리의 정체성은 무엇일까? 3·1 운동과 소안도의 사례에서도 보았듯이, 지금껏 우리가 알아 왔던 것과 달리 과거 한국의 민중은 수동적으로 지배를 받아들이지 않았다. 우리 역사에는 스스로 행동하며 자신의 존엄을 되찾으려 했던 사람이 수없이 등장했다. 특히, 개화기로 불리던 시기에 민중은 본격적으로 꿈틀거리기 시작했다. 재일 조선인 2세로 살던 어릴 적 경험으로 빈곤과 민중에 대한 문제의식을 가지게 되었다는 역사학자 조경달은《민중과 유토피아》에서 이 시기를 다음과 같이 정의한다.

"대한제국기는 개명한 지식인이라면 진지하게 백성이란 무엇인가를 되묻지 않을 수 없는 시기였다. 그것은 민民도 사士라는 지평의 개척을 의미하는 것이었다. 지식인에게 그러한 사상적 작업을 강요할 정도로 민중 운동은 고양되었던 것이다. 이 시기에 전개된 반일 의병 투쟁에서 고명한 유생과 어깨를 나란히 하는 평민 의병장이 여럿 탄생해서 중요한 역할을 담당했던 것은 주지의 사실이다. 그리하여 이 시기는 한국 역사상 가장 의적이 많이 활약한 시대이기도 했다. 도적 또한 의적으로서 사士 의식을 갖는 시대가 되었던 것이다."

도적도 선비 의식을 갖던 시대라니, 우리에게도 서양의 전설 속 로빈후드를 부러워할 필요가 없던 시기가 있었던 것이다. 실제로 이 시기의 역사를 장식했던 동학 농민 혁명이나 수많은 민중 반란은 민중의 존엄함을 증명하려는 시도였다. 이런 반란을 통해 민중은 서서히 자신을 존엄한 존재로, 변혁의 주체로 인식해 나갔다. 농민 반란은 사발통문沙鉢通文(주모자의 이름을 사발과 같이 둥근 모양으로 빙 둘러 적은 연판장)을 돌려 민회를 열고 민회에 참석하지 않은 사람에게 벌금을 걷거나 집을 망가뜨려서 징계를 하며 "공동체 제재의 논리를 행사"할 정도였다. 그리고 오일장이 열리는 날이면 토론판을 벌였고 산에 봉화를 피우거나 밤에 산에 올라가 수령을 욕하면서 산호山呼 시위를 벌이기도 했다.

앞서 얘기한 3·1 운동에서도 그런 존엄을 엿볼 수 있다. 1919년 3월 5일, 일본 경찰과 헌병이 수많은 사람을 몽둥이로 때리고 창으로 찔러 도로에 피가 흥건하게 고이던 시절, 관원이 탄 수레를 끌던 한 수레꾼은 그 관원을 이렇게 꾸짖었다.

"어찌하여 너만 만세를 부르지 않는가. 나는 비록 미천한 수레꾼이지만 그래도 사람이다. 차라리 개, 돼지를 태울지언정 너와 같은 무리는 태울 수 없다."

가진 거라고는 몸뚱아리밖에 없는 가난한 수레꾼이 관원을 꾸짖을 정도로 당시 사람들은 존엄했다. 지금이라면 택시 운전기사가 택시에 탄 공무원이나 국회의원을 이렇게 꾸짖을 수 있을까?

이토록 강했던 민중의 꿈과 자부심은 어디로 사라졌을까? 정확하게 표현하자면 그 꿈과 자부심은 사라진 것이 아니라 '짓뭉개지고 비틀려 졌다.' 당시 민중은 그렇게 존엄했기에 일제는 단순히 사람들을 지배하는 것이 아니라, 억센 민중의 존엄함을 뿌리째 뽑고 순종적인 인간을 만들려 했다. 그들의 계획은 사실상 인간 개조 프로그램이었다. 민중을 군인과 황국 신민으로 만들려는 개조 계획이었다. 이를 위해 일제는 민중의 삶의 모든 면을 통제하려 들었다.

당시 한국을 취재하던 기자 페퍼는 〈한국의 진상the Truth about Korea〉이란 기사에, 감옥에 갇혔다 풀려난 사람들의 인터뷰를 적었다.

"그들은 이야기를 하면서 말을 더듬거리기도 하고, 또 좌우로 두리번 거리기도 하였는데, 품속에 서류를 간직하고 있었기 때문이다. 이런 서류는 한 조각, 한 장이라도 일본인에게 발각되면 6개월의 징역에 처해졌다. 그러나 그들은 절대로 일본인이 일컫는 불령不逞한 무리가 아니며 또한 지식층도 아니다. 그들은 단순하고 순박한 소상인, 농부, 규중에서 생활하는 가정주부나 어머니였다."

자신의 마음과 생각을 드러내기 위해 끊임없이 주변을 살펴야 하는 사람들은 주권자는커녕 평범한 사람으로서 상식적으로 생각하고 행동하기도 어렵다. 이런 감시의 눈길이 일상 속으로 깊이 침투했다.

그리고 박은식에 따르면, 일제는 부랑자취체령浮浪者取締令을 선포해서 일정한 직업이나 주소 없이 떠도는 사람을 마음대로 체포했다. 이 법령 때문에 서울과 각 도시에서 10만여 명에 달하는 사람이 체포되어 3

주일에서 3개월까지의 징역형을 받았다고 한다. 떠도는 사람도 엄연히 시민일 텐데 일제는 이들을 본보기 삼아 민중을 위협했다. 일제는 자신의 말에 따르지 않으면 누구든 감옥에 갇힐 수 있다며 협박했다.

일제의 법령과 달리 예전의 공동체는 떠돌이와 부랑자를 환대하고 그를 통해 세상과 소통했다. 부랑浮浪은 삶의 한 방식이었다. 허나 사람을 관리하고 통제하기를 원하는 국가는 기록되고 관리될 수 없는 부랑을 위험한 삶으로, 범죄로 간주했다. 그러면서 일정한 거처나 일자리 없이 떠도는 사람을 의심하고 배척하고 그들의 권리를 짓밟았다. 앞서 장발 단속에서 봤듯이, 이런 국가의 시선은 지금도 변하지 않았다.

단지 정치적으로만 억압을 받은 것이 아니다. 일제는 민중의 살림살이를 철저하게 착취하고 파괴했다. 일제는 땅만이 아니라 살림살이 자체를 빼앗고 파괴하려 들었고 자기들의 생활 방식을 강요했다. 일제는 농민들이 서로의 삶을 보살피며 생계를 꾸려 가게 했던 농촌의 도덕 경제moral economy를 해체시키고 소농이나 소작인을 농업 노동자나 도시 빈민으로 만들었다.

일제가 사적 소유권을 만들기 이전에는 소작인도 소작권을 거래할 수 있었고, 두레와 같은 공동 노동 조직은 농민이 믿고 기댈 수 있는 버팀목이었다. 하지만 일본인의 이주를 책임지는 식민지 착취 기구였던 동양척식주식회사는 이런 권리나 조직을 부정하면서 사유지와 공유지 모두를 약탈했고, 그것을 일본 농민에게 넘겼다. 일제 말기에 일본인 이주자 수는 100만 명에 달했고, 이렇게 이주해 온 자들은 자치 기구나 소방대를 조직해서 일제의 사조직을 자처하며 공권력을 빙자한 사권력을 행사했다.

일제의 궁극적인 목적은 한국을 일본 경제에 종속시키는 것이었다. 일본에 쌀을 공급하기 위해 벼농사가 강요되었고, 일본의 공장에 필요한 면화와 같은 원료 작물을 생산하도록 강요되었다. 무엇을 심고 어떻게 생산할지를 일제가 결정했다. 일제와 결탁한 소수의 힘 있고 돈 있는 자들만이 이 결정에 참여할 수 있었고 대다수 민중은 자기 삶의 결정권을 박탈당했다.

| 허가된 주권자 |

더 중요한 것은 일제가 이런 통제의 역할을 경찰과 헌병에게 맡겼다는 점이다. 따라서 법령이나 지시를 따르지 않으면 바로 노골적인 폭력이 가해졌다. 일제의 경찰과 헌병은 인구 조사를 핑계로 개인의 집을 마음대로 드나들었고 위생 검사와 청결 검사를 한다며 물건을 뒤지고 사람을 때렸다. 세금을 체납하면 집안의 솥과 식기 등 세간을 경찰이 마음대로 뒤져서 팔고, 심지어 굴뚝의 개조나 공사에도 개입했다. 일제는 이런 폭력을 정당화하기 위해 자본주의 논리나 근대화의 논리를 내세웠다. 일상적인 폭력이 개화나 계몽의 이름으로 정당화되었다.

파농은《대지의 저주받은 사람들》에서 이런 노골적인 폭력이 민중의 심성을 바꿔 놓았다고 얘기한다.

"이주민이나 경찰은 언제나 원주민에게 매질을 하고 모욕을 가할 권리를 가지고 있지만, 원주민이 품속의 칼을 빼는 것은 다른 원주민이 그에게 조금이라도 적대적인 행동을 하거나 공격적인 눈길을 보냈을 경우다. 원주민에게 최후의 수단은 형제를 상대로 자신의 인격을 방어하는 것이다."

우리의 경우도 마찬가지였다. 전에는 공동체를 이루며 살던 사람들이 자신의 형제, 자매를 상대로 폭력을 행사하기 시작했다.

권정생은《우리들의 하느님》에서 이 비극을 이렇게 묘사했다.

"열 사람에게 열 그릇의 물이 필요한데 힘이 센 한 사람이 다섯 그릇을 차지해 버리고, 또 한 사람이 세 그릇을 차지하고 다시 한 사람만이 자기 몫의 한 그릇을 차지했다. 나머지 일곱 사람은 한 그릇을 가지고 나눠 마셔야 하는 게 요즘 사회의 실정이다. 일곱 사람의 대부분은 갈증을 견디며 얌전히 참고 견디다 목이 타서 죽는 사람이 생기고, 그 중의 한두 사람은 참지 못해 결국은 칼을 휘두르게 된다. 그 칼이 바로 이런 모순된 사회 구조를 만든 장본인에게 꽂혔을 땐 그래도 괜찮지만 대부분이 엉뚱하게 같은 피해자들끼리 휘둘려져 억울한 희생이 이중 삼중으로 생긴다. 이럴 때 일어나는 불상사를 어떻게 보아야 할 것인가? 칼을 들고 휘두르는 사람은 더 큰 칼에 의해 죽음 직전까지 이르렀던 선량한 사람이었는데도 그는 살인자가 되어 버린다."

정말 누가 살인자인가?

일제는 단결을 막기 위해 지방별로, 지역별로 시민을 가르고 이해관계를 서로 충돌시키는 분할 통치 전략divide and rule을 실시했다. 그리고 지주회나 진흥회, 모범 부락 등을 통해 면·리 단위의 말단 행정 구역까지 관변 조직을 만들고 기득권층을 포섭했으며, 호주 제도와 같은 관리 체계를 만들어 서로가 서로를 감시하게 만들었다. 목구멍이 포도 청이라며 쥐똥만 한 이익을 놓고 사람들이 서로 다투게 만들었고, 정작 그런 모습이 부끄러워 얼굴을 못 들고 서로를 똑바로 바라볼 수 없게 만들었다. 그리고 문화 통치를 내세워, 반대하는 사람에게는 은밀한 폭력을, 말 잘 듣는 사람에게는 당근을 내밀어서 사람들을 분열시켰다. 그러면서도 계나 협동조합 운동을 탄압해서 민중이 힘을 뭉치지 못하게 만들었다.

아울러 일방적이고 억압적인 교육 과정은 민중에게 사회진화론적인 적자생존을 익히도록 하고 그에 따른 승자독식을 정당화시켰다. 될성부른 나무는 떡잎부터 알아본다며 학교가 앞장서서 승자독식을 정당화시켰고, 식민지의 주민은 치열한 생존경쟁을 자연스런 원리로 받아들였다. 이를 통해 강자에게 약하고 약자에게 강한 폭력성을 주민들에게 심었다. 강한 것이 미덕이고 강해지면 모든 것을 차지할 수 있다는 논리인 사회진화론이 사회를 운영하는 보편 원리가 되었다.

자기 주권 내의 국민이 아니기에 일제는 한반도의 민중에게 가해지는 폭력을 제한하거나 그들을 보호할 필요가 없었다. 더 정확하게 말하자면 한일병합 이후 한반도의 민중도 일제의 주권 내에 있었지만 이 땅의 민중 모두를 주권자로 받아들이지는 않았다. 식민지 주민에게 주권은 사치였으나 그 주권이 완전히 부정되지는 않았다. 일제 식민 통치는 한국인의 협조 없이 이뤄질 수 없었고, 많은 한국인이 의식적으로, 암묵적으로 일제 식민 통치를 받아들였다.

예를 들어, 식민지 의회인 도회(도평의회)를 통해 조선인은 식민지 행정에 개입할 수 있었다. 즉, 당시에 식민지 조선인의 주권이 완전히 부정되었다고 볼 수는 없다. 다만 일제가 자신의 말과 뜻에 순종하는 자만 주권자로 대우하고, 그렇지 않은 사람을 불온하고 불량한 사람(불령선인不逞鮮人)으로 몰아세웠을 뿐이다. 살아남으려면 더럽고 치사하더라도 찍히지 말고 조용히 살아야 했다.

이런 식민지를 경험하면서 민중은 주권이 참으로 무기력하다고 생각하게 되었고, 스스로 존엄과 주권을 포기하는 것이, 그렇게 사는 것이 현명하다고 여기도록 길들여졌다. 현실을 넘어서지 못할 거라면 식민지 체제에 적응하기 위해 우리의 존엄을 포기하고 껍데기뿐인 주권을 누리는 것이 현명한 방안이었다. 이게 우리의 '현실주의'였다.

주권을 사용할 방법이 봉쇄된 채 '허가된 것'만이 주권으로 인정되었다. 아이러니하지만 그런 과정을 통해 근대적인 주권의 실체가 드러났다. 애초에 주권은 주권을 행사할 사람과 그렇지 못할 사람을 구분하며 포함하는 동시에 배제하도록 발명된 개념이었다. 국가가 어떠한 사람을 주권자라고 선언하는 순간, 그 어떤 조건에 해당되지 않는 사람은 그동안 함께 살아온 사람임에도 순식간에 주권에서 배제된다. 그래서 근대 국가는 끊임없이 국민에게 충성을 요구하고 사람들은 애국심을 부르짖게 된다. 이런 주권 개념의 한계는 거주민이 국가 구성에 전혀 영향을 끼칠 수 없는 식민지 상황에서 더욱더 분명하게 드러날 수밖에 없었다.

더 아이러니한 것은 독립과 해방을 주장하는 정치 조직들도 이 주권 개념의 틀을 벗어날 수 없었다는 점이다. 자신의 정치 이념을 실현하기 위해 정치 조직들은 독립된 나라의 주권을 필요로 했고 '독립'이라는 대의명분이 다른 모든 이상을 압도했다. 문제는 자유주의, 민족주의, 사회주의를 막론하고 모든 조직이 독립을 전제로 자신의 이상을 얘기했지만 이론 외에는 구체적인 상을 경험하지 못했다는 점이다. 그러니 주권을 경험해 보지 못한 민중에게 이론으로 주권을 설득해야 했고, 이론을 이해하지 못하면 발언 기회를 가지지 못했다. 민중은 주권을 실현하는 존재가 아니라 주권을 배워야 하는 존재로 간주되었다.

예를 들어, 미국 유학을 다녀온 개화기의 지식인 유길준은《서유견문》에서 다음과 같이 이야기했다.

"국민의 지식이 부족한 나라에서는 갑자기 국민에게 국정 참여권을 주어서는 안 된다. 만약 배우지 못한 국민이 학문을 먼저 닦지도 않고서 다른 나라에서 시행되고 있는 훌륭한 정치 체제를 본받으려고 한다면, 나라 안에 커다란 변란이 싹틀 것이다. 그러므로 당국자들은 국민을 교육하여 국정에 참여할 지식을 갖춘 뒤에 이러한 정치 체제에 대하여 의논하는 것이 옳다."

이런 관점은 독립협회를 비롯한 자유주의 지식인에게도 그대로 받아들여졌다. 심지어 사회주의자도 "무산 대중 해방 운동의 전위"를 표방했지 민중을 정치의 주체로 여기지는 않았다.

진정한 인민주권은 민중이 공동체의 질서를 세울 법을 제정하고 그 실행을 감독할 권리를 가져 온전히 주권자의 역할을 맡을 때 가능한 것이다. 하지만 우리의 주권 개념은 민중을 권력의 주체로 만들지 않고 오히려 훈련과 훈육의 대상으로 만들었다. 민중의 전통과 문화는 주권을 구성하지 못했고 외국의 이론이나 제도가 권력의 근원이 되었다. 이렇게 위아래가 뒤바뀐 개념은 민중의 일상을 무시한 채 정형화된 시민의 상을 강요했다. 그 상에 맞지 않는 사람은 시민이나 주권자가 될 수 없었다.

한때 브라질의 민중교육자 프레이리는 농민이 아이들을 사랑으로 대해야 한다고 주장하며 농촌을 돌아다녔다. 그러다 한 마을에서 이렇게 질문하는 농민을 만났다.

"자, 박사님, 뭐가 다른지 봅시다. 박사님도 댁에 가면 피곤할 거라는 걸 저도 압니다. 박사님은 하시는 일 때문에 머리가 아플지도 모릅니다. 생각하랴, 글 쓰랴, 독서하랴, 이런 연설을 하랴, 바쁘시겠지요. 그런 일도 사람을 지치게 하기 마련이죠. 하지만 박사님, 지친 몸으로 돌아가더라도, 한쪽은 자식들이 깨끗이 씻은 몸에 잘 차려입고 굶주리지 않고 잘 먹은 얼굴로 맞이하는데, 다른 한쪽은 더럽고, 굶주리고, 빽빽 울고, 시끄러운 아이들이 고개를 내밉니다. 그리고 다음날 우리네 민초들은 새벽 네 시에 일어나서, 상처받고 상심하고 절망한 채로 또 다른 일과를 시작해야 합니다. 만약 우리가 자식을 때리고, 그것도 '도가 지나치게' 때리는 것은, 박사님 말씀대로라면 우리가 자식을 사랑하지 않기 때문이겠죠. 그러나 그렇지 않습니다. 삶이 너무나 힘든 까닭에 우리에게는 선택의 여지가 거의 없는 것입니다."

프레이리는 《희망의 교육학》에서 이러한 구체적인 현실 인식을 '계급적 지식'이라고 부른다. 이 사실을 깨달은 프레이리는 가진 자나 엘리트의 언어가 아니라 민중의 언어로 민중이 세계를 이해하고 서로 대화하도록 돕는 민중의 교육학을 구성했다.

프레이리는 《페다고지》에서 어느 한편이 억압받는 사람들을 일방적으로 교육하고 의식화시키는 방식으로는 결코 해방을 가져올 수 없다고 얘기한다. 그래서 선전이나 의식화가 아니라 대화가 필요하다. 인간

진정 누군은 우리에게 있는가?

은 서로 대화를 나누며 세계를 인식하고 변화하기 때문이다. 그럼에도 프레이리가 비판한 혁명가들은 "농민이나 도시 대중에게 민중 자신의 세계관이 아니라 그들의 세계관에 일치하는 교육을 적용하려 하"고, "자신들의 근본적인 목적이 '민중을 자기들 편으로 끌어들이는' 데 있는 것이 아니라 민중의 잃어버린 인간성을 되찾기 위해 민중과 더불어 싸우는 것임을 잊고 있"었다. 프레이리는 "민중을 끌어들인다는 말은 혁명 지도부의 어휘가 아니라 억압자의 어휘"라고 날카롭게 지적하며 "혁명가의 역할은 민중을 획득하는 것이 아니라 민중을 해방시키고 자신들도 함께 해방되는 데 있는 것"이라 분명하게 얘기한다. 즉, 교육하는 사람과 교육받는 사람은, 엘리트와 대중은, 전위 조직과 민중은 같은 세계에 사는 사람이고 서로를 변화시키며 서로 해방되어야 하는 것이다.

민중이 무지한 것이 아니라, 애초부터 주권이라는 개념은 민중의 것이 될 수 없는 언어였다. 역설적이지만 주권 개념은 민중을 능동적으로 법을 제정하는 존재가 아니라 제정된 법을 수동적으로 따르는 존재로 만들었다. 시민 역시 의무만 있고 권리는 없는 존재로, 멸사봉공滅私奉公의 정신으로 무조건 관을 떠받드는 사람을 모범 시민으로 만들었다.

일제 강점기에는 이런 왜곡된 세계관을 깨고 자유롭고 주체적인 인간을 만들어야 할 교육마저도 국가를 위해 봉사할 신민을 만들려 했다. 실질적으로 지난 100년 이상 한국의 교육 과정은 동일한 목표를 가져왔다. 권력자가 발표한 두 개의 교육 방침을 비교해 보면 이는 더 확실해진다.

교육입국조서(고종, 1895년)	국민교육헌장(박정희, 1968년)
너희들 신민의 선조는 곧 우리 조종이 보유한 어진 신민이었고, 너희들 신민은 또한 조선의 충애를 잘 이었으니 곧 짐이 보유하는 어진 신민이로다. 짐과 너희들 신민이 힘을 같이하여 조종의 큰 터를 힘쓰지 아니하면 나라가 공고하기를 바라기 심히 어렵도다. …… 이제 짐이 교육의 강령을 보이노니 헛이름을 물리치고 실용을 취할지어다. 곧, 덕을 기를지니, 오륜의 행실을 닦아 속강(俗綱)을 문란하게 하지 말고, 풍교를 세워 인세(人世)의 질서를 유지하며, 사회의 향복을 증진시킬지어다. 다음은 몸을 기를지니, 근로와 역행(力行)을 주로 하며, 게으름과 평탄함을 탐하지 말고, 괴롭고 어려운 일을 피하지 말며, 너희의 근육을 굳게 하고 뼈를 튼튼히 하여 강장하고 병 없는 낙(樂)을 누려받을지어다. …… 한 몸의 사(私)를 꾀하지 말고, 공중의 이익을 도모할지어다. …… 짐은 정부에 명하여 학교를 널리 세우고 인재를 양성하여 너희들 신민의 학식으로 국가중흥의 대공을 세우게 하려 하노니, 너희들 신민은 충군하고 위국하는 마음으로 너희의 덕과 몸을 기를지어다. 왕실의 안전이 너희의 교육에 있고, 국가의 부강도 또한 신민의 교육에 있도다.	우리는 민족중흥의 역사적 사명을 띠고 이 땅에 태어났다. 조상의 빛난 얼을 오늘에 되살려, 안으로 자주독립의 자세를 확립하고, 밖으로 인류 공영에 이바지할 때다. 이에, 우리의 나아갈 바를 밝혀 교육의 지표로 삼는다. 성실한 마음과 튼튼한 몸으로, 학문과 기술을 배우고 익히며, 타고난 저마다의 소질을 계발하고, 우리의 처지를 약진의 발판으로 삼아, 창조의 힘과 개척의 정신을 기른다. 공익과 질서를 앞세우며 능률과 실질을 숭상하고, 경애와 신의에 뿌리박은 상부상조의 전통을 이어받아, 명랑하고 따뜻한 협동 정신을 북돋운다. 우리의 창의와 협력을 바탕으로 나라가 발전하며, 나라의 융성이 나의 발전의 근본임을 깨달아, 자유와 권리에 따르는 책임과 의무를 다하며, 스스로 국가 건설에 참여하고 봉사하는 국민정신을 드높인다. 반공 민주정신에 투철한 애국 애족이 우리의 삶의 길이며, 자유세계의 이상을 실현하는 기반이다. 길이 후손에 물려줄 영광된 통일 조국의 앞날을 내다보며, 신념과 긍지를 지닌 근면한 국민으로서, 민족의 슬기를 모아 줄기찬 노력으로, 새 역사를 창조하자.

앞의 두 선언은 묘하게 닮았다. 한국 사회에서 교육의 목적은 자아의 발견이나 성장, 실현이 아니라 국가의 건설과 부강이라고 못박는다. 고종의 교육입국조서가 왕실의 안전과 국가의 부강을 꾀했다면, 국민교육헌장은 비슷한 논리에 반공을 추가시켰을 뿐이다. 심지어 국민교육헌장은 상부상조와 협동까지도 국가 건설의 수단으로 만들었다. 국가의 부강과 국익이 다른 모든 가치를 집어삼키는 세계관을 학교가 학생들에게 강요하고 주입시켰다.

정치, 경제, 문화, 교육, 모든 면에서 민중의 삶이 뒤틀리고 왜곡되었다는 사실을 고려하면 일제 식민 통치가 우리에게서 앗아 간 것은 단지 국권만이 아니다. 일본의 지배는 국권이나 주권보다 훨씬 더 중요한 삶의 권리를 앗아 갔다.

그것이 바로 존엄이다. 관료 제도와 상비군을 갖춘 근대 국가가 민중에게 시민권과 주권을 주고 빼앗는 과정은 유럽에서도 찾아볼 수 있지만, 식민지에서는 그런 변화가 전통과의 '단절'로 나타났다. 과거의 모든 것은 쓸모없고 버려야 할 나쁜 풍습으로, 외부의 것은 무조건 받아들이고 배워야 할 선진적인 요소로 여겨졌다. 이런 상황에서는 민중이 역사의 주인이 될 수 없다.

물론 과거의 전통 사회를 낭만적으로 미화시킬 이유는 없다. 그보다는 단절이 민중에게서 정체성과 자존감을 빼앗았다는 사실에 주목해야 한다. 더구나 식민지에서는 이런 단절이 폭력을 동반했다. 전통적인 공동체의 파괴, 사적 소유권의 폭력적인 강제, 사유화된 법과 규칙의 강요가 바로 그 폭력이다. 지침을 내리는 자와 지침을 받는 사람이 분명하게 구분되니 관과 민이 분리되었고, 관존민비官尊民卑의 사고방식이 사회에 뿌리를 내렸다. 중앙의 국가 권력에서 가부장으로 이어지는 강력한 위계질서가 형성되었고 교육이 이를 정당화시키고 뒷받침했다. 군사부일체君師父一體라니, 무슨 조폭도 아닌데 말이다.

그래서 역사학자 브루스 커밍스는 《브루스 커밍스의 한국현대사》에서 해방 이후 한국 사회의 가장 중요한 과제가 "식민 지배가 초래한 무기력과 상대적 후진성을 어떻게 하면 가장 잘 극복할 것인가."였다고 말했다.

하지만 해방 이후 군사 독재는 이런 식민성을 해체하기는커녕 그대로 이어받아 자신의 지배를 강화시키려 했다. 해방 이후 반공주의는 일제의 지배 방식을 그대로 받아들이고 강화시켰다. 식민 지배를 경험한 대부분 국가에서 그랬듯이 기득권층은 일제 강점기를 거치면서도 완전히 훼손되지 않았던 민중의 존엄을, 저항하던 민중의 존엄을 계속 짓밟았다. 일제의 정치, 경제, 교육, 문화 정책은 이름과 내용만 바꾼 채고스란히 유지되었고 심지어 지금도 학교의 조례나 신체검사에서 그 흔적을 찾아볼 수 있다.

그리고 우리 기억에서는 이미 잊혔지만 해방 이후 정부를 세우는 과정에서 또 한번 주권의 한계가 드러났다. 1945년 해방 당시 240만여 명의 조선인이 일본에 거주하고 있었다. 그들은 1947년에 일본 정부가 외국인등록령을 시행하자 '조선적'이라는 임시 국적을 받았는데, 1948년에 북한과 남한 정부가 각각 수립되면서 조선이라는 나라는 완전히 사라졌다. 그리고 일본 정부는 1952년 샌프란시스코 강화 조약을 체결한 뒤 조선인의 일본 국적을 일방적으로 박탈했다. 그러자 조선인은 북한이나 남한 국적을 선택하거나 무국적자로 남는 것 외에 아무런 선택지를 갖지 못했다. 남한과 북한, 일본 정부 누구도 이들의 삶에 관심을 두지 않았고 자기 주권 아래 들어와야 관리해 주겠다며 이들을 방치했다.

그 과정에서 많은 조선인은 난민이 되었고 지금도 '조선적'을 유지하는 사람이 10만여 명이나 된다. 영화 〈GO〉에 나오듯이 이들은 어느 국적에도 속하지 않는 난민이다. 이들이 속할 수 있는 정치 공동체는 어디에 있을까? '재일동포'라는 호명, '조총련'이라는 호명 모두가 이들에게는 폭력이다. 이들에게 주권과 정부는 어떤 의미일까? 우리가 되찾아야 할 주권과 존엄은 한반도뿐만이 아니라 지구 곳곳에, 수많은 이들의 상처 속에 여전히 남아 있을지도 모른다.

| 중앙집권형 경찰 국가와 독점 재벌의 결탁 |

해방 이후 미군정은 일제의 필요에 따라 만들어진 강력한 중앙집권형 국가를 자신의 필요에 따라 그대로 유지했다. 커밍스는 미국 정부가, 미국에 존재한 바 없고 미국인이라면 결코 받아들이지 않을 강력한 '경찰 국가 체제'를 남한에서는 승인했다고 얘기한다. 미국은 공산주의의 위협을 빌미로 이 기형적인 정치 체제를 승인한 것이다. 반면에 민중이 자발적으로 조직했던 인민위원회는 미군정의 탄압을 받으며 붕괴되었고, 이 비극은 제주도 4·3 항쟁 당시 학살로 이어졌다. 능동적으로 살아 보려는 민중의 몸부림은 강제로 짓밟혔고, "똑똑한 놈들은 일찍 죽는다."는 한탄은 더 이상 제주도 사람만의 것이 아니었다. 한반도 어느 곳에서든 한 자리에 모여 회의를 여는 사람들은 빨갱이라는 의심을 받왔다. 토크빌이 "국가 이익은 전체 합중국민의 열렬한 관심의 대상이며, 시민은 누구든지 국가 이익이 마치 자기 자신의 이익인 양 열렬한 관심을 가"진다고 찬양했던 미국의 민주주의는 이 한반도 땅에 없었던 것이 아니라 미군정 하에서 철저히 파괴된 것이다.

공권력이 사유화되고 사적인 권력이 공권력으로 위장하는 역사는 이때부터 시작되었다. 조선민족청년단, 서북청년단을 비롯한 각종 반공 청년 단체들이 사사로이 폭력을 행사했고 좌우파 간의 정치 테러도 일상적으로 벌어졌다. 특히 서북청년단은 대구 노동자 파업이나 여순반란 사건, 국민보도연맹, 제주도 4·3 항쟁 등 다양한 민간인 학살에 개입했고, 백의사白衣社는 중요한 정치인들을 암살하려 들었다. 지금도 그렇지만 이런 단체들은 자신의 이해관계를 위한 사적인 폭력을 좌우의 이념 갈등이나 국익을 위한 행동으로 포장하고는 했다.

하지만 공권력은 사실상 이를 통제하려 들지 않았다. 모순되게도 강력한 경찰 국가는 이런 사적인 폭력을 눈감아 주거나 조장했다. 아니 공권력 자체가 이런 사사로운 폭력을 부추겼다. 공권력의 폭력과 사적인 폭력이 결탁해서 약자들을 침묵의 늪으로 몰아넣었다. 당시 경찰과 그들의 사조직은 민중의 자치 조직이나 모임을 말 그대로 습격하기도 했다. 이런 폭력이 권력의 이름으로 정당화되었으니 사람들이 정치에 관심을 끊을 수밖에 없는 것일 테다.

해방 이후 한국사를 특징짓는 이 공권력과 사적인 폭력의 공모는 전통이 되었다. 한때는 공장의 노동조합 선거에 정보부가 개입하기도 했고, 지금도 경찰이 철거 현장의 용역 깡패나 파업 현장의 구사대 뒤를 봐주기도 하니 말이다.

더구나 커밍스는 대부분의 식민지 경찰이 그대로 직책을 유지했다는 점을 지적한다. 커밍스가 만든 표를 보자.

해방 이후 경찰 조직 분석

직위	1946. 11. 당시 경찰 수	식민지 출신 경찰 수	퍼센트
총감	1	1	100
관구장	8	5	63
국장	10	8	80
총경	30	25	83
경감	139	104	75
경위	969	806	83

이 표에서 드러나듯이 폭력적인 경찰 기구는 거의 변화가 없이 유지되었다. 식민지 때 민중을 억압하고 사람들을 고문했던 경찰들이 해방 이후에도 그 자리를 지켰다. 이러한 상황이니 경찰의 사사로운 폭력에 시달리던 민중이 8·15 해방으로 실질적인 변화를 느끼기는 어려웠다. 경찰의 소속만 바뀌었을 뿐 폭력은 계속되었다. 일제 강점기와 마찬가지로 경찰이 일상생활 곳곳에 개입했다.

이런 노골적인 폭력보다 더 심각한 문제는 해방 이후 권력의 소재지가 더욱더 중앙으로 집중되었다는 점이다. 일제의 중앙집권형 국가 구조가 그대로 유지되었을 뿐 아니라 수도권을 제외한 지방을 내부의 식민지로 만들고 더 많은 자원을 수도권으로 빨아들였다. 그러면서 지방은 스스로 결정을 내릴 수 없는 무기력한 공간으로 변해 갔고, 모든 결정이 서울과 수도권에서 내려졌다. 지방 자치 제도마저도 1961년 박정희의 5·16 군사 쿠데타 이후 유보되었다.

국사는 중앙집권형 국가가 우리의 자연스런 국가 형태인 듯 가르치지만 그런 국가는 역사에 존재하지 않았다. 고조선, 삼국 시대, 통일신라, 고려, 조선, 어느 때에도 지금과 같은 중앙집권형 국가는 존재하지 않았다. 지방의 호족이나 유림의 협조 없이 운영될 수 있는 국가는 없었다.

뿐만 아니라 중앙집권형 국가는 인민주권을 부정하는 국가 형태이다. 그러한 국가는 인민들이 자신의 주권을 행사할 수 있는 공간을 열어주지 않기 때문이다. 하지만 이런 중앙집권화에 문제를 제기하는 사람은 거의 없었다. 정치인이나 지식인은 오로지 누가 강력한 권력을 잡을 것인가에만 관심을 가졌다.

역사학자 제임스 스콧은 《국가처럼 보기》에서 중앙집권형 국가가 사회를 "근본적으로 단순화"시켰다고 주장한다. 권력을 가진 자들의 눈에 "가치 있는 식물은 '농작물'이 되고, 그 농작물과 경쟁하는 종은 '잡초'로 낙인찍힌다. 그리고 농작물에 기생하는 벌레는 '해충'으로 낙인찍힌다. 또한 가치 있는 나무는 '목재'가 되는 반면, 이와 경쟁하는 종은 '잡목'이 되거나 '덤불'쯤으로 여겨진다. 이와 동일한 논리는 동물의 경우에도 적용된다. 높은 가격이 매겨진 동물은 '사냥감'이나 '가축'이 되지만 그것과 경쟁하는, 혹은 그것들을 먹이로 삼는 동물은 '약탈자'나 '야생동물'쯤으로 간주된다." 이를 인간 사회에 적용하면 모든 사람이 시민일 수는 없고, 빨갱이는 사회에서 배제시키고 말살해야 할 잡초, 기생충으로 규정된다.

이것은 단지 바라보는 사고틀(프레임)의 문제가 아니다. 스콧은 그동안 이렇게 힘 있는 자들의 뜻대로 세계를 만들어 가려는 하이 모더니즘high modernism적 사고방식이 다양성을 파괴하고 지역 고유의 지식의 중요성을 무시하면서 사람들의 자발성과 자율성, 자율적인 역량을 파괴해 왔다고 주장한다. 그리고 그런 파괴가 결과적으로는 시민 사회의 힘을 약화시킨다고 지적한다.

스콧의 분석처럼 한국에서도 지방의 앎과 삶은 철저히 무시되었다. 1936년 10월 28일에 조선어학회가 공포한 표준말은 "대체로 현재 중류 사회에서 쓰는 서울말"로 언어를 통일시켰다. 우리는 조선어학회가 일제에 맞서 한글을 지켰다는 점만 생각하지 언어를 통일시키고 표준말을 만든 이유에 대해서는 묻지 않는다. 지방의 사투리가 공식 언어로 인정받지 못하는 이유나 표준화되지 못하는 지방의 문화가 사라져야 하는 이유를 묻지 못했다. 그냥 학교에서 교육받은 대로 억지로 표준말을 쓰는 것이 세련되고 계몽된 삶의 방식인 것처럼 생각되었다. 전국민이 중앙 정부가 내린 표준어와 표준화된 생활 양식에 맞춰서 살아야 했다. 밥에 보리를 섞는 비율까지 정하는 지독하게 섬세한 정부와 자율적인 시민의 동거는 불가능했다.

중앙에만 초점을 맞추는 시각은 사회를 변화시키는 운동도 마찬가지였다. 서울에서 만들어진 조직과 이론이 전국으로 퍼졌고, 그 반대의 경우는 거의 찾아보기 어려웠다. 지역의 문화나 전통을 제대로 분석한 내용도 없고, 내부의 기술과 지식에 토대를 두고 지역의 발전 전략을 구성하는 경우도 없다. 지금도 중앙 정부의 발전 전략을 지역의 형태로 가공한 전략이 지역의 내발적 발전 전략처럼 제안되기도 한다.

더구나 한국전쟁 이후 이런 표준화의 폭력은 반공 이데올로기와 결합되어 다른 목소리를 완전히 차단했다. 중앙의 권력에 반대하는 목소리는 무조건 '빨갱이'로 매도당했다. 핵 발전소를 반대해도 빨갱이, 정부 정책을 따르지 않아도 빨갱이, 재벌의 가혹한 노동 착취를 비판해도 빨갱이, 일한 만큼 임금을 달라고 요구해도 빨갱이, 국가에 성금을 내지 않아도 빨갱이, 한잔 걸치고 술김에 정부를 비판해도 빨갱이로 몰렸다. 그리고 지금도 기득권층은 제주도 해군 기지를 반대하는 사람들을 '빨갱이' '종북주의자'라 부른다.

이런 분위기는 민중의 마음속에 자리 잡은 식민성의 영향을 약화시키기는커녕 더욱더 강화시켰다. 힘을 가진 자들의 뜻을 거스르는 말을 꺼내려면 일단 주변을 살피고 작은 목소리로 속삭이게 만들었다. 거리로 나와 공개된 장소에서 자기 의견을 말하고 행동하는 것을 어렵고 부담스러운 일로 만들었다.

민중의 힘이 사라지면서 민중의 살림살이도 해방 이후 비슷한 과정을 밟았다. 소수의 중앙 재벌을 위해 만들어진 수출 전략은 대부분의 지방을 희생시켰다. 저곡가 정책은 농촌을 붕괴시켰고 농민은 도시로 몰려들어 가난한 노동자가 되었다. 구해근의 《한국 노동계급의 형성》에 따르면, 도시 임금 노동자의 수는 1960년 130만 명에서 1966년 210만 명, 1970년에는 340만 명, 1980년대에는 800만 명에 달했다. 불과 20년 사이에 도시 노동자가 670만 명이나 증가했다. 이렇게 빠른 속도로 늘어난 노동자를 착취해서 재벌 기업은 막대한 부를 축적했다. 1970년대 후반부터 재벌 기업은 산업 재해의 피해가 가장 심각했던 중화학 공업에 적극적으로 참여하고, 종합상사를 통해 수입과 수출에서 독점권을 행사하고, 땅 투기를 통해 엄청난 부를 쌓았다.

국토의 균형 발전은 말뿐이었고, 실제로는 수도권으로 모든 자원을 집중시키고 지방으로 단순 생산 시설, 환경 파괴 시설을 분산시켰다. 이런 생산에 필요한 에너지도 수도권으로 집중되었다. 한 가지 예만 들어 보자. 2009년을 기준으로 볼 때 서울의 전력 자급률은 1.9퍼센트에 불과하고 이 비율마저도 계속 떨어지고 있다. 전국 곳곳에 세워진 송전탑은 적절히 전기를 나눠 쓰는 장치가 아니라 지방에서 생산된 전력을 서울로 보내는 장치이다. 지방 주민은 화력 발전소, 수력 발전소, 핵 발전소로 인한 온갖 손해를 감수해야 하고, 송전탑에 쓰일 땅을 빼앗기고 송전탑 사고로 인한 피해를 고스란히 당하는 반면, 서울 시민은 편리하고 편안하게 마음껏 에너지를 사용한다. 그 어떤 논리를 갖다 대도 정당화될 수 없는 현실이며, 그것은 100여 년 전과 다를 바 없이, 아니 더욱 심해지면서 지금까지 이어져 오고 있다. 이런 상황을 '내부 식민지' 말고 다른 무슨 말로 부를 수 있을까. 한국의 지방은 아직도 식민지에서 해방되지 못한 셈이다.

더구나 이런 집중화 과정은 해방 이후 외국이 원조하는 각종 자원을 독점한 관료와 그 자원을 필요로 하는 재벌의 결탁 관계를 만들었다. 국가가 경제 발전의 목표를 정하고 자원을 집중시켰기 때문에 공무원에게 뇌물을 주고 청탁을 하는 비리는 기업의 '당연한 관행'으로 받아들여졌다.

우리는 흔히 재벌가를 만든 사람이 자수성가한 훌륭한 사람이라 믿는다. 허나 커밍스의 이야기는 그와 정반대이다.

"거래의 내막은 이렇다. 이를테면 일본의 한 은행이 12인치 흑백 텔레비전을 만드는 자금으로 당신한테 시세보다 낮은 금리로 1천만 달러를 빌려 주도록 내가 주선을 하고 은행에 대여금 상환을 보장한다. 나는 우리의 자유 무역 지대의 한 부지를 당신한테 떼어 주고, 당신 공장까지 이르는 도로를 건설해 주고, 우대 금리로 에너지와 전기를 공급하고, 당신이 건물을 짓도록 미국의 잉여 시멘트를 챙겨 준다. 나는 시장과 기술과 유통 채널을 확보하고 있는 외국 회사를 찾아서, 당신의 텔레비전을 미국의 어느 곳에서나 심지어 식료품 가게에서도 팔 수 있게 해 준다. 나는 교육과 훈련을 받은 노동력을 정해진 가격(역시 시세보다 훨씬 싼 가격)으로 지속적으로 공급할 것을 보장하고 노동조합을 불법화하고 노동 현장에서 위험스런 결사체들이 출현할 때에는 언제나 군대를 보내 준다. 나는 당신이 몇 개의 기업과 경쟁해야 할지를 결정하며, 당신의 연간 생산 목표액을 정해 주고(초과 달성 시에 보너스를 주겠다는 약속과 아울러), 당신들 모두가 성장할 수 있는 여지가 있도록 확실히 배려한다(당신이 내 처남이다 뭐다 하는 사실은 거론할 필요도 없다)."

이것이 바로 경제 성장의 '한국형 모델'이고 가족이 기업을 소유하는 재벌이라는 독특한 기업 지배 구조를 낳은 이유이다. 이런 모델에서 부패는 예외가 아니라 오히려 정상적인 상황이다.

이런 과정을 밟으며 정경 유착의 고리는 점점 더 두터워졌고 서로 정략결혼을 일삼고 핏줄로 엮이며 '신성가족'을 탄생시켰다. 한국 사회에서 기득권의 '신성가족'은 그저 비유가 아니라, 아주 구체적인 실체이다. 예를 들어, 삼성그룹만 보더라도 CJ그룹, 새한그룹, 한솔그룹, 신세계그룹과 한 가족이고, 사돈까지 따지면 대상그룹, LG그룹 같은 기업과 중앙일보사, 동아일보사 같은 언론사도 엮여 있다.《한겨레21》2012년 2

월 27일자를 보면, 삼성가의 가계도가 나온다.

삼성가 가계도

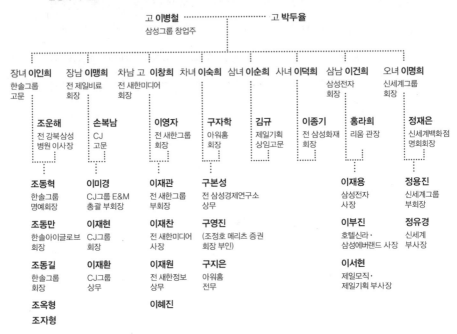

이렇게 촘촘하게 핏줄로 엮인 혈맹이 실재하는 신성가족인데, 이를 진보적인 가치를 통한 연대만으로 꺾는다는 것은 어쩌면 무모한 일일 지도 모른다.

지금껏 재벌을 위해서는 조세 감면이나 공적 자금 투입, 한미 FTA와 같은 정책이 추진되는 반면, 노동자와 농민은 '산업 역군'으로서만 그 가치를 인정받았다. 그러면서 공장과 사무실은 군대로 변했다. 어릴 적부터 그런 규율을 익혀야 하기에 학교 또한 군대로 변했다. 군대의 공문서 양식이 모든 공공 기관의 공통 양식이 되었듯이 군대식 규율이 학교와 공장, 사무실을 지배했다. 어릴 적부터 조회를 하며 남의 연설을 멀뚱히 듣는 것이 바람직한 교육 과정으로 받아들여졌다. 심지어 현대그룹은 공장 노동자의 머리카락 길이를 통제하고 강제로 아침 체조를 시키기도 했다.

생명의 터전인 땅은 사유화될 뿐 아니라 투기의 대상으로 전락했고 그 부는 고스란히 기득권층에게 넘어갔다. 그리고 자본가는 기본적인 노동 조건이나 사회 복지의 부담을 가정으로 떠넘겼고, '가족 임금'을 내세워 남성을 가족 부양자로 만들어 사회의 가부장주의를 더욱더 강화시켰다.

그러면서 중앙집권적인 정치 조직과 똑같이 수직적인 의사 결정 구조를 가진 재벌의 힘이 사회의 전 영역으로 퍼졌다. 재벌 중심의 정책은 재벌이 중소기업의 영역으로까지 '문어발식 확장'을 하고 시장을 잠식하는 일을 가능하게 만들었다. 재벌은 말로는 시장 경쟁의 규칙을 얘기하지만 그 규칙을 정하고 실행하는 방식은 전혀 시장의 규칙을 따르지 않는다.

또한 일제 강점기에 식민지 통치를 위해 이루어진 강력한 중앙집권화와 국가의 경제 발전 전략은 국제 경쟁에서 살아남아야 한다는 강력한 '개발 신화'를 형성했다. 국가는 경제 일반을 총괄하는 대표 회사를 자처했고, 식민지 시대와 마찬가지로 어떤 모종을 심고 어떻게 기를지를 결정했고, 농민들은 산업화를 위해 희생되고 사라져야만 했다. 그런 중앙집권화된 산업화 노선은 그것을 신자유주의라 부르든 달리 부르든 지금까지도 거의 변하지 않았다.

이렇게 어려운 숙제를 풀 수 있는 조건이 마련되지 못한 채 계속 시간만 흘러갔다. 지금도 마찬가지이다. 심각한 사회 양극화는 우리의 마음을 더욱더 조급하게 만든다. 당장 먹고살아야 하는데 구조가 뭐 그리 중요한가? 내게 이익을 주지도 않는 일인당 국민 소득 3만 달러라는 목표를 위해 내 옆의 사람을 밀쳐 내고 그 사람과 경쟁하기에 급급하다. 빈곤한 관계가 우리의 빈곤을 더욱더 빈곤하게 만들기에 서로 협동해야 한다는 생각은 지금도 시대에 뒤처진 나약한 생각으로 느껴진다.

허나 빈곤이 현재의 조건만을 가리키는 말이 아니라면, 우리의 조건은 과거와의 고리를 끊고 미래를 봉쇄해서 현재의 삶을 수렁으로 밀어넣고 있다. 빈곤과 불평등 문제를 주로 연구해 온 경제학자 아마티아 센은《자유로서의 발전》에서 다음과 같이 말했다.

"만약 우리가 소득의 빈곤에만 집중하지 않고 능력의 박탈이라는 더 포괄적인 생각으로 전환한다면, 소득 위주의 통계를 비롯한 상이한 정보적 기초를 가지고도 인간의 삶과 자유의 빈곤을 좀 더 잘 이해하게 될 것이다. 소득과 부의 역할은 다른 영향력과 마찬가지로 성공과 박탈의 더 광범위하고 완전한 측면에 통합되어야만 한다."

이 관점을 따른다면, 해방 이후 우리는 자기 자신의 능력을 강화시킬 기회를 박탈당했기 때문에 더욱더 빈곤해졌다. 보릿고개를 어렵게 넘어도 우리는 여전히 빈곤에서 빠져나올 수 없고, 우리의 뒷세대는 기본적인 생활 조건과 최소한의 자원마저도 갖추지 못할 뿐 아니라 우리

세대가 만든 핵 폐기물을 비롯한 각종 쓰레기를 떠안게 되었다. 우리에게 정녕 미래가 있을까?

사회학자 고병권은 《추방과 탈주》에서 이런 우리의 삶을 '내부 난민'이라 부른다. "한미 FTA를 추진한 노무현 정부의 '이것이 국민 모두가 살 길'이라는 식의 수사는 소위 비국민의 삶을 사는 이들의 '제발 우리를 살려 달라'는 외침과 대칭을 이룬다. 국가 권력이 적극적 육성 대상으로 삼은 인구에서 탈락한 이들은 장기적으로 국가의 경쟁력을 저해하는 요소이고 국가가 떠안아야 할 비용으로 인식될 것이다. 바로 자기 나라 안에 있으면서 사실상 자신을 보호해 줄 정부를 갖지 못하는 이들을 나는 '내부 난민'이라고 부르고자 한다."

이 '내부 난민'이라는 표현은 '내부 식민지'라는 상황에 잘 어울린다. 우리의 삶은 정말 난민처럼 떠돌고 있지 않은가. 그리고 강력한 중앙집권형 국가에서 지방민의 삶은 특히 내부 난민의 삶에서 벗어나기 어렵다. 그렇다면 지금 우리에게 필요한 것은 '진정한 독립'일까? 다시 물어보자. 누구로부터, 무엇으로부터의 독립을 외쳐야 할까? 독립을 이루기 위한 힘은 어디서 찾아야 할까?

| 하나의 세계와 두 개의 공동체 |

우리가 존엄을 되찾지 못한 것은, 우리가 진정한 독립을 이루지 못한 것은 잘못된 고정관념 탓도 크다. 우리는 자신이 할 수 있는 일이 별로 없다고 여긴다. 정부나 재벌의 문제나 비리가 드러나고 사회 쟁점이 되

어도 눈물 한 방울 흘리며 고개를 숙이거나 마스크 쓰고 휠체어 타고 아픈 척하면 갑작스레 여론이 수그러든다. 경제 사정이 좋지 않다는 언론사의 보도가 뒤따르고 고통을 분담하며 함께 뛰자는 공익 광고 캠페인이 더해지면, 한.편의 아름다운 그림이 완성된다. 우리는 한 민족 아니냐, 언제나 이런 식이다.

하지만 그런 식으로는 절대로 존엄해질 수 없다. 우리는 이미 고통을 분담할 수 없는 세계, 분담이 불가능한 세계에 살고 있다. 흔히 한 사회를 움직이는 두 가지 축은 정치와 경제라고 한다. 경제가 개개인의 이익을 토대로 사회를 떠받치는 물질적 바탕이라면, 정치는 그렇게 물질화된 사회에서 개개인의 이익만이 아니라 전체 공동체가 필요로 하는 바에 관해 각 구성원이 소통하고 실천하는 틀이다. 따라서 정치는 물질적인 이익을 늘리는 일 자체가 아니라 물질적인 이익을 조정하고 이익 외의 살림살이, 즉 공동체를 유지하는 데 필요한 공적인 업무를 처리하거나, 경제적인 합리성이라는 것에는 어긋날지 모르지만 부의 지나친 불평등이 공동체를 무너뜨리는 것을 막아야 한다. 한국 정부 역시 지금처럼 일인당 국민 소득 몇만 달러를 외치는 것이 아니라 현재의 경제 구조에서 부를 조정하고 평등을 실현하는 역할을 맡아야 한다. 하지만 지금 우리의 정치는 정반대의 방향으로 가고 있다.

21세기를 맞이하던 1999년 말에 나온 〈세기말〉이라는 독특한 영화 한 편은 20세기말 한국 사회의 풍경을 노골적으로 드러냈다. 특히 영화에 등장하는 악덕 고리대금업자의 말은 당시 한국의 기득권층을 잘 보여 준다.

"돈 있는 이들이, 이대로, 왜 제발 이대로 하면서 건배하는 줄 아나.

참말로 이대로가 좋은 기라. 대한민국, 망해도 안 되고 더 잘 되도 안 되는 기라. 선진국, 그거 절대 사절이야. 선진국하고 후진국 결정적인 차이가 뭔 줄 아나. 투명 과세라. 많이 번 놈 많이 내고 쪼매 번 놈 쪼매 내고. 가진 아들이 가장 싫어하는 게 그거 아이가. 내 돈 넘 주는 거. 내하고 룸살롱 같이 하다가 미국으로 이민 간 아가 있는데, 마, 학을 떼는 기라. 얼매나 세금을 때려 맞는지, 빨갱이 나라가 따로 없다 캐. 여서 얼매 안 냈거든. 그라이 여가 천국이제."

모두가 약간의 불안감과 흥분을 느끼며 맞이했던 21세기에도 영화에 나오는 대사처럼 여전히 한국의 기득권층은 철저한 현상 유지를 바란다. 일제 강점기와 군사 독재를 거쳐 완성된 우리의 근대적인 법과 제도는 기득권층을 처벌하는 것을 불가능하게 만들었기 때문이다. 그동안 입법, 행정, 사법 거의 모든 제도는 철저히 기득권층을 보호해 왔다. 아직도 친일파의 재산을 환수하는 문제가 뉴스거리가 될 만큼 우리의 법과 제도는 기득권에 대한 도전을 가로막아 왔다. 어떤 과정을 거쳤든 일단 한번 만들어진 권력이나 재산에 대해서는, 기득권 자체에 대해서는 어느 누구도 문제를 제기할 수 없도록 만들었다. 그러니 법과 제도의 잘못된 적용이 아니라, 우리 사회를 지배하는 규칙 자체가 문제이다.

옛날에는 마을 사람이 힘을 모아 부패한 수령을 쫓아내거나 필요하다면 부잣집 곳간을 열기도 했는데, 근대의 법과 제도는 이런 해결책마저도 금지했다. 사유화된 공권력이 힘을 독점했고, 자력 구제는 범죄가 되었다. 그러니 옛날보다 더 합리적인 사회에 살고 있다고 착각하지만 실제로는 더 야만적인 사회에서 우리는 고통을 받고 있다. 합리성의 가면을 쓴 야만적인 사회에서 기득권층을 무너뜨리는 것은 거의 불가능하다.

더구나 야만적인 억압의 형식도 조금씩 세련되게 변해 왔다. 과거에는 국가의 노골적인 폭력이 기득권층에 도전하는 사람들을 짓밟았다면, 지금은 돈의 폭력이 사람들의 발목을 잡고 있다. 차라리 노역을 살고 나오겠다는 말이 나올 만큼 시민 사회 단체의 활동가들에게 갖가지 벌금형이 내려지고 있다. 파업을 생각조차 못할 정도로 엄청난 손해 배상 압력이 노동조합을 짓누르고 있다. 그러니 기득권층에게 '법대로 하자'는 말은 전혀 위협적이지 않고, 오히려 그들이 법치주의를 내세우기도 한다.

　그 와중에 기득권층은 자기 입맛대로 법과 제도를 바꾸며 비밀리에 자신만의 세계를 만들어 왔다. 2010년 외교통상부 장관의 딸이 부정한 방법으로 특채되었다는 사실이 밝혀지면서 현대판 음서 제도 논란이 벌어졌다. 한 사람만의 문제인 줄 알았더니 결국에는 제도 자체의 문제라는 것이 드러났다. 힘없는 이들이 신분 상승을 꿈꾸는 거의 유일한 길인 3대 고시, 즉 행정고시, 사법고시, 외무고시 모두가 기득권층을 특별 대우하거나 그들에게 유리한 방식으로 진행된다. 지난 10년간 신규 채용 공무원 가운데 약 23퍼센트가 특채로 선발되었고, 로스쿨의 한 해 등록금은 1000만 원에서 3000만 원에 이르며, 외교관이나 고위 공무원의 자식들은 대학 입학부터 인턴, 취직까지 온갖 특혜를 누려 왔다.(《시사인》 2010년 9월 18일자) 정부에서만 이런 일이 벌어지는 것이 아니다. 기업에 취직할 때도 임원이나 사장단의 자식들, 고위 공무원의 자식들은 따로 관리된다. 제도의 허점을 파고드는 것이 아니라 기득권층을 위한 제도가 따로 존재한다는 점에서 우리는 두 개의 분리된 세계에 살고 있다.

재벌들이 '대우가족', '삼성가족', '현대가족'이라는 표현을 많이 쓰는 것은 사실은 우리가 결코 '가족'일 수 없다는 반증이기도 하다. 정녕 우리가 가족이라면 가족이라는 표현을 굳이 쓸 필요가 없다. 가족이 아니기 때문에 재벌들은 가족이라고 광고한다. 마찬가지로 그들이 국가를 강조하고 그 미래를 걱정하는 것은 그들과 우리가 같은 세계에 살고 있지 않기 때문이다. 우리가 정녕 같은 세계에 살고 있다면 그들의 상식과 우리의 상식이 이토록 다를 수는 없다.

　결국 단순한 폭로나 문제점을 지적하는 것만으로는 세계가 바뀌지 않는다. 공동체의 규칙을 정하는 이는 여전히 기득권층이고 그들은 자신의 '상식'을 따르기 때문이다. 그리고 설령 우리가 주권을 되찾더라도 그 주권이 세계화된 그들의 세계에 영향을 미치지 못하기 때문이다.

　그렇다면 무엇이 가능한가? 기득권층이 진정 두려워하는 것은 예측 가능하지 않은 행동, 기득권층 세계의 안정을 깰 수 있는 비합법의 행동이다. 인류학자 데이비드 그레버에 따르면, 반세계화 시위를 벌이는 사람들을 '폭력적인 시위대들' '폭도들'이라고 부르는 것은 무기를 들지 않으면서도 체제에 강력하게 도전하는 새로운 시위 방식을 정부가 무장 봉기라는 과거의 낡은 틀로만 바라보기 때문이다. 정부는 이런 정치 행위를 이해할 수 없기에 폭력이라 비난한다. 허나 그 틀에서 벗어나 바라본다면 반세계화 시위대의 행동은 폭력이 아니라 "거리 극장과 페스티발이라는 요소를 결합하는 시민불복종의 '새로운 언어', 비폭력적인 투쟁"이다. 이 이해할 수 없고 예측할 수 없는 행위에 기득권층은 공포를 느낀다. 그 힘이 자기 세계로 넘어올까 봐 무서워한다.

　그래서 기득권층은 현실의 규칙을 더욱더 엄격하게 만들어 새로운 행동이 일어나지 못하도록, 그 행동이 시민들의 마음속에 퍼지지 못하도록 막으려 든다. 그들은 이 두 개의 분리된 세계를 유지하면서 하나의 공동체라는 환상을 퍼뜨리고, 상품으로 팔 수 있는 것 외에는 새로움이 필요치 않다고 세뇌시킨다. 이 공동체를 떠나서는 결코 살 수 없다며, 새로운 공동체를 만드는 것은 불가능하다며, 자꾸 그러면 다른 나라로 떠나 버리겠다며 불안감을 퍼뜨린다. 시민들로 하여금 세계를 분리하는 고정관념의 경계를 무너뜨리기 어렵게 만든다.

그러나 자신도 모르게 텔레비전 쇼의 주인공이 되어 버린 트루먼의 삶을 다룬 영화 〈트루먼쇼〉에서도 볼 수 있듯이, 자신의 공포를 이기고 바다로 향했을 때 단단했던 세계의 벽은 쉽게 붕괴되고 만다. 그 벽이 트루먼의 마음에서부터 무너졌기 때문이다. 1994년 발효된 미국과 멕시코의 북미 자유무역협정NAFTA을 거부하며 봉기한 멕시코 사빠띠스따의 부사령관 마르코스는 《우리의 말이 우리의 무기입니다》에서 이렇게 얘기한다.

"거듭 말하지만, 무기를 든 것은 저들이 우리에게 아무런 대안도 남겨 놓지 않았기 때문입니다. 우리는 무기를 든 것도 우리 얼굴을 가린 것도 후회하지 않습니다. 우리는 우리의 죽은 사람들을 불쌍히 여기지 않습니다. 그들을 자랑스럽게 생각하며, 멕시코의 민주적인 변화를 위해 치러야 할 대가라면 더 많은 피를 흘리고 더 많은 죽음을 당할 준비가 되어 있습니다. 우리는 순교도 마다하지 않는 성직자라는, 전쟁광이라는 비난에도 전혀 흔들림이 없습니다. 우리를 비난과 불신의 눈초리로 바라보는 세계로, 우리가 흘리는 피의 가치를 폄하하고 존엄 대신

명성을 주는 세계로 들어가게 해 주겠다는 사이렌과 천사들의 노랫소리에도 유혹당하지 않습니다. 우리는 지금처럼 사는 데는 관심이 없습니다."

우리는 어떤 삶을 살아야 할까? 이제 주권에 관한 우리의 고정관념을 바꿔야 한다. '인민주권'은 말 그대로 민중이 주권을 가지는 상황이다. 단순히 개인이 모여서 이룬 집단을 민중이라 부르지는 않지만, 민중이 개인을 배제한다면 그 집단은 성립될 수가 없다. 부분이 없는 집합은 존재할 수 없기 때문이다. 따라서 인민주권은 집단적으로 행사되는 권리이되 개인의 필요를 반영해야 한다. 주권이 개인의 필요를 배제한다면 인민주권은 '빛 좋은 개살구'일 뿐이다.

대한민국 헌법 제1조는 '모든 권력은 국민으로부터 나온다.'고 규정한다. 한국도 인민주권을 받아들이는 나라라는 얘기이다. 그런데도 2008년 촛불 집회 때처럼 많은 개인이 모여 "대한민국은 민주공화국이다."를 외쳐도 그들의 요구와 주장이 실현되지 못하는 것은 누가 민중인지를 정할 권리가 민중에게 없기 때문이다. 인민주권을 주장한 많은 학자들이 슬며시 숨긴 주권의 약점은 바로 개인이 "내가 바로 인민이다."라고 외칠 수 없다는 점이다. 민중은 집단적으로만 정의된다. 그래서 주권은 집단으로 실현될 뿐 개인의 존엄을 보장하지 못한다.

과거 제국주의 시절 누가 인간인지를 결정할 잣대가 제국주의자들의 것이었듯이, 현재 민주공화국에서도 누가 민중인지를 결정할 잣대는 권력을 차지한 자들의 것이다. 제국주의자들이 흑인과 여성을 인간이라는 범주에서 제외시켰듯이, 한국은 국가의 결정을 따르지 않는 사람을 빨갱이, 폭도, 도심 테러리스트라 부르며 시민의 범주에서 제외시킨다. 공공의 질서와 안녕을 내세워 표현의 자유, 집회의 자유, 양심의 자유를 가로막는 곳이 바로 이곳 한국이다. 그러니 헌법에서는 주권이 양도될 수 없다고 얘기하지만 실제로 민중에게는 양도할 권리가 없는 셈이다. 내게 어떤 권리가 있는지를 결정할 권리가 우리에게는 없다.

그러면서 인민주권은 슬며시 주권을 국가의 권리로 넘겨 버렸다. 여러 학자들이 지적했듯이 근대 국민 국가의 탄생 과정은 누가 국민이 될 수 있는지를 정하는 과정이었고, 개인의 권리를 빼앗았을 뿐 아니라 과거 주권의 근거지였던 공동체를 파괴했다. 우리의 힘은 주권에 흡수되었고, 그 권력을 쥔 자들의 공권력이 우리의 일상을, 돈을 가진 자들의 지배력이 우리의 노동을 지배했다.

그러니 우리의 싸움은 주권을 다시 확보하기 위한, 더 정확히 말하자면 민중의 힘에 기반한 권력을 만들기 위한 노력이어야 한다. 그것이야말로 말로만 주권자가 아니라 진짜 자기 삶의 주인으로 살아 보려는 몸부림이다. 그래야만 근대 사회가 분리시킨 주권이라는 개념과 민중이라는 존재를 다시 연결시킬 뿐 아니라 주권에서 배제된 민중까지도 정치의 무대로 불러들일 수 있다. 근대 국가는 인민주권을 내세워 민중의 힘을 국민의 의무로 포섭하고 그들의 의지를 선거로 가두어 버렸지만, 이런 몸부림은 민중이 자신의 주권을 되찾을 뿐 아니라 주권의 경계를 무너뜨리고 자치와 자급의 삶을 살며 존엄을 회복하는 것을 꿈꾼다.

권력을 가진 자들이 보기에 이런 행동만큼 위험한 것은 없다. "이제 너희들이 필요 없으니 떠나라, 더 이상 너희에게 협조하지 않겠다. 너희가 먹을 쌀은 너희가 지어 먹고, 너희가 살 곳은 너희가 직접 짓고, 너희가 입을 옷도 직접 지어 입어라. 이제 나는 내가 원하는 대로 살겠다."
는 말처럼 위협적인 말은 없다. 그래서 정당하지 못한 권력일수록 이런
몸부림을 철저히 억압한다.

이런 시도를 가장 극렬히 반대하는 논리는 민중의 행동이 사회를 혼
란시키고 국가를 파괴한다고 하는 기득권 세력의 논리이다. 이들은 자
신의 기득권을 지키기 위해, 화석처럼 굳어 버린 주권 개념을 지키기
위해 법과 질서를 내세운다. 허나 왕이나 귀족의 피가 따로 없듯이 스
스로 행동하지 말아야 한다는 자연법도 없다. 물론 살인을 하거나 도
둑질을 하는 것은 당연히 금지된다. 그것은 법과 제도의 문제가 아니라
기본적인 인간 윤리의 문제이다. 민중과 시민 스스로 자신의 법과 질서
를 세울 수 있다. 하지만 보수 세력은 민중의 존엄을 부정하기에 법으
로 민중을 다스려야 질서가 세워진다고 믿는다.

놀랍게도 이런 시각은 진보적인 세계관을 가진 학자에게서도 드러난
다. 가령 정치학자 샤츠슈나이더는 《절반의 인민주권》에서 정치 조직
사이에 경쟁성을 낳고 갈등을 전국화시키는 정당 정치가 없으면 "보통
시민이 무력할 수밖에 없고 …… 인민주권은 아무런 의미도 가질 수 없
다."고 얘기한다. 한국의 최장집도 이와 비슷한 주장을 한다. 그는 《어떤
민주주의인가》에서 "시민 개개인으로 표출되는 민중성은 사회경제적
약자, 위계 구조의 하층에 있는 다수 서민의 이익과 열정을 안정적으로
대변할 수 없고 선거 경쟁에서도 조직화된 다수를 구성할 수 없"으며,
"특정 법안을 놓고 투표할 때 보통 사람들은 뭐가 옳은지에 대해 제대
로 판단할 수 없"기에 정당의 역할이 중요하다고 얘기한다. 보통 시민
은 무력하기 때문에 힘 있는 조직을 만들어야 한다는 얘기이다.

허나 우리가 무력한 것은 우리가 힘을 가질 수 없는 사회에 살고 있기 때문이지 결코 우리의 힘이 약해서가 아니다. 강력하게 중앙집권화된 국가에서, 공동체가 파괴되어 서로 적대적으로 경쟁하며 살아야 하는 고립된 개인의 사회에서, 매일매일 자존심을 짓밟히는 노동을 하며 살아야 하는 노동 사회에서 살고 있기에 우리의 힘이 약한 것이다. 우리 스스로를 억압하고 얕잡아 보며 외부의 힘에 의존하도록 만드는 사회에 살고 있기에 민중과 시민의 힘이 약한 것이다.

반대로 우리가 자신의 의견이 반영될 수 있는 분권화된 국가, 연방국가에서 산다면, 서로 보살피며 돕는 공동체에서 산다면, 인간적인 노동 조건에서 존엄하게 일하는 사회에서 산다면, 우리의 힘은 결코 약하지 않을 것이다. 그런 사회라면 우리를 대변하는 조직이나 정당도 우리의 뜻을 거스르지 못할 것이다. 그러니 내가 문제가 아니라, 내가 발 딛고 있는 사회가 문제인 것이다.

주권이 지금 만들어진 현재를 살게 한다면, 존엄은 현재에 틈을 만들어 새로운 미래를 살게 한다. 민중과 시민의 직접행동은 머나먼 미래의 이상 사회가 아니라 지금의 현실에서 존엄하게 살자는 몸부림이다. 권력을 더 뭉쳐서 한방에 세상을 바꾸자는 것도, 부자들을 약탈해서 그들을 없애 버리자는 것도 아니다. 정치의 가치인 존엄은 그들이 줄 수 있는 선물이 아니라 나와 우리가 노력할 몫이다. 사빠띠스따와 마르코스의 말처럼, 지금처럼 사는 데 관심을 두지 않고 묵묵히 우리가 옳다고 믿는 바를 실천하며 살 때 우리는 이미 존엄한 존재이다. 당분간은 비천한 현실에서 살아야 한다손 치더라도, 우리는 다른 삶을 꿈꾸는 다른 존재이기 때문이다.

© 노순택 | 미군 기지 확장,
주민 강제 이주에 반대하는
평화 활동가를 강제 연행하는
경찰. 경기도 평택 대추리 2006.

3

시민을 거역하는 민주주의와
정치의 부활

흔히들 1987년 6월 항쟁으로 한국 사회에 절차적 민주주의가 실현되었다고 얘기한다. 허나 나는 이렇게 주장하는 사람들을 의심한다. 절차적 민주주의가 정말 실현되었다면 1000여 명의 주민 가운데 고작 80여 명의 동의를 받아 제주도 해군 기지를 추진하는 일도 없을 터이고, 절차적 민주주의가 정말 실현되었다면 집주인만의 일방적인 동의로 세입자들을 내쫓고 죽음으로 내모는 강제 퇴거도 불가능할 것이다. 절차가 정말 지켜진다면 수많은 문제점을 안고 있는 한미 FTA가 날치기로 통과되지도 않을 것이고, 정말 절차가 민주적이라면 다수의 국민이 반대하는 사업들이 국책 사업을 빌미로 강행되지도 못할 것이다.

물론 제도만 따지면 우리의 민주주의는 성숙되어 보인다. 선거가 주기적으로 실시되고, 주민발의 제도, 주민투표 제도, 주민소환 제도 같은 직접 민주주의 제도가 중앙 정부까지는 아니더라도 지방 정부에는 이미 도입되었기 때문이다. 허나 제도가 도입되었다는 것과 시민이 그 제도를 실제로 활용하는 것은 다른 차원의 문제이다. 정부는 시민이 거의 활용할 수 없도록 그 제도를 만들었기 때문이다.

가령 주민발의 제도의 경우, 지나치게 많은 수의 서명을 요구할 뿐 아니라, 시민들에게 서명을 받을 곳도 마땅치 않고, 서명을 받는 형식도 매우 까다로워 애써 서명을 받아도 무효로 처리되는 경우가 많다. 그러니 웬만한 광역 자치 단체에서 주민발의로 조례를 제정한다는 것은 기적에 가깝다. 예를 들어, 서울시에서 조례를 주민발의하려면 서울 시민의 1퍼센트, 약 8만 명 이상의 서명이 필요한데, 그 정도의 주민발의가 얼마나 어려운가 하면, 스위스의 경우 10만 명 이상의 시민이 발의하면 연방 헌법의 개정도 요구할 수 있다.

그럼에도 그동안 주민발의로 조례를 제정하려는 다양한 시도가 있었다. 서울시만 봐도, 2004년 3월 약 14만 6000명의 서명을 받아 '학교 급식 조례 제정 청구서'가 제출되었고, 2010년 3월에도 '서울 광장 조례 개정안'이, 2011년 5월에는 '서울 학생 인권 조례안'이 주민발의로 청구되었다. 가끔은 현실이 되기에 이런 시도는 불가능이 아니라 기적이라 불린다. 하지만 주민발의가 되어도 지방 의회에서 대폭 수정되거나 폐기되는 경우가 많아 기적이 실망으로 끝나기도 한다. 직접 민주주의 제도라고 하지만 사실상 최종적인 결정권은 시민이 아니라 기성 권력에게 있다.

주민투표 제도나 주민소환 제도의 경우도 마찬가지이다. 2004년 7월에 주민투표법이 제정된 이후 시민들이 직접 주민투표를 청구한 사례는 한 건도 없고 모두 중앙 정부나 지방 자치 단체가 청구했다는 점에서 주민투표법의 한계는 분명하다. 주민소환 제도도 여러 차례 시도되었지만 33.3퍼센트의 투표율을 넘어야 개표를 할 수 있다는 해괴한 이유 때문에 대부분 투표함의 뚜껑조차 열지 못했다.

허나 이런 제도들은 지방 자치 단체의 주요 결정 사항에 관해 주민의 직접 참여를 보장해서 행정의 민주성과 책임성을 높인다는 점에서, 한계가 있다고 해서 그냥 버릴 수도 없고 그렇다고 무조건 좋아하기에도 애매한 계륵鷄肋이다. 왜 우리 현실에서는 이런 민주주의의 꽃이 시들시들하기만 하고 아름답게 피어나지 못할까?

선거도 마찬가지이다. 흔히 선거는 민주주의의 꽃이라 불린다. 선거가 다가오면 중앙선거관리위원회는 "민주주의의 꽃은 선거입니다."라는 현수막을 거리 곳곳에 내건다. 여기서 꽃의 의미가 무엇인지를 정확히 알 수는 없으나 정녕 민주주의의 꽃이 선거일까?

한때 선거를 얘기할 때면 고무신, 돈봉투 등이 떠올랐던 때가, 그래서 '공정선거'를 절실히 요구했던 때가 있었다. 다른 것 다 집어치우고 직선제로 선거를 치르는 것이, '닥치고 선거'가 민주주의를 뜻하는 때도 있었다. 그랬기에 우리에게는 마치 선거가 민주주의 자체처럼 느껴졌다. 그리고 독재 세력에 맞서 싸우던 사람들도 민주주의를 강렬히 열망했지만 정작 그 내용에 관해 구체적으로 고민하지는 않았다. 그들은 특정 이념을 따랐을 뿐 우리의 민주주의가 어떤 내용과 형식을 가져야 하는지를 고민하지 않았다. 형식적인 선거 방식만이 논의되었고, 우리는 선거가 곧 민주주의라고 여기는 데 익숙해졌다.

보통 우리는 민주주의의 내용에 관해 얘기할 때 고대 아테네 사회로 돌아가는 데 익숙하다. 꼭 그래야 하는지는 모르겠지만 일단 그런 익숙함을 받아들이더라도 우리는 당시의 아테네 역사를 잘못 이해하고 있다. 보통 고대 아테네의 직접 민주주의는 에클레시아ekklēsia라 불리던 민회의 민주주의로 알려져 있다. 시민권을 가진 성인 남성들이 민회에 모여 도시의 중요한 정책을 직접 결정했다는 점에서 아테네는 직접 민주주의를 실현했다고 얘기된다. 물론 그게 거짓은 아니지만 중요한 얘기 하나가 빠져 있다. 추첨으로 선발된 사람들이 아테네의 중요한 결정들을 내렸다는 사실 말이다. 즉, 선거가 아니라 추첨제가 민주주의를 보장하는 핵심적인 제도였다는 사실은 은폐되었다.

그리고 우리는 직접 민주주의가 이상적이기는 하지만 현실에서는 불가능하다고 배워 왔다. 거대하고 복잡한 현대 사회에서는 직접 민주주의가 불가능하기 때문에 선거를 통해 대표를 뽑는 대의 민주주의가 '실현가능한' 대안이라고 배워 왔다. 유권자들이 자신의 이익과 의견을 대변할 대표자를 투표로 선출하면 직접 참여하는 것만큼의 효과를 거둘 수 있고, 뛰어난 대표자가 의견을 수렴하고 정리하면 국가의 전체적인 이익까지 고려할 수 있다고 배웠다. 그리고 견제와 균형의 원리에 따라 권력을 나눠서 서로 감시하고 견제하도록 하면 정치적인 부패나 독재를 방지할 수 있다고 했다. 이것이 우리가 배워 온 민주주의의 원론이다.

문제는 실제 현실은 전혀 다르다는 점이다. 정치인은 당선되고 나면 유권자를 배신하고 의견을 수렴하거나 나라의 이익을 고려하지 않는다. 견제는커녕 결탁이 일상이고 부패는 상식이다. 그런데도 왜 우리는 이런 원론에서 벗어나지 못할까?

| 선거는 민주적인가? |

사실 선거가 민주주의를 보장한다는 원론은 이미 예전에 무참하게 깨졌다. 그 대표적인 예로, 독일의 독재자 아돌프 히틀러는 독일 국민의 전폭적인 지지를 받으며 선거를 통해 권력을 장악했다. 이 사건으로 정치인과 학자들은 우매한 대중에 대한 두려움을 온 사회에 퍼뜨렸지만, 사실 이 사건의 본질은 대중의 광적인 열광이나 분별없는 판단력이 아니다. 역사학자 로버트 팩스턴이《파시즘》에서 지적했듯이, 파시즘은 사회적 양극화와 정치적 대립의 교착 상태에서 전통적인 엘리트 기득권층과 민족주의 과격파가 손을 잡으면서 탄생했다. 기득권층은 부글부글 끓어오르는 사회적인 불만을 억누를 해결사를 원했고, 파시스트들은 대중의 열광만으로는 부족했던 정치적인 지원이 필요했다. 그러니 파시즘은 광기의 산물이 아니라 계산의 산물이었고, 대의 민주주의는 이런 냉정한 계산과 이해관계의 결탁 앞에 무기력했다.

선출된 대표자들이 자신의 이익을 위해 대중의 의견과 이익을 무시하거나 국익을 내세우며 나라를 전쟁과 파괴 속으로 몰아갈 때, 대의 민주주의는 어떤 해결책을 가지고 있나? 답은 한 가지이다. 다음 선거를 기다려라! 그래서 장 자크 루소는《사회계약론》에서 다음과 같이 이야기했다.

"영국 민중은 자유라고 생각하고 있지만, 그것은 큰 잘못이다. 그들이 자유로운 것은 의원을 선거하는 동안만의 일이고, 의원이 선출됨과 동시에 영국 민중은 노예가 되어 무로 돌아가 버린다. 그 짧은 자유로운 기간에 그들이 자유를 어떻게 사용하고 있는지를 살펴보면, 그들이 자유를 잃는 것은 당연함을 알 수 있다."

지금 우리의 삶은 노예의 삶과 얼마나 다른가?

이처럼 대의 민주주의가 근본적인 결함을 가지고 있다면 어떤 대안이 가능한가. 고대 아테네의 민회를 닮은 권력 기구를 만든들 문제가 해결될까? 사실 고대 아테네에서 직접 민주주의를 실현시켰던 힘은 민회라는 제도보다 그 제도가 보장했던 여러 권리, 즉 평등한 발언권을 의미하는 이세고리아isēgoria, 법 앞의 평등을 의미하는 이소노미아isonomia, 시민이라면 누구나 참정권을 가져야 한다는 이소고리아isogoria, 오늘 다스리는 사람이 내일에는 다스림을 받을 수 있어야 한다는 이소크라티아isokratia였다. 이런 원리들이 민주주의를 활성화시켰고, 이런 원리를 충실히 구현한 것은 민회라는 공간보다 대표를 선출하는 방식이었다.

버나드 마넹은 《선거는 민주적인가》에서 "대의 정부와 직접 민주주의의 주요한 차이를 밝히려 한다면, 선거의 효과와 추첨의 효과를 비교해 보아야 한다."고 얘기한다. 고대 아테네 민주정에서는 추첨을 통해 선발된 행정관들이 행정을 담당했는데, 700명가량의 행정직 가운데 600명 정도가 제비뽑기klēros 방식으로 충원되었다. 30세 이상의 성인 남성이라면 누구나 행정관에 지원할 수 있었고 추첨으로 선발된 사람은 1년 동안 행정직을 맡았다. 행정관만이 아니다. 부올레boulē라 불렸던 시민 대표 평의회의 위원 500명도 추첨으로 임명되었다. 역시 30세 이상의 성인 남성이라면 누구나 지원할 수 있으며 1년 동안 임기를 맡았다. 그뿐 아니다. 헬리아스타이héliastai라 불렸던 시민 재판정은 매년 30세 이상의 지원자 가운데 6000명을 추첨으로 선발해 1년 동안 배심 원직을 맡겼다. 그러니 고대 아테네 민주정에서는 30세 이상의 성인 남성이라면 누구나 한 번쯤 공직을 맡아야 했다. 이처럼 행정, 입법, 사법 모든 영역에 추첨의 원리가 적용되었다.

마넹은 민주주의의 원리란 "민중이 통치자이자 피통치자라는 것이 아니라, 모든 시민이 이 두 위치를 번갈아 가며 차지할 수 있어야 한다는 것"이라고 주장한다. "어느 날 명령을 내리는 사람이 그전에는 명령에 복종했던 사람이라면, 권력을 가진 사람이 어떤 결정을 내릴 때, 그 결정에 의해 영향을 받게 될 시민의 입장을 참작하여 결정을 내릴 수 있"기 때문이다. 민주주의에서 다스리는 자는 나와 근본적으로 다른 뛰어난 인물, 추종해야 할 인물이 아니라 동등하고 평등한 시민이었다. 그러니 동등하게 얘기하고 자신의 권리를 내세울 수 있었다.

이처럼 추첨제는 모든 시민이 한 번쯤 공직을 맡을 수 있도록 교체를 보장하고 일반 시민들이 권한을 가지게 해서 전문가의 지배를 막았다. 마넹에 따르면, 이런 "교체와 추첨의 결합은 전문성에 대한 깊은 불신에서 비롯되었다." 고대 아테네인은 전문가가 필요하지만 전문가에게 모든 권력을 맡긴다면 그들이 지배하게 되리라는 점을 잘 알고 있었다. 그리고 추첨은 언젠가 나를 찾아올 공직을 준비하게 했다. 공동체의 구성원으로서 나는 개인적인 일만이 아니라 공동체의 일에 관심을 가지며 공직을 준비해야 했다.

한국처럼 정치적인 부패가 널리 퍼진 곳, 돈으로 권력을 살 수 있는 곳, 파벌이 정의를 압도하는 곳에서 추첨제는 그런 문제를 해결할 수 있는 좋은 제도이다. 제비뽑기로 공직자를 선출하면 돈으로 권력을 살수 없을 뿐 아니라 부패가 생기기 어렵다. 누가 뽑힐지 모르고 유력한 후보자를 미리 정하기도 어려운데 누구한테 찾아가 청탁을 할 수 있을까? 그리고 제비뽑기를 하면 파벌의 힘도 자연스레 줄어든다. 파벌은 권력을 지키고 그것을 후계자들에게 나눠 줄 수 있어야 유지될 수 있는데, 추첨제는 그런 분배를 불가능하게 만든다.

더구나 추첨제는 뽑기라는 우연적인 방식을 따르기 때문에 공직자로 선출되어도 잘난 척을 할 수 없고 떨어져도 자기 능력을 탓할 필요가 없다. 잘난 척을 못하고 대대손손 권력을 누리는 것이 불가능하기 때문에 주변의 목소리에 귀를 기울여야 한다. 시민들이 서로 돌아가며 추첨제로 공직을 맡는다면 권력이 자연스레 순환되어 부패되기 어렵다. 결과적으로는 공직을 맡아 본 시민들의 수가 늘어나서 정치의 보편화, 대중화가 실현될 수 있다.

추첨제의 이런 장점들을 생각하면 선거야말로 비민주적인 선출 방식이다. 선거는 대중이 무능하고 전문가가 정치를 맡아야 한다고 전제하기 때문에 비민주적이다. 그리고 선거는 자기 사람에게 권력을 몰아주기 위해 갖은 술수와 흑색선전, 매수 등이 남발되기에 야만적이다.

어니스트 칼렌바크와 마이클 필립스는 《추첨 민주주의》에서 과거의 추첨제를 현실로 소환한다. 이들은 추첨 민주주의가 실현가능할 뿐 아니라 바람직하다고 주장한다.

"지금의 의회처럼 선거를 통해 후보를 선출하고 기업을 통해 선거 자금을 조달하는 방식은 돈 많은 후원자들이 싫어하는 사람만이 아니라 비주류의 시각을 가진 사람들도 의회에 들어올 수 없게 만든다. 반면, 추첨에 따른 의원 선발 방식은 모든 미국인의 정치 성향, 정치경제적 견해를 더욱 폭넓게 대의한다. 간단히 말해, 추첨을 통한 의회 구성의 방식은 미국 건국자들이 꿈꾸던 국민의 정확한 축소판을 제공해 주는 것이다. 여기에서 의원들은 자신이 표현할 수 있는 것을 뛰어넘어 고민할 필요가 없다. 의원들이 선택되는 통계적인 선거구민, 즉 표본이 추출되는 단위는 자신과 같은 국민으로 구성돼 있다. 의원들의 대표성은 자동적이며 피할 수 없다. 따라서 논쟁과 의사 결정 과정은 민주적 대의 방식을 연구하는 사람들이 늘 찾고 있던 것을 제공해 줄 수 있다. 전체 국민이 모두 모이기에는 너무 많다면, 추첨으로 선택된 전체 국민의 복제품이 참여하면 되는 것이다."

물론 추첨제가 민주주의를 실현하는 만병통치약은 아니다. 추첨제도 제도이기에 약점을 가진다. 예를 들어, 반공 이데올로기와 같은 주류 사회의 이데올로기가 강력할 경우 추첨제로 선발해도 비슷한 결론이 나오고 다른 의견이 거부당할 수 있다. 그리고 한국 사회처럼 변화의 속도가 지나치게 빨라 여유가 없는 곳에서는 추첨제를 시행해도 지원자가 적을 수 있다.

그렇지만《추첨 민주주의》를 우리말로 옮긴 손우정과 이지문은 이렇게 주장한다.

"무엇보다 추첨 민주주의가 구현된다면, 지금 우리 의회의 세력 판도는 크게 변화될 것이다. 18대 국회의 제1당인 한나라당은 총선에서 37.4퍼센트의 지지(정당 득표)를 받고서도 전체 의석의 51.1퍼센트를 차지했다. 또한 전체 유권자의 절반을 차지하는 여성은 18대 국회의 경우 13.7퍼센트의 의석만을 차지하고 있으며, 유권자의 40.9퍼센트(2010

년 지방 선거 기준)를 차지하는 30대 이하 연령층도 2.3퍼센트밖에 없다. 그러나 추첨으로 구성된 의회에서 한나라당은 이 지지율이 그대로 유지된다 하더라도 지지자를 포함해 37.4퍼센트 전후의 의석 이상을 차지할 수 없게 된다. 특히 특정 정당들이 장악하고 있는 지방 의회를 추첨으로 구성한다면, 특정 정당이 의회의 거의 100퍼센트를 장악하는 일은 결코 일어날 수 없다."

즉, 추첨제를 실시한다면 현재의 정당 체계가 그대로 유지되더라도 특정 정당이 다수당으로 권력을 독점하는 일은 없어지고, 한미 FTA처럼 국가의 현재와 미래에 엄청난 영향을 미치는 조약을 한 정당이 통과시키는 것도 불가능해진다. 이 두 가지 점만으로도 추첨제는 한국 사회에서 충분히 매력적인 제도이다.

선거가 민주적이라는 상식에서 벗어나야 하는 또 다른 이유가 있다. 해방 이후 대한민국이라는 국가를 성립시킨 것은 선거였다. 개인적으로는 왜 꼭 성인이어야 하는지 의문인데, 어쨌든 성별이나 재산과 상관없이 모든 성인에게 투표권을 줬다는 점에서 한국의 선거 제도가 공평하고 올바른 듯 보이지만, 근본적인 의미에서 선거는 민중에게 주권을 돌려주기 위한 제도가 아니었다. 진정 민중의 주권을 다시 회복시키려 했다면 선거가 아니라 무너진 공동체의 민회를 복원하고 그들의 정치 행위를 보장했어야 옳다. 하지만 미군정이나 기득권층은 그런 것을 바라지 않았고, 오히려 인민위원회를 탄압하면서 민중의 정치적 힘을 선거라는 장으로 '동원'하려고 했다. 이것은 선거의 정치적 중요성에 관한 얘기가 아니라, 선거라는 장 자체가 민중의 정치 에너지를 동원하고 흡수해서 직접 정치에 개입할 가능성을 봉쇄한다는 얘기이다.

선거라는 제도는 유럽의 것이다. 다른 제도들과 마찬가지로 선거 역시 이 땅의 전통과 문화를 뒤떨어진 것으로 해석하며 그것을 완전히 무시했다. 민중은 기존의 익숙한 방식을 모두 버리고 새로운 규칙을 받아들이도록 강요당했는데, 그런 새로운 규칙에 익숙한 자들은 이미 정해져 있었다. 많은 지식인과 엘리트가 자신이 권력을 잡고 그것을 정당화하는 장치로 선거를 활용했다. 이미 권력을 쥔 자들에게만 유리하고 복잡한 정당법, 선거법을 만들어 새로운 정치 세력이 만들어지는 것을 막았다. 그러면서 민중의 존엄을 회복하려는 행동은 질서를 흐트러뜨리는 무지하고 쓸모없고 위험한 것으로 전락했고, 선거와 대표자, 다수결로 결정하는 것이 진짜 민주주의라는 잘못된 상식이 자리를 잡았다.

동학 농민 혁명을 다룬 조경달의 《이단의 민중반란》에 따르면 한국의 민중은 오랫동안 스스로를 변혁의 주체로 인식했지만 정치의 주체로는 인식하지 못했다.

"갑오 농민 전쟁은 덕망가적 질서관을 전제로 국왕·왕부 환상이 널리 퍼져 가는 가운데, 중개 세력을 배제하기 위해 무력적 청원 형식으로 평균주의와 평등주의를 실현하고자 했던 민중반란이었다. 여기에서 민중은 청원자의 역할만을 맡고 있다. 갑오 농민 전쟁은 철저한 민본주의를 표방했지만, 민중 자신의 일상적인 정치 참여를 요구하는 투쟁은 있을 수 없었다."

즉, 갑오 농민 전쟁(동학 농민 혁명)이나 그 이후 많은 민중반란은 새로운 덕망가의 출현과 그들에 의한 유토피아 건설이라는 민중의 심성, 일군만민一君萬民 사상을 강화시켰다. 해방 이후의 인민위원회에서도 덕망가의 출현과 그들을 통한 유토피아 건설이라는 생각은 쉽게 사라지지 않았다.

민중이 자신을 정치의 주체로 인식하는 흐름도 있었지만, 선거는 이런 주체의 등장을 가로막고 다시금 사이비 덕망가 질서를 확립했다. 그런 점에서 대표자를 선출하는 것보다 민중의 정치력을 강화시키고 정치 주체로 참여시키는 방법을 찾았어야 했는데, 우리 역사는 정반대로 흘러 덕망가들이 민주주의를 앞세워 권력을 잡았다.

정치학자 더글러스 러미스는 《Radical Democracy》에서 민주주의에 관한 우리의 착각을 다음과 같이 바로잡는다.

"민중의 복지를 돌보는 것은 아주 좋은 일이지만 그것은 민주주의와 다르다. 왕이 진심을 다해 자기 국민들을 돌볼 수 있지만 정부 형태는 여전히 군주제일 것이다. 독재를 하는 정당이 민중을 섬기는 정책을 채택할 수 있지만 그것은 여전히 정당 독재일 것이다. 민주주의는 민중이 온화하거나 공정한 지배자들에게 은총을 받는 것을 뜻하지 않는다. 민주주의는 민중이 자신을 지배하는 것을 뜻한다. …… 민중선동가demagogy는 민중을 위해 일하거나 민중을 대변하리라 약속하며 대중적인 지지(=권력)를 얻은 사람이다. 오늘날 이 용어는 주로 비난할 때 사용되지만 그 본래 의미가 반드시 부정적인 의미를 가지지는 않았고 특히 민중선동가가 적절한 상황을 약속하고 그 약속을 지킨다면 더더욱 그랬다. 그러나 이것 역시 민주주의가 아니다. 민주주의는 민중이 약속의 대가로 어떤 이에게 자신들의 권력을 넘겨주는 상황이 아니다."

여기서 하고픈 말은 선거가 전혀 중요하지 않으니 선거 참여를 무조건 거부하자는 것이 아니다. 그리고 훌륭한 정치인이 나타날 수 없으니 모든 정치인을 없애자는 얘기도 아니다. 조금 더 민중의 이익을 고려하는 정당이 선거에서 승리할 수도 있고 민중적인 정치인도 있을 수도 있지만 그것이 민중의 존엄을 보장하는 일이나 민주주의는 아니라는 얘기이다. 적어도 민중의 존엄이라는 관점에서 보면 '선거 혁명' '선거 승리'란 말은 '평화를 위한 전쟁'이나 '다리 없는 경주마'처럼 모순된 말이다. 김대중, 노무현, 이명박 대통령으로 이어지는 권력의 흐름이 단절이라기보다는 연속인 것도 바로 그 때문이다. 선거에서 구성되는 권력이 민중을 위할 수는 있지만 그것은 민중의 것이 아니다. 선거에서 민중은 '무기력'할 수밖에 없고 다시금 속임수에 넘어간 자신에게 '모멸감'과 '냉소'를 느낄 수밖에 없다.

고정관념이 불러일으키는 혼동은 2008년 촛불 집회의 성격과 관련된 논쟁에서도 드러났다. 촛불 집회에 관해 어떤 사람은 가난한 사람들이 촛불 시위에 나오지 않았고 비정규직이라는 중요한 사회경제적 의제를 배제하는 결과를 가져왔다고 얘기했다. 가난의 기준이 무엇이고 어떤 점에서 비정규직을 배제했다는 것인지는 모르겠으나 대운하와 비정규직 등 다양한 분야로 관심이 확산되고 있던 사건에 대해 그렇게 한정된 의미를 부여하는 것 역시 어떤 의도를 담고 있을 것이다.

물론 한 사건에 지나치게 큰 의미를 부여하는 것을 경계하고 차분하게 현실을 바라보자는 의도가 그 말에 포함되어 있을 수 있다. 하지만 차분하게 보는 것과 현실을 자신의 관점에서 재단하는 것은 다르다. 물론 거리의 정치에 대한 열광이 제도 정치에 대한 냉소로 이어지고 보수 세력이 주요한 사회적 의제를 독점하리라는 우려는 귀담아 들을 얘기이다. 하지만 그런 정치적 결과에 대한 우려만으로 진행되고 있는 사건의 의미를 규정할 수 있는지는 모르겠다.

2008년 7월 30일 《MBC 뉴스》의 집계에 따르면, 당시 총 1045명이 연행되었고, 훈방·즉심이 87명, 구속이 13명, 조사중이 10명, 불구속 입건이 935명이었다. 그리고 검찰은 연행자 가운데 900명을 벌금형으로 기소했다. 그 와중에 서울 지방경찰청은 경찰관에게, 참가자를 연행하여 불구속시킬 경우 1인당 2만원, 구속시킬 경우 1인당 5만원의 성과급을 지급하기로 해 논란을 일으키기도 했다.

이러한 경찰의 과잉 진압과 인권 유린, 과거로 돌아간 듯한 검찰의 편파적인 수사 등 공권력의 엄청난 탄압을 받으면서도 지금까지 촛불을 살려 온 사람들이 있다. 예를 들어, 수원촛불모임은 2008년 이후 한 번도 쉬지 않고 매주 촛불 집회를 열었고 2011년까지 총 212회의 집회를 열었다. 자신도 시민이고 한국이 민주공화국이었으면 좋겠다는 소박한 바람을 가진 이들에게 우리는 '어떤 민주주의'를 얘기해야 할까? 아직도 분에 못 이겨 촛불을 든다는 사람에게 우리는 현실 정치에서의 패배와 냉소를 얘기해야 할까?

더욱더 놀라운 것은 대의 민주주의에서 비롯된 민주주의의 실패를 다시 대의 민주주의로 환원시켜야 한다는 주장이다. 한국에서 정당 민주주의를 실현하고 진보 정당을 세우는 노력이 거리에서 머리가 깨지고 경찰에 짓밟힌 사람들보다 더 중요한 것일까? 그리고 제도권의 정치가 자신을 얼마나 철저히 배제하는지를 절실히 깨달은 사람들에게 투표로 심판하라고 요구하는 것이 올바른 것일까? 다른 것은 몰라도, 촛불을 든 사람들은 스스로 자기 목소리를 내고 싶어 하고 행동하며 서로 교감하고 직접 결정을 내리고 싶어 한다는 점, 자신의 목소리와 행동이 사회를 움직이는 실질적인 권력이기를 바란다는 점만은 확실하다.

2010년 지방 선거를 보며 몇몇 지식인은 촛불의 힘이 선거의 투표 행위로 전환되었다면서 긍정적으로 평가했다. 하지만 과연 무엇이 선거의 승리인가? 투표율, 득표율, 당선율로 정리되는 부르주아지 선거판의 논리를 빼면 무슨 기준으로 승리를 논할 수 있을까? 실제로, 지방 선거 결과 참패했음에도 이명박 정부는 4대강 사업을 비롯한 여러 쟁점에서 아무런 양보도 하지 않았다. 그건 자신이 칼자루를 쥐고 있다고 생각하기 때문이다. 그리고 당선된 정치인과 시민의 거리는 여전히 멀다. 그 거리를 좁힐 생각은 않고 특정 정당이나 정치인이 권력을 잡았으니 세상이 바뀔 거라고 믿는 것은 그동안의 역사를 망각한 헛된 기대이다.

사실 선거 결과나 여론을 무시하는 권력의 태도가 이명박 정부 때만 있는 특별한 일은 아니었다. 소위 민주 정부라 불리는 김대중, 노무현 정부 때는 시민의 상식이 정책에 반영되었나? 대량 실업을 불러온 구조 조정 정책과 농민, 노동 운동에 대한 탄압, 이라크 파병, 제주도 해군 기지 건설, 평택 미군 기지 이전 등 김대중, 노무현 정부도 말로는 상식을 외쳤지만 실제 정책에는 시민의 상식을 반영하지 않았다. 이렇게 질문을 던지다 보면 지난 100여 년 동안 우리 역사는 별반 달라진 것이 없다.

민중이 스스로 정치의 주체로 서는 역사가 만들어져야 새로운 역사가 써질 수 있고 그건 지난 100년 동안 민중이 꿔 왔던 꿈이다. 민중 스스로 뼛속 깊이 스며든 식민성을 제거하고 존엄을 되찾으며 후회하지 않는 삶을 살아야 세상이 바뀐다. 때로는 그런 시도가 실패한들 그것이 무슨 잘못인가? 성공하지 못한 삶이 잘못된 삶은 아니며, 존엄한 사람은 실패를 통해 교훈을 얻고 새로운 승리를 준비할 수 있다. 모든 것이 가능성으로 남아 있지만 한 가지 확실한 점은 선거가 우리의 삶과 행복을 보장하지 못한다는 사실이다.

| 참여 민주주의의 역설 |

'참여 민주주의의 역설'이라는 것이 있다. 민주주의가 항상 시민이나 사회적 약자에게 유리할 것 같지만, 조직화된 세력이 선거에 개입해서 여론을 몰아가거나 이익을 공유하는 집단들이 서로 손을 잡으면, 오히려 다수의 시민이나 약자에게 불리한 결정이 내려질 수 있다. 그런데 이런 결정이 내려지는 과정은 민주적인 절차를 따르기 때문에 그 정당성을 문제 삼기 어렵다. 결국 참여 민주주의를 통해 민중이 지배하는 것이 아니라 오히려 민중이 지배를 받는 역설이 생긴다.

비슷한 의미에서 '투표의 역설'이라는 것도 있다. 투표는 개인의 이해관계나 선호를 따른다고 하지만, 개인들이 세력을 형성하고 소수파들이 손을 잡아 다수파를 형성하면 온갖 이해관계를 뒤섞은 기이한 합의안이 만들어질 수 있다. 이 합의안이 각각의 이해관계를 충족시킬 수는 있지만 공동체 전체에는 해를 입힐 수 있다. 보통 지역 사회에서 개발 사업이 진행될 때 이런 합의가 가장 자주 이루어진다. 개발업자와 지방 정부, 지역 주민의 타협안이 경전철 사업 같은 재앙의 개발을 불러온다.

그리고 선거를 전문적으로 대행하는 기업, 즉 선거를 대행하는 각종 회사들과 여론 조사 기관들, 의회를 상대로 로비하는 로비스트들이 선거 결과를 사실상 조작할 수도 있다. 1인 1표로 계산되는 대의 민주주의에서 민주주의는 '쪽수'의 힘이고, 수의 힘만 중요시하는 사회에서는 당연히 과정이 무시된다. 수능시험 한 번에 그동안의 노력이 판가름되듯이, 선거 당일의 투표 결과에 따라 몇 년 또는 수십 년 동안 시민에게 영향을 미치는 중요한 결정이 소수의 사람에게 위임된다. 핵 폐기장처럼 지역 사회의 미래에 엄청난 영향을 미치는 사업이 순간의 여론몰이로 결정되고는 한다. 그러니 투표로 결정하는 것이 시민들에게 항상 좋은 결과를 가져다주지는 않는다는 역설이 생긴다.

그리고 참여가 민중의 권리를 강화시킬 수도 있지만 때로는 민주주의의 이름으로 기득권층의 결정을 정당화하며 악용될 수도 있다. 충분하게 의논하기도 전에 다수결로 결정이 내려지고, 한국의 각종 위원회처럼 권한 없이 자문만 하는 위원회일 경우 그 결정 과정에 참여했다는 이유로 나도 공범이 된다. 설령 반대 의사를 밝혔다 하더라도 그 결정이 내려진다면 마찬가지이다. 더구나 한번 내려진 결정은 그것이 잘못되었다 하더라도 잘 뒤집어지지 않는다.

이런 역설들이 아직까지는 한국 사회에 본격적으로 등장하지 않았지만 미국 같은 나라에서는 이미 현실화되었고 이를 빌미삼아 직접 민주주의를 비판하는, 진보를 가장한 보수학자도 더러 있다. 이러한 참여 민주주의의 역설을 잘 보여 주는 대표적인 사례로 영화배우 아놀드 슈워제네거가 주지사로 일했던 캘리포니아 주를 예로 들 수 있다. 그곳에서는 2003년 민주당 주지사를 무능한 인물로 몰아붙여 주민소환 제도로 소환해서 해직시키고 공화당의 슈워제네거가 주지사로 당선되었다. 미국에는 서명과 운동을 대신하는 전문 회사들이 있으니 돈만 있으면 사적인 이해관계를 얼마든지 민주적인 여론으로 뒤바꿀 수 있다.

그리고 일본의 경우, 민관 협력 사업이나 마을 만들기 등이 시민 참여를 시민 동원으로 바꿔 버렸다는 지적도 있다. 정부가 시민의 아이디어나 자원 활동만을 요구하고 기획이나 평가 단계에는 시민 참여를 허용하지 않기 때문이다.

또한 참여의 성격을 가리지 않으면 민주주의도 뒤죽박죽된다. 교사의 인권과 학생의 인권이 서로 충돌한다는 전제에서 시작하면 인권의 의미가 뒤죽박죽되듯이 말이다.

한때는 신새벽에 남 몰래 쓰는 단어가 민주주의였고, 참여 민주주의 제도가 도입되면 세상이 바뀔 거라는 기대도 있었지만 우리의 현실은 그런 기대를 배반하고 있다. 그리고 그런 배반을 목격하면서 우리는 현실을 비관한다. 그것으로 충분하지도 않고 그렇다고 필요하지 않은 것도 아닌 이런 참여를 어떻게 이해하면 좋을까?

참여 민주주의는 그 개념의 뿌리를 따지면 자유 민주주의를 만난다. 자유 민주주의는 선거와 대의 민주주의를 핵심 제도로 삼으며, 참여 민주주의 역시 대의 민주주의를 기본으로 삼는다. 다만 참여 민주주의에서는 시민이 참여하여 시민 의식과 시민의 덕성을 기르며 대의 제도의 문제점을 보완하기를 희망한다.

그래서 참여 민주주의를 주장하는 사람들은 참여 제도를 더 많이 도입하자고 주장한다. 참여의 폭을 넓혀 다양한 시민이 참여할 수 있도록 하면 그 사회의 민주주의가 발전될 수 있다고 보기 때문이다. 예컨대 정치학자 로버트 달은《민주주의와 그 비판자들》에서 참여 민주주의가 필요하다면 천 명 정도의 시민들로 구성되는 '소규모 포럼mini populus'을 만들면 된다고 주장한다. 소규모 포럼은 1년 동안 적어도 하나 이상의 쟁점을 깊이 다루고 난 뒤 이에 관한 입장을 발표한다. 소규모 포럼은 오프라인 모임만이 아니라 온라인 모임도 가지고 전국적인 이슈에서 지방 자치 단체의 이슈까지 다양한 쟁점을 다룬다. 필요하다면 시민들이 같이 조사도 하고 토론도 하면서 해결책을 찾아 나간다. 미국이나 유럽에서 간간히 시도되는 공론 조사나 시나리오 워크숍도 비슷한 역할을 맡고 있다. 이런 제도들을 통해 시민들은 참여를 연습하고 생활 속의 민주주의를 발전시킨다는 것이다.

그렇지만 참여 민주주의는 대의 민주주의가 완전하지 않음을 인정하면서도 시민들의 참여가 대의 제도를 대신하기는 바라지 않는다. 참여 민주주의는 이 소규모 포럼이나 위원회, 워크숍이 의회나 행정부의 역할을 대신하는 것까지는 원하지 않는 것이다. 참여는 자문이나 조언에 그쳐야지 통치를 위협하면 안 된다. 그런 점에서 참여 민주주의의 참여는 대의 제도를 넘어서지 못한다.

더구나 참여를 더 늘려 대의제를 보완하자는 주장을 한국의 현실에 적용하면 조금 더 갑갑해진다. 한국의 행정 체계 내에는 이미 소규모 포럼과 유사한 각종 위원회가 구성되어 있기 때문이다. 웬만한 지방 자치 단체에는 교육 위원회, 건설 위원회, 규제 개혁 위원회, 보육 정책 위원회 등 수십 개의 위원회들이 있다. 다만 이 위원회 대부분이 1년에 한 번도 회의를 제대로 열지 않거나 개최하더라도 특정 명망가나 관변 단체 사람들이 회의를 주도한다. 그래서 시민의 뜻과는 무관한 결정이 내려지고 행정의 무책임한 결정을 일방적으로 지지하기도 한다. 문제 많은 개발 정책이나 비리가 심각한 기관이 복지관이나 어린이집을 위탁 운영하는 것을 정당화하는 장치로 이런 위원회들이 이용되기도 한다. 그리고 위원회의 성격도 단순한 '자문'에 그치는 경우가 많다. 한마디로 말하자면, 한국에는 다양한 참여 제도가 있지만 실질적인 시민 참여를 보장하지 않을 뿐 아니라 민주주의를 실현하지 못하고 있다.

참여 민주주의의 또 다른 문제점은 그것이 이미 시민인 사람만의 참여를 유도한다는 점이다. 참여 민주주의에 참여할 수 있는 사람은 정치적으로 새로운 주체가 아니라, 정치적으로 무관심해진 기존의 시민층 또는 중산층이다. 따라서 그동안 정치 과정에서 배제되어 왔거나 시민으로 인정받지 못한 사람들은 참여 민주주의를 적극적으로 활용할 수 없다. 예를 들어, 이주 노동자나 빈민, 교육을 받지 못한 사람은 참여 민주주의가 열어 놓은 제도를 활용할 수 없다. 즉, 민중을 지배하는 힘은 직접적인 폭력이나 통제만이 아니라 언어나 교양 같은 문화적이고 사회적인 측면에서도 광범위하게 행사되는데, 참여 민주주의는 이런 부분을 무시한 채 일정한 교육 수준과 교양을 갖춘 사람에게만 호소한다.

그래서 이란의 마지드 라흐네마는 《반자본 발전사전》에서 참여를 "교묘한 통제의 방법"이라 부른다. 원래 참여는 "다르게 살고 다르게 어울린다."는 윤리적인 말이었다. 그런데 실제 정부의 전략은 상향식 참여를 강조하며 시민의 힘을 동원하려 했고 참여를 대규모 공사나 정부를 지지하는 대중 집회로 만들었다. 그러면서 참여는 자신의 차이와 삶을 드러내며 타자와 어울리는 방식이 아니라, 정부가 정해 준 방식대로 생각하고 움직이는 것을 뜻하게 되었다. 결국 조작된 참여와 자발적

시민을 기억하는 민주주의와 정치의 부활

인 참여의 구분이 어려워졌다.

사실 이런 문제점은 참여 민주주의가 처음부터 가진 한계였다. 참여 민주주의는 정부가 시민의 참여를 '보장'하는 것을 목적으로 삼았기 때문이다. 이런 논리에는 '정부=공권력, 민중=권력 없는 무기력한 존재'라는 전제가 깔려 있다. 참여 민주주의는 정부가 자신의 권력(원래는 자신의 것일 수 없는 권력!)을 쪼개어 시민에게 넘겨주는 것을 참여라고 불렀다.

그러나 정말 그럴까? 인민주권을 들먹이지 않더라도 권력은 정부가 아니라 민중에게 있다. 제아무리 억압적인 지배를 당하는 민중이라도 무릎 꿇고 사느니 서서 죽겠다고 결심하는 순간 그에게는 권력이, 존엄한 힘이 생긴다. 제도로는 잡히지 않지만 사람들 사이에 울림을 가져오는 그런 정치적인 힘이 있다. 이런 행위를 권력이라 부르지 않는다면 무엇이라 해야 할까?

그런데도 왜 우리는 그런 행위를 권력이라 부르지 않을까? 라흐네마는 이를 "유럽 좌파의 전통에서 나온 권력 관념에 크게 영향을 받아 참으로 문제가 있는 권력 관념이 전통적·향토적 권력 관념을 밀어냈다."고 지적한다. 앞서 얘기한 대로 지역적인 지식이나 전통을 존중하지 않는 표준화된 권력 개념이 자리를 잡고, 타자를 존중하지 않고 동의를 강요하는 힘의 논리가 권력으로 인정되었기 때문이다. 3·1 운동 때에도 드러났듯이 민중이 스스로 권력을 구성할 수 있는 방법들은 야만적이거나 폭력적인 것으로 매도당하고, 선거와 같은 정부가 인정한 방식만이 권력으로 인정되었다.

때로는 참여 민주주의를 부르짖는 사람조차도 민중이 자신의 권력을 행사하려 들면 거북해하거나 거부하는 모습을 보이기도 한다. 정치 개혁과 변화를 외치는 이들도 결정적인 순간에 최종적인 결정을 내릴 권한을 민중이나 시민이 아니라 자신이 가져야 한다고 믿는다. 이들에게도 민중은 의식화되지 않고 미숙한 존재로 여겨진다.

허나 그 어떤 명분을 대더라도 이런 모습은 민중의 권력을 인정하지 않으려는 비민주적인 태도이다. 민중이나 시민이 이리저리 흔들리며 하나의 실체를 구성하기 어려운 존재라고 하지만 바로 그런 존재이기 때문에 민주주의가 가능하다. 각자가 자신의 입장을 드러내고 검증받고 때로는 답답하게 한 걸음씩 변화하는 체제가 민주주의이기 때문이다. 만일 정치 행위가 완벽하게 딱딱 맞아떨어지는 것을 기대한다면 민주주의를 부르짖을 필요가 없다. 완벽하게 맞아떨어지는 행동은 권위주의 국가의 매스 게임이나 광장의 퍼레이드로 가장 잘 드러나지 않는가. 허나 민주주의는 매스 게임이나 퍼레이드일 수 없다.

이처럼 참여 민주주의라는 세련된 말에는 모순이 있다. 민주주의가 제 몫을 다하려면 우리를 세뇌시켜 온 이런 잘못된 상식에서 벗어나야 하지 않을까?

권력은 우리가 정부에게 위임한 것이지 정부가 스스로 권력을 만들지는 못한다. 그러니 정부가 우리에게 참여할 기회를 주는 것이 아니며 참여는 시민의 당연한 권리이다. 민주주의가 시민의 지배를 보장한다면 그 사회의 법을 제정하고 바꿀 권리도 시민의 손에 있어야 한다. 그럴 때에만 법치가 성립될 수 있다. 시민 참여를 당연한 권리로 전제하지 않는 법치는 기득권층의 기만적인 통치술일 뿐이다.

그런데도 한국 사회에서는 참여보다 법치가 앞선다. 그러다 보니 특정한 자격을 갖춘 이들만이 참여할 수 있다는 착각이 널리 퍼져 있다. 참여는 전문가나 활동가의 몫이고 시민은 남들의 참여를 '관람'한다. 더 좋은 사람이 참여하기를 기대하면서 자신의 몫을 포기하는 것이 합리적인 선택이라고 얘기된다. 결국 한국 사회에서 참여 민주주의는 세련된 형태의 '관객 민주주의'이다. 리얼 버라이어티 쇼처럼 보고 즐길 뿐 내 자리는 없다.

모순되지만 참여 정부를 거치면서 참여는 더욱더 특정한 방식으로 제도화되었다. 녹색 성장을 내세우는 이명박 정부를 통해 한국의 생태계가 큰 위험에 처했듯이, 참여 정부에서 참여는 민주주의의 활성화를 제한했다. 한미 FTA, 이라크전 파병, 평택 미군 기지 이전, 제주도 해군 기지 건설, 부동산 규제 완화 등 시민의 삶에 큰 영향을 미치는 결정이 실질적인 시민 참여 없이 관료와 전문가의 손에서 결정되었다. 노무현 정부가 특별히 정치를 못해서 그렇게 되었다고는 생각하지 않는다. 오히려 시민들의 목소리에 귀를 기울이지 않고 자신들이 너무 많은 부분을 결정하려 들었기에, 자신들의 능력을 너무 믿었기에 실패한 것이다.

그러니 참여 민주주의의 역설을 해결할 방법은 정부를 운영하는 방법에 있지 않다. 정부 운영보다는 권위주의적인 권력을 나누고 해체시키지 않는 중앙집권적인 권력 구조 자체가 문제인 것이다. 중앙 정부가 모든 것을 미리 계획하고 결정하며 평가하는 사회에서 시민의 몫은 실현될 수 없다. 그것이 우리가 처한 근본적인 위기 상황이다.

| 법에 가로막힌 민주주의, 정부에 가로막힌 주민투표 |

주민투표가 비민주적인 정책 결정을 정당화시켰던 가장 대표적인 사례는 2005년 11월 핵 폐기장 선정에 관한 4개 지역 동시 주민투표였다. 중앙 정부가 찬성률이 가장 높은 곳에 핵 폐기장을 설치하겠다고 밝히자 포항시, 영덕군, 군산시, 경주시는 치열한 경쟁을 벌였다. 이 때문에 해묵은 지역감정마저 다시 등장했다. 군산에는 "배터진 경상도 지금도 배고프냐." "군산 시민 모두가 똘똘 뭉쳐 경상도 박살내고 국책 사업 유치합시다."라는 현수막이 걸렸다. 핵 폐기장 유치를 위한 집회에서는 "경주 시민은 군산 시민을 빨갱이라 한다. 우리는 찬성으로 보복하자."는 구호를 외쳤다. 경주 시장 역시 핵 폐기장 유치를 위한 집회에서 "전라도하고 선거하면 안 된다. 거기는 90퍼센트 이상 찬성이고 우리는 80퍼센트 해 본 일도 없으니까 안 되지 않느냐. 이런 패배 의식을 가진 게 아쉽습니다."라고 외쳤다. 그리고 경주에 내걸린 지역감정을 조장하는 현수막을 의뢰한 곳은 동사무소였고, 경주 시장은 〈추적60분〉 제작진과의 인터뷰에서 "전쟁을 하는데, 수단 방법을 가리지 않는데, 이쪽에서 가만히 있으면 되느냐?"고 태연히 말했다.

이런 갈등을 조장하고도 중앙 정부는 아무런 죄책감을 느끼지 못한다. 이희범 당시 산자부 장관은 주민투표 다음날인 11월 3일에 "주민투표를 통해 지역 주민 스스로 국책 사업을 결정했다는 점에서 '주민 자치 10주년'을 맞아 풀뿌리 민주주의를 정착시키는 전기를 마련하였다고 평가"한다는 망언을 일삼았다. 그리고 정부는 핵 폐기장 선정에 관한 주민투표와 관련된 공무원 86명(여기에는 12명의 경찰과 5명의 국정원

직원이 포함되었다. 이들은 주민투표 과정에서 어떤 역할을 했을까?)을 포상하기도 했다.

정부의 이런 행태를 비판해야 할 언론들도 앞을 다투어 주민투표가 "공공 갈등 해결의 실마리"(《한국일보》 2005년 11월 10일자), "풀뿌리 민주주의를 실현하고 구성원들의 다양한 의견을 수렴하는 민주적 절차"(《국민일보》 2005년 11월 7일자), "국책 과제 주민투표로 결정 '모범 선례' 남겨"(《조선일보》 2005년 11월 3일자)라는 엉뚱한 얘기를 실었다. 현지에서 직접 취재를 했다면 결코 할 수 없는 망언들을 신문사가 앞다투어 실어 댔다.

그나마 상식적인 사람들은 핵 폐기장을 반대했던 이들이다. 한승규 영덕군핵폐기장반대대책위원회 상임의장의 말은 앞의 산자부 장관의 말과 좋은 대조를 이룬다. "이번 주민투표는 주민을 위한 투표가 아닙니다. 찬성 쪽이든 반대 쪽이든 갈라지고 무너진 공동체의 모습에 모두 불안해하고 있습니다. 정부가 주민투표라는 민주적 정책을 앞세우고, 실제로는 주민들 간 갈등을 유발시키는 등 사실상 원인 제공을 했습니다." 이처럼 한국의 주민투표는 공공 갈등을 해소시키기는커녕 더 깊은 갈등의 골을 새기고 있다.

실제로 당시 4개 도시의 핵 폐기장 유치 경쟁은 '전쟁'을 방불케 했다. 영덕군에서는 반대 측 농성장에 찬성 측 주민들이 찾아와 천막을 칼로 찢는 일도 있었다. 그리고 군산시에서도 폭력이 행사되었다. 경주시가 핵 폐기장을 유치하자 군산시의 예산 지원을 받아 유치 활동을 해 온 단체가 반대 단체의 기자회견장을 찾아가 폭력을 행사하거나 유치를 반대한 민주노총 소속이라는 이유로 노동자들의 농성장이나 공장을 습격하는 일까지 벌어졌다. 지방 정부가 나서서 전쟁이라는 구호를 외치다 보니 지역 간의 갈등만이 아니라 지역 내의 갈등도 심각했다. 핵 폐기장 유치를 반대한 사람들은 폭언과 폭행을 당했을 뿐 아니라 유치 결정이 내려진 뒤에도 그 공포에서 벗어나지 못하고 있다. 핵 폐기장을 반대한 사람들은 지역의 발전 기회를 박탈한 주범으로 몰렸다.

또한 핵 폐기장 유치 결정이 내려진 뒤에 경주시 내에서의 갈등도 끊이지 않고 있다. 경주시에서는 정부가 지원한 3000억 원의 분배 방식과 한국수력원자력(주)(한수원)의 본사 이전 위치, 양성자 가속기 사업 때문에 주민들의 갈등이 심해졌다. 그리고 경주시가 유치 신청을 했지만 핵 폐기장 인근에는 울산광역시 북구가 있어 지방 자치 단체 간의 분쟁도 계속되고 있다. 또한 핵 폐기장 공사 중에 지하수가 터져 공사가 어려운데도 강행하고 있다고 하니 경주 시민은 불타는 화약고를 밑에 깔고 생활하게 되었다. 누가 이런 사태에 책임을 질 것인가?

중앙 정부는 핵 폐기장 주민투표를 하면서 민주주의의 이름으로 민주주의를 파괴했다. 핵 폐기장을 유치하면 막대한 보상금을 주겠다며 주민들을 매수하는 것이 어찌 민주주의란 말인가. 심지어 지방 정부까지 가세해서 경상북도와 전라북도는 유치 지역에 300억 원의 지원금을 별도로 주겠다는 공약을 부르짖었다. 이렇게 중앙 정부와 지방 정부가 나서서 민주주의를 돈의 정치로 타락시켰다. 공공선이 아니라 이익이 쟁점이 되니 핵 폐기장을 유치하지 못한 3개 지역 주민들은 지금도 상실감과 절망감에서 벗어나지 못하고 있다.

정부가 모든 폭력을 합법적으로 독점한 근대 국가에서 법을 제정하고 바꿀 힘은 민중의 손에 있지 않다. 민중이 '합법적으로' 접근할 수 있는 입법의 영역은 그나마 지방 자치 단체의 조례 정도이다. 미흡하지만 이런 점에 조례의 중요성이 있다. 주민이 발의할 수 있는 조례는 민중이 자기 자신을 '입법자'로 여기게 만든다.

지역 사회의 법인 조례는 입법자와 그 법의 영향을 받는 사람이 일치할 수 있다는 점에서 중앙의 법률과 다르다. 그리고 조례를 바꾸는 운동은 단순히 조례만 제정하거나 개정하지 않고 운동 과정에서 다양한 소규모 공론장을 만들며 이후의 운동으로 이어진다는 점에서 중요한 의미를 지닌다.

바로 이 점 때문에 한국의 중앙 정부는 주민발의 제도에 강력한 금지 조항을 달아 두었다. 지방 자치법 제15조는 법령을 위반하는 사항, 지방세와 사용료, 부담금의 부과·징수 또는 감면에 관한 사항, 행정 기구의 설치·변경에 관한 사항 또는 공공시설의 설치를 반대하는 사항 등에 관해 주민발의를 할 수 없도록 금지하고 있다. 즉, 시민이 아무리 노력해서 조례를 제정, 개정하더라도 그 조례가 법률을 어기면 자동적으로 폐기된다. 예를 들어, 정부는 우리 농산물을 쓰도록 규정한 학교 급식 조례안이 세계무역기구WTO 협정을 위반한다며 거부하거나 초·중등교육법을 개정하거나 소송을 걸어서 학생 인권 조례안을 막으려 든다. 이렇게 민주주의를 거스르는 태도가 계속 나타나는 것은 조례가 중앙의 법률을 넘어서지 못하는 근본적인 한계를 가지고 있기 때문이다. 이런 한계는 한미 FTA에서도 우리에게 큰 불이익을 준다. 미국에서 한미 FTA 이행협약은 연방법 아래에 놓이고, 연방 국가인 미국에서는 연방법이 주법의 상위법이 아니어서 주마다 달리 적용할 수 있다. 반면에, 한국에서는 한미 FTA가 국내법과 같은 효력을 가지고 법률은 조례의 상위법이기 때문에 한미 FTA와 충돌하는 조례는 자동 폐기되고 그와 충돌하는 조례를 제정할 수 없다.

그리고 어렵사리 주민발의를 통해 조례안이나 개정안을 제출하더라도 지방 의회의 심의를 거치면서 그 내용이 바뀌는 경우도 많다. 그동안 주민발의된 조례들을 살펴보면, 발의된 원안대로 지방 의회에서 의결되는 사례가 드물고 대부분이 수정되어 의결되었다. 즉, 시민이 온 힘을 다해 서명을 받고 조례안을 제출해도 지방 의회를 거치며 빛바랜 개살구로 변하는 경우가 많았던 것이다.

주민소환 제도도 마찬가지이다. 2007년에 주민소환 제도가 마련된 뒤에 그동안 45명의 지역 의원이나 지방 자치 단체장을 소환하려는 시도가 있었다. 하지만 실제로 투표함 뚜껑을 열어 소환 여부를 결정한 것은 6명뿐이다. 유권자의 33.3퍼센트 이상이 투표하지 않으면 개표를 하지 않는다는 법 조항 때문에 주민소환 제도는 있으나 마나 한 제도로 전락해 버렸다. 2007년 하남 시장, 2009년 제주 도지사, 2011년 과천 시장에 대한 주민소환 투표는 시민의 의사를 무시한 단체장의 독단적인 결정을 비판한 투표였는데 투표함의 뚜껑도 열지 못했다. 이렇게 개표를 하지 않으니 예산 낭비라며 주민소환 제도의 소환 조건을 더 강화시켜야 한다는 황당한 주장마저 나온다.

투표율이 일정 비율 이상 나오지 않으면 투표함 뚜껑도 못 열게 하는 것은 투표한 사람들의 의견을 무시하는 행동이다. 투표율이 어떻든 그 정책에 대한 시민의 목소리를 듣는 것이 민주주의일 텐데 한국의 민주주의는 이런 목소리를 차단한다.

그리고 그런 조항 때문에 주민소환 제도는 사실상 공개 투표이다. 투표에 참여하지 않으면 소환 반대, 투표에 참여하면 소환 찬성으로 해석되기 때문이다. 그래서 단체장들은 소환당하는 이유에 대해 적극적으로 해명하고 대안을 제시하기보다 관변 조직을 풀어 불참 운동을 벌인다. 심지어 투표율이 높은 동네에 불이익을 주겠다며 은근히 위협하기도 한다. 그러니 투표장에 가기 어렵고, 따라서 투표함을 열기도 어렵다.

이런 한계는 주민투표에서도 똑같이 드러난다. 주민투표법은 법령에 위반되거나 재판중인 사항, 국가 또는 다른 지방 자치 단체의 권한 또는 사무, 예산·회계·계약 및 재산 관리 사항, 지방세·사용료·수수료·분담금 등 각종 공과금의 부과 또는 감면에 관한 사항, 행정 기구 설치·변경, 공무원 인사·정원 등 신분·보수에 관한 사항, 동일한 사항에 대하여 주민투표가 실시된 후 2년이 경과되지 아니한 사항 등에 대해 두루두루 주민투표를 금지한다. 그리고 중앙 정부나 지방 자치 단체장은 주민투표를 쉽게 요구할 수 있지만 시민들이 투표를 청구하기는 매우 어렵게 만들어 놓았다. 그래서 주민투표 제도가 중앙 정부나 지방 정부의 정책을 합리화하거나 정책에 면죄부를 주는 제도로 악용될 수 있다는 비판의 목소리가 높다.

이런 제도들은 자신을 민주주의로 포장하고서는 시민들이 '착각'하게 만든다. 이런 제도들은 시민이 자신의 잠재된 가능성을 확인하도록 돕기는커녕 고정관념을 재생산하고 제 살을 깎아먹도록 만든다. 그러니 한국 사회에서 "해 봐도 소용없다."는 회의주의는 타고난 본성이 아니라 학습된 경험이다. 민주적이라 평가되는 제도들도 이런 경험을 바로잡기는커녕 그것을 강화시키고는 한다.

그렇다고 제도가 중요하지 않다거나 필요하지 않다고 말하려는 것은 아니다. 때로는 제도의 변화가 곤란한 문제를 해결하고 그런 과정을 지속시키는 중요한 수단일 수 있다. 하지만 제도는 언제나 악용될 위험을 가진다. 그래서 주체의 능동적인 행위가 중요하다. 그런 제도를 끊임없이 변화시키고 새로운 배치를 만들어야 제도가 원래 취지대로 움직일 수 있다.

함석헌은 《들사람 얼》에서 제도와 운동의 관계를 다음과 같이 멋지게 설명했다.

"육신이 사는 데 집, 옷이 있듯이 제도란 사회생활을 하기 위한 울타리다. 집은 닫기운 것이요, 닫겼기 때문에 집이지만 집 안에 오래 있으면 공기가 흐리고 독소가 생겨 사람이 죽게 되듯이 제도는 고정한 것이요, 고정한 것이기 때문에 사회생활을 가능하게 하지만 제도가 오래면 사회는 반드시 해를 입는다. 그것은 생명은 쉴 새 없이 자라는 것인데 제도는 자랄 수 없기 때문이다. 그러기 때문에 사회를 언제나 건전하게 발전시키려면 제도를 끊임없이 고쳐야 한다."

집이나 옷에 몸을 맞추는 것이 아니라 우리 몸에 집이나 옷을 맞춰야 한다. 그것이 민주주의이다. 민주적인 제도를 얘기하는 전문가들은 많지만 시민과 더불어 제도를 구성하려는 실험들은 아직까지 턱없이 부족하다. 이런 상태라면 아무리 민주적인 제도라도 금방 생명력을 잃고 화석처럼 굳어져서 민주주의를 가로막을 것이다. 민주주의는 권력을 구성하고자 하는 시민들 속에서만 생명력을 가질 수 있고, 민주적인 제도는 그런 생명력이 살아날 때에만 참뜻을 실현할 수 있다. 다행히 때로는 예기치 못한 사건이 민주주의에 그런 활력을 주기도 한다.

| 정부를 넘어선 선거 |

선거나 참여 제도란 것이 애초에 한계를 가질 수밖에 없다 하더라도 뜻밖의 사건이 그 제도에 새로운 의미를 부여하기도 한다. 2004년 2월 14일 전라북도 부안군에서 실시된 주민투표는 선거의 의미를 훨씬 뛰어넘는 엄청난 사건이었다. 중앙 정부와 보수 언론이 그 사건의 의미를 열심히 깎아내리고 축소시켜서 사람들이 그 의미를 깨닫지 못했지만 한국 정치사에 큰 획을 그은 사건으로 평가해야 한다. 그 사건은 시민들이 정부 없이도 선거를 치를 수 있다는 엄청난 사실을 증명했기 때문이다.

사실 2004년 7월에 주민투표법이 발효되기 전에도 한국의 시민은 이미 주민투표를 시작했다. 즉, 제도 이전에 이미 정치 행위가 있었다. 2000년도에 경기도 고양 시장이 고양시 백석동에 55층의 주상복합 건물을 세우려 하자 시민들은 반대하며 주민 총회를 열고 자발적으로 주민투표를 실시했다. 고양시가 아니라 백석동의 아파트 입주자 대표회의가 주민투표를 주도했고, 투표는 주소와 이름, 주민등록번호와 함께 찬반을 표시하는 기명 투표로 진행되었다. 17개 아파트 단지에서 주민투표가 진행되었고, 시민 단체 대표, 동 대표, 부녀회 등으로 구성된 개표인단이 개표를 진행했다. 주민투표를 알리는 현수막를 만들고 투표 안내지와 투표 용지를 제작하는 데 100만원 정도를 쓰는 저렴한 비용으로 주민투표가 이루어졌다.

물론 주민투표가 순조롭게만 진행되지는 않았다. 통·반장 회의나 새마을회 등의 관변 단체들은 '백석동 개발 추진 위원회' 명의로 주민투표에 참여하지 말라는 유인물을 뿌리며 투표를 방해했다. 백석동 동사무소도 통장, 반장들에게 주민투표 용지 배포에 참여하지 말라고 권고했다. 지방 정부만이 아니라 개발 이익을 노리는 세력들도 한국 사회의 민주주의를 가로막는 걸림돌인 것이다.

이런 방해에도 백석동에 사는 세대 가운데 43.3퍼센트가 투표에 참여했고(그 전해의 고양 시장 보궐 선거 투표율은 23.1퍼센트였다), 88.05퍼센트의 시민이 건물 신축에 반대했다. 비록 이 투표가 법적인 효력을 가지지는 못했지만 시민들은 자신의 뜻을 분명하게 드러내며 지방 자치 단체가 일방적으로 결정하고 추진하던 도시 계획을 중단시켰다.

중앙 정부가 아닌 지방 정부에서 벌어진 일이라 할지라도 시민이 정부의 정책을 수동적으로 받아들이지 않고 그것을 비판하며 자발적으로 투표를 진행했다는 사실은 중요한 의미를 가진다. 더 이상 부당한 정책을 순순히 받아들이지 않겠다는 시민의 의견과 의지가 투표 행위를 통해 공개적으로 드러났기 때문이다. 투표일에 잠깐 투표장에 들려 한 표 찍고 사라지는 것이 아니라 투표를 준비하고 진행하고 마무리하는 과정 모두에 시민의 땀과 노력이 스며들었기 때문이다. 그래서 투표 이후에도 시민의 정치가 계속 이어졌다.

2003년을 넘기고 2004년까지 이어졌던 부안 핵 폐기장 반대 운동에서도 주민투표가 정부의 근거 없는 비방을 막고 새로운 정치의 장을 열었다. 중앙 정부가 억압하고 회유하고 속임수를 쓰며 시민의 주권을 침해했지만, 시민은 외부의 시민 단체와 연대해 싸움을 이어 갔고 결국에는 주민투표 운동을 벌였다. 이 투표 역시 72.04퍼센트의 시민이 참여했음에도 고양시의 주민투표처럼 법적인 효력을 갖지 못했다. 하지만 투표한 시민의 91.83퍼센트가 핵 폐기장에 반대한다는 점을 증명했고 이는 무시할 수 없는 결과였다.

고양시와 부안군의 사례에서 볼 수 있듯이 시민들은 제도 없이도 기적을 일으킬 수 있다. 아니 어쩌면 제도가 없었기에 그런 기적이 일어날 수 있었다. 시민들은 '제도 없음'을 통해 그 제도의 정신이 무엇이어야 하는지를 스스로 깨닫고 증명했기 때문이다. 부안의 주민투표 과정을 준비했던 하승수의 말은 이를 잘 보여 준다.

"주민투표에 필요한 모든 것을 주민이 준비해야 했습니다. 참여하지 않으면 주민투표가 성사될 수 없었기 때문에 더 많은 주민이 참여했습니다. 우편 요금을 아끼기 위해 자원봉사자들이 2만 가구가 넘는 집들에 투표 안내문을 일일이 전달했습니다. 투표에 필요한 투표함, 기표대도 모두 주민이 직접 만들었습니다. 이와 같은 참여의 폭과 열기는 유례를 찾아보기 어려울 정도였습니다. 그리고 전국의 시민 사회와 종교계가 연대했습니다. 40명의 변호사가 부안 주민투표의 성사를 위해 투표소마다 배치되어 자원봉사를 했습니다. 전국의 시민 사회와 종교계에서 600여 명의 자원봉사자가 부안 주민투표의 실무를 돕기 위해 달려왔습니다."

부안의 주민투표에 관해서는 핵 폐기장 찬성과 반대 여부만 알려졌지만, 사실 그 투표는 그런 결과보다 훨씬 중요한 정치적인 의미를 가지고 있다. 그전까지 특정한 정책에 관한 선거는 언제나 '국가의 전유물'

이었다. 그래서 부안의 주민들이 주민투표를 요구하자 중앙 정부는 이를 받아들이지 않았고, 주민들이 자체적으로 투표를 진행하려 하자 정부는 아무런 협조도 하지 않았다. 고양시의 주민투표는 그나마 아파트 입주자 대표회의가 참여해서 기본적인 인적 사항을 확인할 수 있었지만 부안의 주민투표는 선거 명부조차 없는 완전한 백지 상태에서 진행되어야 했다.

〈광장을 지키는 사람들 : 핵 폐기장 반대 투쟁, 세 달의 기록〉이라는 영상을 보면 주민들이 어떻게 주민투표를 준비했는지가 나온다. 군청의 비협조와 방해에도 주민들은 집집마다 전화를 돌리고 직접 방문해서 선거인 명부를 작성했다. 만 20세 이상의 주민에게 투표권이 주어졌고, 외지에 나가 있는 사람에게 부재자 신고 접수를 받아 부재자 투표도 진행했다. 20일 동안의 주민투표 운동 기간이 보장되었고, 투표 당일에 필요한 인력은 자원봉사로 해결되었다. 37개 투표소마다 1명의 변호사가 배치되었고, 전국에서 달려온 600여 명의 자원봉사자가 실무를 맡았다. 그리고 초·중·고교의 교사가 자원봉사로 개표를 진행했다.

심지어 부안의 주민투표는 정부의 선거가 전혀 고려하지 않는 약자의 권리까지 존중했다. 찬성쪽의 색깔을 파란색, 반대쪽의 색깔을 노란색으로 표시해 글을 모르거나 시력이 약한 사람도 쉽게 구분할 수 있도록 했기 때문이다. 주민이 직접 준비하고 진행한 선거였기 때문에 선거는 사회적 강자의 경연장이 될 수 없었다.

이렇게 부안의 주민은 정부 없이도 선거가 진행될 수 있다는 점을, 질적으로 다른 선거가 가능하다는 점을 증명했다. 이렇게 진행된 선거는 정부가 진행하는 선거와 다를 수밖에 없다. 그것은 주민이 선거 과정에서 소외되지 않고 그 과정을 주도하는 주체로 등장했기 때문이다. 부안의 주민투표처럼 선거와 주민의 직접행동은 충돌하지 않고 서로를 보완하는 역할을 맡을 수도 있다. 이처럼 주체의 역량에 따라, 시민의 능동적인 정치 행위에 따라 제도는 다른 식으로 꽃을 피울 수 있다. 그러니 민주주의의 숙제는 민주주의를 실현하며 스스로 존엄해지고자 하는 사회적 주체를 찾고 그들이 정치를 실천할 수 있는 장을 구성하는 것이다.

이런 사건은 새로운 정치 상상력을 부추기기도 한다. 주민투표 이후 부안에서《부안독립신문》이 창간된 것도 이와 맥을 같이한다. 왜 독립신문일까?《부안독립신문》창간호가 나왔을 때, 핵 폐기장 반대 운동에 참여했던 문규현 신부는 국민을 국민으로 대접하지 않는 나라에서 독립하고자《부안독립신문》을 창간했다고 말했다. '국가 내에서 독립을 외치다!' 멋진 상상이지 않은가?

이런 과정에서 시민은 자신의 경험을 변화시키며 권력이 제도에 있지 않고 자신에게 있음을 깨닫고 증명했다. 시민은 정치의 수동적인 대상으로 머물지 않고 정치의 능동적인 주체가 될 수 있었다. 이런 사건은 어느 날 문득 일어날 수 있다.

그런데도 왜 우리는 언제나 정부를 중심에 놓고 정치를 사유할까? 그러니 누가 대통령 자리에 오르고 어느 당이 국회에서 다수 의석을 차지해야 하는지로 논의가 끝날 수밖에 없다. 이제 질문을 달리해 보자. '누가 권력을 맡을 것인가'가 아니라 '내가 누구와 더불어 권력을 행사할 것인가' '그 권력을 어떻게 행사할 것인가'로. 정부가 아니라 정치로, 정치인에 대한 열광에서 나와 더불어 살고 있는 수많은 생명체의 삶과 욕구로 관심을 돌리면 새로운 정치가 보인다.

설령 대표가 필요하더라도, 왜 힘을 가진 자들이 만든 규칙을 따라 대표를 뽑아야 하나? 앞서 얘기했던 추첨제는 권력을 순환시켜 전문가나 정파의 출현을 막을 뿐 아니라 정치를 근본적으로 불확실한 것으로 만들어서 서로가 자신의 필요를 채우기 위해 연합하도록 만든다. 특히 추첨제는 아마추어가 가진 경험을 중요한 지식으로 만든다. 지금 우리에게 필요한 것은 정부나 통치가 아니라 정치와 자치이다. 이를 위해서 우리에게는 더 많은 아마추어가 필요하다.

| 정치의 부활과 직접행동 |

어떤 관점에서 바라보는가에 따라 정치의 성격은 달라진다. 경제 성장이나 복지처럼 다른 목적을 달성하기 위한 도구가 아니라 정치를 하나의 목적으로, 즉 인간의 말과 행위로 이루어지는 고유한 영역으로 파악한 사람이 사상가 한나 아렌트이다. 그녀는 "자신이 누구이며 무엇을 할 수 있는가를 좋든 나쁘든 언어와 행위로써 보여 줄 수 있는 장소"가 바로 정치의 공간이라고 봤다. 아렌트는 공적인 영역에서 타자와 다른 자신의 특성을 부각시키고 독특한 행위와 업적을 통하여 자신의 뛰어남을 보여 주고 증명하는 것이 바로 정치라고 보았기 때문이다. 즉, 정치는 특수한 사람의 전유물일 수 없고, 세계에 같이 존재하는 사람이 타자와 만나고 대화하며 자기 자신과 세계를 알아 가고 자신을 드러내는 방법이다.

따라서 정치 권력의 가장 중요한 임무는 좋은 정책으로 시민을 행복하게 만드는 것이 아니라, 자유롭고 다원적인 시민의 공론장을 보장하는 것이다. 제아무리 시민의 칭송을 받는 정부라도 공론장을 보장하지 않는 권력은 권력일 수 없다. 폭력이 획일성의 원리라면, 권력은 다원성의 원리이다. 아렌트는 "모든 사람을 위해서 사는 사람이나 모든 사람에 대항하며 사는 사람 모두가 고독한 인물"이라고 보면서 정치의 다원성을 보장하지 못하는 정치가 바로 '전체주의'라고 보았다. 공론장을 보장하지 않고 일방적으로 특정한 언어와 행위를 강요할 경우 권력은 폭력으로 변한다.

폭력은 특정한 목적을 달성하기 위한 도구이지만 결코 정당화될 수 없는 것으로서, 폭력이나 강제가 동원되는 상황은 이미 권력이 실종된 상태이다. 아렌트의 사상만이 아니라 동양의 사상에서도 정치와 폭력은 불편한 관계를 맺고 있었다. 정치의 '政'자가 '치다' '두드리다'라는 뜻을 가진 '攴'(=攵)자에서 파생되기는 했지만, 기본적으로 동양에서 폭력은 정치의 요소가 될 수 없었다. '폭력을 가지고는 한낱 필부의 뜻조차 굴복시킬 수 없다.'는 공자의 인식은 현실 세계의 폭력을 넘어서는 말의 정치, 인위적인 강제를 넘어서는 정치를 구현하려는 욕망을 드러낸다고 할 수 있다.

그렇다면 지금 우리의 현실은 어떠한가? 그동안 한국의 정치는 권력이 아니라 폭력에 기반한 정치였다. 아니, 정치라고 말할 수조차 없는 폭력 그 자체였다. 이라크전 파병이나 제주도 해군 기지 건설 문제에서 볼 수 있듯이 정부의 정책과 다른 입장을 드러낼 수 없는 사회, 아직도 사전 검열 제도나 심의 제도가 남아 있으며 인터넷이나 통신망을 규제하려는 것에서 볼 수 있듯이 국민을 위해 일한다는 정치인이 시민의 목소리를 차단하는 사회, 공공장소에서의 구걸을 처벌하려는 것에서 볼 수 있듯이 타자를 부정하며 억압하는 사회가 바로 한국이다. 제아무리 민심을 떠들어도 어느 누구도 민심을 대변할 수 없다. 민심은 다양한 시민이 드러내는 다양한 의견과 의지이지, 어떤 사람이 하나로 정의할 수 없는 것이기 때문이다.

그러니 민심을 떠드는 사람을 경계해야 한다. 우리는 모든 사람을 위해 일하겠다는 정치인을 경계해야 한다. 모든 사람을 위한다는 이는 모든 사람에게 맞서는 이만큼 고독한 인물이고, 그래서 그는 정치인으로 적합하지 않은 사람일 뿐 아니라 전체주의자일 가능성이 높다.

실제로 정치인 가운데 어느 누구도 물질적인 이익 말고는 다른 행복을 이야기하지 않으며, 자신이 필요하다고 생각하는 바를 대중에게 일방적으로 강요하고 있다. 선거 때만 되면 경전철이다, 신공항이다, 많은 예산을 잡아먹는 대규모 사업에 대한 공약을 쏟아 낸다. 하지만 이들 가운데 어느 누구도 경제적인 발전이 파괴와 폭력, 내외부의 식민지를 요구한다는 점을 말하지 않는다. 소위 선진국이라 불리는 국가 가운데 식민지를 가지지 않았던 나라가 없다는 점은 경제 발전이 제국주의와 무관하지 않다는 것을 뜻한다. 그런데도 우리의 목표가 선진국이어야 할까?

요즘은 경제와 시장이 모든 정치 의제를 압도하고 있어, '경제 대통령'이라는 말이 그럴싸하게 들린다. 하지만 이 말은 모순이다. 함께 있어서는 안 되는 경제와 정치가 함께 있기 때문이다. 두 영역이 겹치지 않을 수는 없다 하더라도 그 둘은 다른 원리에 따라 움직여야 하는데, 실제로는 경제가 정치를 압도하고 있다. 사회적 양극화, 늘어나는 비정규직, 청년 실업이라는 숙제를 해결하려면 경제적인 합리성이 아니라 정치적인 조정이 필요한데, 지금의 현실은 정반대이다. 파이(재정 규모)를 키워서 나눠 준다(더 이상 키울 파이도 없고, 파이를 키우지 않아야 함에도)는 경제 논리가 정치의 장을 지배하고 있다. 그러니 20대 80의 사회가 순식간에 1대 99의 사회로 변하는 와중에도 99퍼센트의 사람들은 여전히 무기력하다.

이런 상황에서 정치를 부활시키려면 경계를 넘나드는 직접행동이 필요하다. 법이 허용한 것과 금지한 것, 법이 정하지 않은 애매한 것을 넘나드는 행동, 폭력과 권력을 넘나드는 행동, 정치와 경제를 넘나드는 행동이 필요하다. 정치학자 에이프릴 카터는 《직접행동》에서 "도덕적이거나 정치적인 동기에서 공개적으로 저항하는" 직접행동이 대의 민주주의를 보완하는 중요한 힘이라고 주장한다. 시민의 직접행동은 기득권층에게 유리하게 작동하는 시장 중심의 질서를 통제하고 사회적 약자를 보호하며 공공성을 확보하기 때문이다. "토지에 대한 권리를 주장하면서 땅을 점유하는 농민, 벌목을 막기 위해 나무에 자기 몸을 묶는 환경 운동가 혹은 국경 통제와 이주자 정책에 항의해서 강에 보트를 이어 다리를 놓는 운동가"들이 바로 직접행동을 하는 이들이다. 그리고 이들이야말로 정치를 부활시키는 사람들이다.

특히 카터는 신자유주의 세계화가 직접행동의 중요성을 더욱더 부각시켰다고 본다. 국가의 주권이라는 틀에 갇힌 대의 민주주의로는 자유로이 국경을 넘나드는 초국적 기업이 제3세계 민중을 착취하고 빈곤을 확대시키는 현상을 막을 수 없기 때문이다. 초국적 기업을 통제하려면 그와 맞설 수 있는 초국적 운동이 필요하고, 이런 운동은 제3세계에서 "사건의 영향을 직접 받는 빈곤 계층과 상대적 약자층의 직접행동형 반대 운동"이 결합할 때 힘을 발휘할 수 있다.

카터는 제1세계와 제3세계를 넘나드는 저항의 물결이 넘실거릴 때 신자유주의 세계화를 통제하고 결함을 가진 민주주의의 문제점들을 해결할 수 있다고 본다. 한국에서도 그런 물결이 조금씩 출렁이고 있다. 팔레스타인에 떨어지는 폭탄을 막으려 이스라엘 대사관 앞에서 벌어지는 시위가, 팔레스타인 농민이 정성스레 기른 올리브유를 공정한 가격에 구입하고 그곳 사람과 더불어 살려는 노력이 우리 시대의 민주주의를 살아 있게 만든다. 월가의 시위대에게 전해진 희망의 메시지, 한진중공업의 35미터 높이의 크레인 꼭대기에서 309일을 버틴 김진숙 씨가 전한 "한국의 희망버스는 지금까지 하나의 구호를 외쳤습니다. 그 구호를 월스트리트의 용기 있는 시민들에게 전합니다. 웃으면서, 끝까지, 함께. 투쟁!"이라는 메시지 역시 그런 출렁임이다. 강정 마을을 찾아와 현지의 사정을 외국에 전하는 활동가들이나 "강정 마을의 평화가 지켜지기를 바랍니다. 제주도는 평화의 섬으로 남아 있어야 합니다."라는 사상가 촘스키의 메시지 역시 그런 출렁거림이다. 이런 출렁임은 민주주의를 살아 있게 한다. 이런 출렁임은 국가라는 '경계에 갇힌 정치 의식'에서 벗어나 상상력을 발휘할 수 있게 한다.

매번 돌아오는 선거는 최악의 결과를 피하기 위해 누구를 찍을 것인가라는 수동적인 결단만을 강요한다. 더구나 개인적으로 내게는 가장 이해할 수 없는 개념 가운데 하나인 사표死票라는 것을 고려해 누구를 전략적으로 지지해야 하는지 쓸데없는 고민도 해야 한다. 이런 고민이 귀찮아 투표를 하지 않을 경우 정치적으로 무관심하다는 비난을 받을 각오도 해야 한다. 해도 찜찜하고 안 해도 찜찜한 이런 상황을 탈출할 방법은 없을까?

앞서 말했듯이 정부가 아니라 정치를 우선에 놓고 생각하면 다른 가능성을 찾을 수 있다. 누가 되든 크게 달라질 것이 없다면 대표가 되려는 자들에게 대표가 되면 해야 할 일을 먼저 요구하는 것도 한 방법이지 않을까? 예를 들어, "핵 발전소 건설을 반대한다!" "한미 FTA를 무효로 만들자!" "더 이상 자연을 파헤치지 말라!" 등등 우리가 요구할 것은 무궁무진하다. 그냥 요구만 할 것이 아니라 관련된 정책에 대해 그 정치인이 예전에 어떻게 이야기했는지를 살펴보고 계속 그런 입장을 가질 것인지, 아닌지를 공개적으로 물어보자. 그리고 그 내용들을 갖고 열심히 오프라인, 온라인에서 소통한다면 정치인들도 아예 신경을 끌 수만은 없을 것이다.

그리고 다양한 요구들을 모아 하나의 정책을 구성할 수도 있다. 2011년에 씽크카페(http://thinkcafe.org)가 주최했던 다양한 오픈 컨퍼런스도 그런 맥락에 있다. 어떤 일에 관심을 가진 다양한 사람이 모이면 그 속에서 '집단 지성'이 실현된다.

예전에도 어떤 사안에 대해 정치인의 입장을 밝히기를 요구하는 시민 사회 '단체'들이 있었지만 정치인들은 그 단체들이 직접적으로 선거와 연관되지 않기에 그냥 무시하고는 했다. 허나 표를 직접 찍을 '유권자'들이 요구한다면 정치인들도 머리를 굴리지 않을 수 없다. 많은 사람의 소망이 모일수록 그 힘은 커질 것이다. 그렇게 되면 우리는 선거에서 누구를 당선시킬 것인지를 고민하지 않고, 오히려 선거 자체는 괄호 속에 집어넣고 바로 우리의 정책을 요구할 수 있다.

물론 이런 내용이 곧바로 정책 결정에 반영되지 않을 수도 있고, 당선되고 나면 정치인이 입장을 뒤집을 수도 있다. 또 어떤 이는 그런 내용만으로는 정책이라 부를 수 없다고 얘기할지도 모른다. 허나 그런 내용이 실현될 수 없는 것은 그것이 쓸모없어서가 아니라 현실이 무능해서이다. 그리고 실현가능하지 않다는 것이 틀렸다는 뜻은 아니다. 무엇이 올바른지를 알고 있는데도 왜 현실을 그렇게 만들지 못한단 말인가.

또 그런 주장을 구체적인 정책으로 만드는 일을 하라고 공무원이 존재하고 그래서 시민이 세금을 내는 것이라고, 그 세금을 타먹는 정당 역시 그런 일을 하라고 존재하는 것이라고, 만일 시민이 세세한 정책까지 다 짜서 말해야 한다면 국가와 정당이 필요 없으니 그것을 해체하라고 요구할 수 있다.

정치인이 필요하다고 해도, 우리가 원하는 정치인은 경제를 살리겠다는 정치인도, 국민을 위해 한 목숨 바치겠다는 정치인도, 시민을 행복하게 만들어 주겠다는 정치인도 아니다. 우리에게 필요한 정치인은 다른 사람의 의견을 존중하며 공론장을 구성하는 정치인이다.

또한 선거 기간에 할 수 있는 것이 왜 투표밖에 없겠는가. 오히려 선거 때문에 가려지는 중요한 쟁점, 선거에서 드러나지 못한 중요한 사안을 부각시키고 요구하는 정치 행위가 중요하다. 선거가 중요하니 거기에 모든 에너지를 다 쏟아 부어야 한다는 생각이 지금까지는 다양한 정치 행위의 가능성을 가로막아 왔다. 이제는 선거에 '올인'해야 성공한다는 착각에서 벗어나야 하지 않을까. 선거에 나온 자가 과거에 어떤 일을 했는지를 드러내고 책임을 묻는 행동, 선거로 묻힌 정치 쟁점을 부각시키고 누가 이를 책임질 것인가를 묻는 행동, 우리에게도 끝까지 따라다니며 책임을 묻는 '복수의 정치'가 필요하다.

그리고 선거가 끝나도 정치에서 손을 떼지 않고 정치가 지속될 수 있도록 장을 마련할 수 있다. 우리가 일상을 보내고 노동하는 공간에 민주주의의 원리, 정치의 원리가 실현될 수 있도록 노력해야 우리의 삶이 행복해지지 않을까? 학교와 공장, 공공시설, 마을 곳곳에서 다양한 사람이 만나 서로의 생각과 마음을 나누면 어떨까? 그것이 곧 정치의 부활이다. 직접행동은 그런 다양한 장을 마련하고 사람들이 관심을 가질 시간을 만든다. 사건이 터지면 예상치 않았던 다양한 일이 벌어지고 때로는 정부 정책에 직접 맞설 수도 있다.

역사학자 이정은의 말처럼 "1919년 2월 28일 밤 서울 시내에 독립 선언서가 뿌려지고, 이튿날 아침 각처의 집 대문 앞에서 광무황제 독살설을 알리는 격문이 발견되었을 때 이를 발견한 일제 경찰도, 이를 추진했던 민족 진영에서도 이 운동이 어떤 형태로 어디까지 파급되어 갈지 아무도 예측하지 못했다."

그로부터 80여 년이 지난 2002년, 앙마라는 아이디를 쓰는 한 네티즌이 광화문에서 촛불을 들고 모이자는 제안을 했을 때, 2008년 청소년들이 청계 광장에 모여 촛불 문화제를 열었을 때, 이를 지켜보던 어느 누구도 이 운동이 어떤 형태로 어디까지 파급될지 예측하지 못했다.

누구도 싸움이 벌어지리라 예상하지 못하는 순간에 사건은 터진다. 이런 사건은 아주 우연히, 우발적으로 터지기도 하지만 그 결과는 의도적인 운동으로 이어질 수도 있고 그렇지 않을 수도 있다. 그렇게 따지면 3·1 운동은 의도적인 운동으로 이어졌던 사건이다. 우리는 그 사건을 패배라 여기지만 이어진 1920~30년대의 운동을 보면 그렇게 평가하기 어렵다. 3·1 운동으로 민중의 폭발적인 정치적 잠재력을 확인하게 된 지식인과 활동가들은 이를 조직적인 운동으로 연결시키려 했기 때문이다.

예를 들어, 1920년 4월 11일 창립한 조선노동공제회는 한국 최초로 노동 운동을 전면에 내걸고 조직되었다. 소작인은 불납 동맹, 아사 동맹, 소작권 상실 걸인단을 만들어 싸웠고, 소작인 조합, 농민 조합은 전통적인 자치 공동체를 이용해 마을 지주들에게 기금을 걸고 민간의 협동조합을 만들어 운동의 뿌리를 강화시키려 했다. 청년 학생은 민중을 대상으로 야학과 강연회, 토론회 등을 열며 지역 사회 활동을 적극적으로 펼쳤고 지역 운동의 구심점을 마련했다. 이와 더불어 아나키즘, 마르크스-레닌주의 등 다양한 사상이 대중과 더불어 논의되었다.

촛불 집회도 마찬가지이다. 2002년의 촛불 집회가 미군 범죄를 근절하지 못했고, 2008년의 촛불 집회가 미국산 쇠고기의 수입을 막지 못했지만 이 사건을 겪으면서 시민들은 조직화의 필요성을 깨닫기 시작했다. 일제 강점기만큼 공동체나 다양한 정치 활동이 활성화되지는 못했지만, 촛불 집회 이후 점차 다양한 형태의 공동체가 만들어지고 있고 소셜 네트워크나 블로그를 통한 정보의 공유와 소통도 활발해지고 있다. 이런 다양함이 일제 강점기 당시의 사회주의나 아나키즘 같은 이념의 형태로 숙성되지 못하고 있을 뿐 그 진화의 속도는 무척 빠르다. 그러니 포기할 이유는 없다.

사실 3·1 운동에서 시위가 쉽사리 수그러들지 않은 것은 중앙의 지도부가 전국의 시위를 조직하지 않고 각 지역의 지식인이 자기 동네에서 시위를 조직했기 때문이다. 그전의 민란과 농민 운동이 그러했듯이 자발적으로 조직되어 들불처럼 번져 가는 시위는 쉽게 그 불길이 잡히지 않았고 민중의 삶이 그 운동 과정과 방식에 반영되었다.

이에 비해 촛불 집회에서는 늘 운동이 서울로, 광화문으로 집중되었다는 점이 안타깝다. 각 지방에서 올라온 시민들이 명박산성만을 넘으려 할수록, 권력을 쥔 자들은 전국에서 경찰을 모아 그것만을 막으면 된다. 힘을 가진 자에게는 분산되어 예측할 수 없는 흐름이 두렵지 예측할 수 있는 흐름이 두렵지는 않다.

만일 그 반대였다면 상황이 어떻게 되었을까? 촛불이 거리에서 학교로, 사무실과 공장으로, 가정으로 스며들었다면 어떻게 되었을까? 거리의 민주주의가 일상의 민주주의로 확장되었다면 어떤 일이 벌어졌을까? 이런 물음을 던지다 보면 아쉬움이 남지만, 다행히도 이제는 각자 자기 지역에서 촛불을 들고 시민에게 다가서는 운동이 서서히 늘어나고 있다. 한미 FTA를 반대하고 차별과 억압을 반대하는 촛불이 전국에서 켜지고 있다.

3·1 운동은 다양한 사회 운동의 출현을 알리는 예고편이었다. 3·1 운동은 스스로를 거름으로 만들어 새로운 불씨를 만드는 운동이었다. 이 점은 3·1 운동의 역사에서도 드러난다. 3·1 운동이 가장 극렬했던 곳은 예전에 동학 농민 혁명이 활발히 전개되지 않은 곳이었다. 모를 돌아가며 심듯이 짓밟힌 곳은 잠시 숨을 죽였고 싹을 틔운 곳은 그 숨이 끊이지 않도록 운동의 맥을 이어 갔다. 이 운동은 국가의 폭력에 '사상'과 '자기 조직화'로 맞섰다.

3·1 운동은 사회 운동이 민중을 이끌려 하거나 민중이 사회 운동을

배제하지 않고 서로가 서로의 역할과 가치를 인정하는 방향으로 발전되었다. 그러했기에 일제의 탄압을 받으면서도 민중들은 1920, 30, 40년대에 끊임없이 저항 운동을 조직했다. 그러니 3·1 운동은 민중이라는 주체를 드러내고 그들이 활동할 수 있는 공간을 여는 중요한 역할을 했다고 할 수 있다.

그렇다면 우리는 그동안 어떤 준비를 해 왔고 어떤 운동을 향해 나아가고 있을까? 앞으로 우리는 어떤 새로운 조직, 새로운 이념, 새로운 정치를 맞이할 수 있을까? 우리는 어떤 사상과 조직화로 미래를 준비하고 있는가? 그런 정치의 장은 어디서 구성되고 있는가? 이런 질문을 던지며 구체적인 답을 찾아야 할 시기이다. 분명한 사실은 이 답이 몇몇 사람의 머리에서 나올 수 없다는 점이다.

나는 문제를 추상화시키면서 자신들이 그 복잡하고 어려운 문제에 관한 답을 가지고 있다는 지식인들을 믿지 않는다. 사회를 바꾸는 데 어찌 모범 답안이나 정답이 있겠는가? 다른 관점으로 바라볼 수 있다는 얘기는 반갑지만, 옳다/그르다의 관점으로 접근하는 사람들의 태도를 참아 내기란 쉽지 않다. 누구나 훈수를 둘 수 있지만 아무도 자신의 생각을 정답이라 주장할 수는 없다. 나는 그보다는 정답이 보이지 않는 상황에서 답을 찾아가는 '과정'이 운동이라고 믿는다.

그렇다면 그 과정을 움직이는 힘은 무엇일까? 당연히 이념과 조직이 사람들을 움직인다. 인적·물적 자원을 조직하고 동원하는 단체도 필요하고, 그런 단체가 내세우는 이념도 중요하다. 그런데 관변 단체가 폭넓게 퍼져 있고 노동조합과 같은 기본 조직조차 제대로 조직되지 않은 한국 사회에서 조직화되지 않은 시민을 움직이는 에너지는 이념이나 단체의 힘으로만 구성되기 어렵다. 만일 이념이나 조직만이 사람의 마음과 몸을 움직이는 것이 아니라면, 그것은 무엇일까?

일제 강점기 농민 운동과 관련된 책을 뒤적이다 재미있는 구절을 봤다. 3·1 운동 당시 '주변 마을이 다 하니까 우리도 가만히 있을 수 없다.'라는 생각에서 이른바 '체면 시위'라는 것이 등장했다고 한다. 이 체면 시위의 규모가 얼마나 되었는지는 알 수 없지만, 체면이라는 것이 사람을 움직이는 중요한 동기인 것은 분명해 보인다.

지금 우리라고 해서 다를까? 집회 때마다 나부끼는 깃발도 어느 정도는 그런 체면을 상징한다. 2008년 미국산 쇠고기 수입을 반대하는 촛불 집회가 시작될 무렵, 경기도 과천시의 한 가정은 "우리집은 광우병 쇠고기 수입에 반대합니다."라는 현수막을 내걸었다. 이 현수막은 순식간에 전국으로 퍼졌다. 서로에게 떳떳해지기 위한 체면이 강한 연대 의식으로 바뀌기도 하는 것이다.

그리고 '나도 그곳에 있었다.'고 증명하고 싶어 하는 '인증' 욕구도 그런 체면의 일종으로 볼 수 있다. '체면 차리기'라고 비난하려는 것이 아니다. 누구나 체면을 세우려 드는 것은 아니고 '체면이 밥 먹여 주나.'라고 생각하는 사람도 많기 때문이다. 체면을 생각한다면 평화를 깨고 남의 삶터에 침입하는 경찰이 되지 않을 것이고, 어른의 멱살을 잡는 용역 깡패가 되지도 않을 것이다. 체면을 세우려는 용기는 품위 있는 사회를 만든다. 단 하루라도 품위 있게 살고자 하는 체면이 하루하루의 일상이 될 때 운동이 만들어진다.

또한 어떤 사건에 대한 분노나 공감도 사람들을 움직인다. 한 사람이 129일 동안 높은 크레인에 올라가 모진 비바람을 견디며 외쳤건만 기업과 세상은 그가 스스로 목숨을 끊을 때까지 그 목소리를 무시했고 그 사실에 사람들은 분노했다.(그 사연을 소개한 故정은임 아나운서의 멘트는 아직도 인터넷을 떠다닌다.) 시간을 더 앞으로 돌려보면 1991년 5월 한진중공업 박창수 노조위원장이 안양병원에서 의문의 죽음을 당했고 많은 노동자가 분노했다. 그러니 김진숙 민주노총 지도위원이 85호 크레인에 올라가 있었을 때 그것은 김진숙 한 명이 아니었다. 김진숙의 어깨 위에는 여러 사람의 짐과 꿈이 실려 있었다.

분노하는 사람들에게 분노하지 말라고, 냉정하게 이성을 차리고 이해관계를 따지자고 얘기하는 것은 그 분노의 원인을 인정하지 않으려는 폭력이다. 그 속에는 공감하지 않고 타자의 꿈을 배제하려는 폭력의 싹이 똬리를 틀고 있다. 반면에 공감이나 정서를 담은 합리성은 삶의 다양성을 받아들인다.

그런 합리성에 바탕을 둔 위로의 마음도 사람들을 움직인다. 누군가는 크레인 위에 올라 있어야 희망버스가 출발할 수 있다. 그 누군가가 꼭 나여야 한다는 뜻은 아니다. 하지만 그 버거운 짐을, 자신의 다른 소망과 꿈을 포기하고 그 짐을 지려는 사람을 위로하고픈 마음이 사람들을 움직인다. 평생을 투사로 싸워 주기를 기대할 수도 있지만, 그이가 삶을 선택할 수 있고 때로는 쉴 여유를 가졌으면 하는 생각도 든다.

말 한마디로 천 냥 빚을 갚는다는 속담이 있다. 홀로 크레인에 올라간 이를 보며 우리가 건네고 싶은 그 많은 말들이 희망버스로 이어졌을 것이다. 먼발치에서나마 그 얼굴 한번 보고 "건강하세요!" "꼭 이기세요!"라고 말하고픈 그 마음이, 나도 힘들지만 "함께 힘을 내요!"라고 말하고픈 그 공감이 희망버스를 움직였던 에너지이다. 또 다른 현장에

시민을 구성하는 민주주의와 정치의 부활

서 열심히 싸우는 사람들을 향해 "당신의 승리로 우리도 힘을 얻을 수 있을 것"이라고 연대하는 마음이 사람들을 움직인다. 희망버스에 실린 희망은 하나일 수 없다.

그런데 우리는 아직도 위로에 인색하다. "고맙다." "수고했다."며 손 한번 꼭 쥐어 주고 등 한번 두드려 주면 될 텐데 그런 정서에 익숙하지 않다. 운동의 결과와 상관없이 그 운동을 책임졌던 사람들에게 우리는 어떤 말을 건네고 있을까?

위로는 동정이 아니다. '고맙다.'고 '수고했다.'고 얘기하는 것이 어찌 동정일까. 동정은 사람의 자존심에 상처를 입히지만 위로는 상처를 입히지 않는다. 위로는 동병상련의 감정, 즉 같이 아파하는 감정에서 나오기 때문이다. 내 상처를 걱정하는 마음이 우리 상처를 걱정하는 마음으로 퍼진 것이 위로이니, 위로는 서로의 마음을 분리시키지 않고 연결시킨다. 위로는 계속 꿈을 꾸자며 서로를 다독인다.

이런 공감이 특별한 사건만이 아니라 일상에서도 불러일으켜진다면 꿈은 더 빨리 이루어질 수 있다.

4
시민불복종과 법치

2001년 7월, 장애인들이 서울역, 대학로, 광화문에서 시위를 벌이기 시작했다. 장애인들은 버스를 타기 위해 버스에 몸을 묶고 전경과 몸싸움을 벌여야 했다. '장애인도 버스를 타고 싶다.'라는 현수막을 내걸고 "지하철을 이용하는 시민들이 30분 늦는 것을 이유로 우리의 선로 점거가 비난 받아야 한다면 감수하겠습니다. 그러나 30년 넘도록 집 밖으로 나오지 못하는 장애인의 현실에 대해 우리 사회는 함께 책임을 져야 합니다."라고 외치며 장애인들은 지하철 선로에 몸을 누이고 쇠사슬을 감았다.

이동권이 생존권이라고 외치는 장애인들의 처절한 목소리는 직원과 경찰의 손에 가로막혔고, 장애인들은 재판정에 서야 했다. 검사는 장애인들의 주장이 정당해도 그 방법이 정당하지 못했고 시민들의 출퇴근을 방해하고 공공시설에 피해를 입혔다며 징역형을 요구했다. 판사 역시 장애인들이 전동차 운행을 방해했다며 유죄 판결을 내렸다. 주장은 정당하지만 방법이 틀렸다는 사법부의 판결이다.

하지만 만약 장애인들이 이동권을 외치며 거리로 나서지 않았다면, 버스와 철도에 몸을 묶고 싸우지 않았다면, 누가 장애인의 이동권에 신경이라도 썼을까? 이들이 없었다면 장애인도 버스와 지하철을 타고 이동하는 시민이라는 당연한 사실에 아무도 관심을 가지지 않았을 것이다. "버스 타기 행사의 성과 중에서 빼놓을 수 없는 것은 바로 장애인다움을 깨 버리고 인간다움이 됐다는 것이다. 방 안에서 주는 밥 먹고 가만히 있는 것이 그동안의 장애인다운 모습이었다. 우리는 그동안의 버스 타기 행사를 통해 장애인다움을 벗어 버렸다."는 박김영희 장애인 이동권연대 공동대표의 말은 장애인을 바라보는 비장애인의 고정관념도 뒤흔든다.

정부의 결정이 시민의 뜻과 반대된다면, 정부가 시민의 권리를 인정하지 않는다면, 정부는 왜 있어야 할까? 보통 정부는 사회의 질서와 안전을 지키기 위해 존재한다고 얘기되고, 그렇기에 정부는 법을 만들고 집행하고 해석하는 역할을 맡는다. 각자 개인의 판단에 맡겨 두면 정치 공동체 전체의 질서와 안전이 위태로우니 법에 따라 판단해야 한다고 말이다.

하지만 법을 만들고 집행하고 해석하는 자들이 공동체의 질서와 안전을, 개인의 생명과 자유를 위협한다면? 그럴 때에도 시민은 악법도 법이라며 준법 정신을 발휘해야 할까? 허나 홉스와 로크 같은 자유주의 사상가도 그럴 때에는 시민들에게 저항권이 있다고 인정했다. 영화

〈올드보이〉를 보면 15년을 갇혀 지냈다고 피비린내 나는 복수극을 벌이는데, 방 안에서 30년을 살라고 한다면 누가 저항하지 않을까?

사실 법이 정한 수단으로 말할 수 없는 사람에게 법대로 하라는 얘기는 폭력이다. 정당한 주장인데 수단이 잘못되었다면, 그 수단을 잘못이라 규정하는 사회를 의심해야 한다. 왜 누군가가 인정한 방식으로만 말해야 하는가? 이럴 때 등장하는 개념이 시민불복종civil disobedience이다.

보통 시민불복종은 시민이 정부의 잘못된 정책이나 법률을 절대적인 진리로 받아들이지 않겠다고 선언함으로써, 인간의 양심과 이성에 대한 신뢰와 그 가능성을 증명하려는 정치 행위를 말한다. 도덕적, 정치적 정의를 위해 또는 잘못된 법률이나 정책을 바로잡기 위해 기꺼이 법적 처벌을 감수하겠다는 결심이 바로 시민불복종이다.

시민의 생명이나 자유와 같은 근본적인 권리를 침해하는 법률이나 정책이 시민불복종 운동의 대상이며, 불복종 행위는 그 내용을 동료 시민들에게 알리기 위해 의도적이고 공공연하며 일시적으로 벌어진다. 그렇다면 시민불복종은 사법적인 처벌의 대상이 아니라 정치적 보장의 대상이어야 옳다. 의사소통 행위를 강조한 철학자인 하버마스 같은 학자도 법치 국가라면 시민불복종을 필수적인 정치 문화로 받아들여야 한다고 주장한다. 실제로 독일의 헤센 주나 브레멘 주, 베를린의 헌법 등은 헌법을 어기며 행사된 공권력에 저항하는 것이 개인의 권리이며 의무라고 규정하고 있다.

그런 점에서 시민불복종은 예외적인 상황에서 시민이 일시적으로 가지는 권리가 아니라 민주 사회의 핵심적인 정치적 권리이다. 민주 사회일수록 시민불복종이 시민의 정치 기본권으로 보장되어야 하고, 그것의 보장 여부는 바로 그 사회의 민주성을 측정하는 리트머스 시험지가 된다. 특히 한국처럼 권위주의에서 민주주의로 이행해 가고 있는 사회에서는 시민불복종의 권리가 더더욱 중요하다.

하지만 한국 사회에서 시민불복종은 그런 권리를 보장받지 못했다. 한편으로는 국가가 일방적으로 법치의 내용을 규정하고 판단해 왔고, 다른 한편으로는 한국의 열악한 정치 현실이 시민의 권리 실현을 가로막아 왔기 때문이다. 그런 의미에서 한국 사회의 시민불복종은 민주주의를 '지키려는' 수동적인 저항의 차원을 넘어, 민주주의를 스스로 '구성하는' 능동적인 실천 전략으로서 직접행동과 연계될 수밖에 없다.

| 누가 시민불복종을 이야기했나? |

제1차 세계대전이 한창이던 1915년, 호주의 멜버른 공원에서 플레밍이라는 남자가 매주 연설을 했다. 그는 "왜 당신이 싸우러 가야 하나? 만일 지금 참고 있는 다른 건달들이 아니라 독일이 권력을 잡는다고 해서 당신의 살림살이가 더 나빠질까?"라고 외쳤다. 모두가 독일과의 전쟁을 지지하던 시절에 이런 연설을 했기에 그는 징병법을 위반했다는 이유로 벌금형을 받기도 하고 사람들에게 조롱당하고 돌팔매질을 당하기도 했다. 심지어 강물에 던져지기도 했다. 그래도 그는 매주 일요일마다 그 자리에서 연설을 했다. 모두가 성전聖戰을 외치던 시기에 그는 평화를 위해 법을 어기고 신념을 밝혔다.

법이 시민의 권리를 보장하지 않는다면, 시민은 그 법에 저항할 권리를 가진다. 내가 인간이자 시민이라는 점을 드러내고 증명하지 않는다면, 법을 다루는 자가 우리를 지배할 것이기 때문이다. 힘을 가진 자가 무리한 것을 요구해도 시민들이 찍 소리도 내지 못하리라고 생각하면, 힘을 가진 자는 오만해지고 자기 마음대로 지배하는 데 익숙해진다. 그 오만함과 익숙함을 깨려면 우리의 말과 행동이 필요하다. 그래야 우리도 존엄한 삶, 더 나은 삶을 살 수 있다.

의롭지 않은 일을 보고 한 번 눈 감으면 두 번째 눈을 감는 것은 더 쉬워진다. 눈을 자주 감기 시작하면 눈을 뜨려는 다른 사람의 모습에 공감하고 격려하지 않고 오히려 냉소를 보내게 된다. 자신처럼 눈을 감지 않는 사람이 부담스러워지고 눈을 돌린다. 지금 당장은 그렇게 눈을 감는 것이 마음 편할 듯도 하지만 나중에는 불편해질 수밖에 없다. 한 명씩 모두가 끌려가고 나면 결국 남은 나도 끌려갈 수밖에 없기 때문이다. 당장의 편안함이 우리의 삶을 벼랑 끝으로 내몬다.

나치 독일의 강제 수용소에 갇혔던 개신교 신학자 마틴 니묄러의 〈그들이 왔다〉는 이 상황을 잘 보여 준다.

나치는 우선 공산당을 숙청했다
나는 공산당이 아니었으므로 침묵했다
그 다음엔 유대인을 숙청했다
나는 유대인이 아니었으므로 침묵했다
그 다음엔 노동조합원을 숙청했다
나는 노조원이 아니었으므로 침묵했다

그 다음엔 가톨릭교도를 숙청했다
나는 개신교도였으므로 침묵했다
그 다음엔 나에게 왔다
그 순간에 이르자
나서 줄 사람이 아무도 남아 있지 않았다.

결국 백마 타고 올 기사를 기다리지 않고, 미약하나마 내가 직접 행동하는 것이 더 현명하다고 할 수 있다. 앞서 얘기한 장애인들의 치열한 싸움이 있었기에 지하철 역사마다 엘리베이터가 생겼고, 저상버스가 도입되어 노약자들도 쉽게 이동할 수 있게 되었다. 그러니 나의 행동이 나를, 그리고 우리를 이롭게 한다. 그리고 거부의 행동으로 남겨진 상처를 어루만지며 지금 당장은 그 행동을 후회할 수도 있지만 나중에는 그 이야기를 후손에게 당당하게 얘기할 수 있다. 자존심을 가진 사람들이 모이면 그것은 사건이 되고 역사가 된다. 우리도 역사의 주인공이 될 수 있다.

그래서 헨리 소로우는 〈시민 정부에 대한 저항〉이라는 글에서 불복종 개념을 적극적으로 제안했다. 소로우는 "우리는 먼저 인간이어야 하고, 그 다음에 국민이어야 한다고 나는 생각한다. 법에 대한 존경심보다는 먼저 정의에 대한 존경심을 기르는 것이 바람직하다."면서 인간의 양심과 권리가 정부의 그릇된 정책보다 우선한다고 주장했다. 만일 정부가 시민의 정의로운 주장을 받아들이지 않는다면 시민은 정부의 잘못에 맞서 가혹하고 고집스러울 정도로 비타협적인 길을 걸어야 한다. 그렇게 몸소 악을 막아야만 시민은 자신의 양심과 하느님의 뜻을 거스르지 않기 때문이다. 그래서 소로우는 "단 한 명이라도 부당하게 감옥에 가두는 정부 밑에서, 정의로운 사람이 있을 곳은 역시 감옥뿐이다. 의기소침하지 않고 자유로운 영혼을 가진 사람들을 위해 매사추세츠 주가 마련해 놓은 유일한 자리, 오늘날 가장 떳떳한 자리는 감옥"이라고 주장하며 시민불복종의 길을 열었다.

소로우는 시민이 최선을 다해 권력에 깃든 악에 맞서야 한다고 주장했고, 우리가 전통적으로 교육받은 것과는 달리 때때로 그런 목적을 실현하기 위해 폭력적인 방식을 사용할 수도 있다고 인정했다. 소로우는 미국의 노예 폐지론자인 존 브라운을 옹호하면서, 정의를 옹호하기 위해 때로는 폭력적인 방법도 필요하다고 주장했다.

정부에 대한 저항 개념을 만든 자유주의 전통도 불복종을 받아들인다. 예를 들어, 철학자 존 롤즈는 사회계약론을 따르는 자유주의 전통 속에 시민불복종 개념을 넣으면서 인간의 자연적 의무가 국가의 법이나 제도에 따른 정치적 의무보다 앞선다고 봤다. 이런 롤즈의 주장은 개인의 권리가 국가를 위해 희생될 수 없고 계약에 따라 부분적으로 정치 권력에 위임될 뿐이라는 자유주의의 원칙을 잘 반영한다. 더구나 그런 불복종이 개인의 이익을 넘어 공동체가 공유하는 정의를 지향하고 공개적으로 운동을 벌인다면, 그것은 국가를 더욱 민주적으로 만드는 중요한 정치 행위일 수 있다. 그런 점에서 롤즈에게 시민불복종은 국가의 부패와 파괴를 막을 수 있는 장치이다. 하지만 불복종이 그런 역할을 맡을 때에만 정당화될 수 있다는 점에서 롤즈의 입장은 소로우보다 훨씬 보수적이다. 이 점은 롤즈의 사상을 이어받았으며 《정의란 무엇인가?》로 유명한 마이클 샌델에게서도 드러난다. 이런 입장에 따르면,

시민불복종은 정치 조직체polity의 강화를 위해 제도화된 부조리나 정당하지 않은 법률을 바로잡으려는 시민의 정치 행동이다. 그런 의미에서, 시민불복종은 대의 민주주의와 자유 민주주의를 완전히 부정하지는 않는다.

그런데 바로 그 점 때문에 시민불복종의 딜레마가 생기기도 한다. 한국처럼 불복종의 조건이 갖춰지지 않은 국가에서, 즉 행정, 입법, 사법의 삼권이 사실상 분리되어 있지 않고 시민의 기본권이 무시되며, 시민불복종 운동을 펼치더라도 그런 공론을 반영할 수 있는 정당이 없는 상황에서는 불복종하는 시민이 언제나 처벌을 받기 때문이다. 그런데 한국 사회에서는 이런 구조적인 조건은 문제 삼지 않으면서, 불복종하는 사람들에게만 법적인 처벌을 감수해야 한다는 일종의 '순교 담론'이 강요되어졌고, 이는 시민불복종의 활성화를 가로막아 왔다.

그리고 시민불복종은 정부만이 아니라 기업의 잘못된 방침이나 비윤리적이고 가혹한 노동 착취에 문제를 제기하거나 그것에 저항하는 행동으로 나타나기도 하는데, 그럴 경우 불복종의 대상이 애매해진다. 자유주의 사상은 기업이나 시장에 대한 불복종을, 그리고 기업이나 시장이 정치 질서를 뒤에서 조작한다는 사실을 잘 인정하지 않는다. 그러면서 시민불복종의 범위를 좁히려 하기에 시민불복종의 대상이 모호해질 때가 많다. 예를 들어 보자. 2004년 4월 1일 서울역의 직원들과 전경들이 장애인 승객의 탑승을 가로막았다. 휠체어를 탄 20여 명의 장애인들이 승차권을 끊고 타려 했지만 장애인 좌석이 2개라며 2명만 기차에 타라고 탑승을 가로막았다. 장애인들이 이런 부당한 요구를 거부하자 국가 권력이 개입했다. 이런 결정에 항의하며 장애인들이 철로에 자신이 몸을 묶는다면 이들의 요구에 책임을 져야 하는 것은 누구인가? 정부인가, 기업인가?

시민불복종은 국가나 시장의 부조리를 바로잡기 위해 문제점을 공공연히 드러내어 공론화하고 이에 대한 책임을 지려는 능동적인 움직임이다. 기존의 억압적인 정치 질서가 시민불복종을 가로막는 곳에서 사실상 시민불복종은 권력과 법이 금지하는 정치 행위를 시작하는 직접행동의 성격을 강하게 띨 수밖에 없었다. 그런데 시민의 권리를 능동적으로 실현하려는 직접행동의 성격을 강하게 띠면 띨수록 법치주의의 틀 내에서 자기 역할을 모색하는 시민불복종의 특성이 사라지는 딜레마를 피하기는 어렵다. 가령 시민불복종이 혁명적인 행위와 다른 특성을 가지지 않는다면, 그런 행위를 시민불복종이라 불러야 할 이유가 사라진다. 그동안 한국 사회에서 시민불복종이 활성화되지 못한 것도 이런 딜레마 때문이다.

| 한국의 시민불복종 운동 |

한국 사회에서 시민불복종이라는 개념은 1960년대에 도입되었지만 실제로 시민불복종 운동이 벌어지지는 못했다. 반공법과 국가보안법, 집시법 등이 시민의 기본권을 제한하고, 긴급조치와 같은 초헌법적 조치가 난무하는 상황에서 시민불복종 운동은 불가능한 것이었기 때문이다.

그 당시 상황은 김남주 시인의 〈세상에〉라는 시에 잘 나와 있다.

자유당 때 한창

때려잡자 공산당 할 때

열찻간에서 이런 일이 있었지요

미처 자리를 잡지 못한 승객이

벌써 자리를 잡고 편하게 앉아 있는 사람들이 미워서

그들 중 아무나 하나 지목하여

마침 통로를 지나가는 헌병에게 고발했지요

저 사람은 우리 동네 사람인데 빨갱입니다

지목받은 사람은 당장에

헌병한테 끌려 어디론가로 사라졌고

지목한 사람은 그가 떠난 자리에 앉아

편하게 편하게 목적지까지 갔고요

공화당 때 한창

유신반대 데모로 거리가 어수선할 때

포장마차집에서 이런 일이 있었지요

어떤 손님이 술에 취해 박정희에 취해

공화당 만세라고 부른다는 것이 혀가 말을 듣지 않아

공산당 만세라고 불러버렸지요

그래서 그는 평소에 공산주의 사상을 포지한 자가 되어

3년 동안 감방 신세를 지게 되었지요

민정당 때 한창

새 시대에 새 인물이 났다 하여 매스컴이 떠들썩할 때
산 속의 여관에서 이런 일도 있었지요
등산객 세 사람이 관광지도를 펴놓고
이쪽으로 마냥 가면 금강산이 나오겠지라고 했는데
마침 지나가던 여관 주인이 그 말을 듣고 신고했지요
그래서 그들은 월북기도죄가 적용되어
각각 2년 6개월의 형을 받았지요

그때나 이때나
우리나라 사람들 공산당 되기 쉬운 나라지요
우리나라처럼 감옥 가기 쉬운 나라 없지요 세상에

이처럼 사회 전체가 부조리한 상황에서는 시민불복종이 불가능했다. 그리고 삼권 분립이나 공정한 선거와 같은 기본적인 정치 규칙이 무기력해진 상황에서, 법의 부조리를 폭로한다고 해도 기성 정치의 과정에 제대로 반영되지도 못했다. 따라서 법을 의도적으로 위반해서 법의 부당함을 증명하는 방식보다 분신이나 투신자살, 단식과 같은 극단적인 방법만이 정권과 법률의 부당함을 드러낼 수 있었다. 그 정점인 1980년 5월 광주 민주 항쟁은 시민불복종을 넘어서는 혁명적 사회 운동이 필요하다는 점을 인식시킨 사건이기도 했다.

그러나 군사 독재가 서서히 그 힘을 잃어 가면서, 한국에서도 최초의 시민불복종 운동이 등장했다. 보통 1984년에 시작된 'KBS 시청료 납부 거부 운동'이 시민불복종 운동의 시초로 얘기된다. 1984년 4월 전라북도 완주군의 가톨릭농민회와 천주교회는 "암담한 농촌 현실의 귀와 눈이 되어야 할 방송이 일천만 농민의 삶을 부정한 채 소수 몇 사람의 방송으로 전락한 데 분노를" 느낀다며 시청료 납부를 거부했다. 이 운동이 전국으로 퍼져 1986년 2월 11일에는 KBS시청료거부범국민운동본부가 결성된다. 이 시청료 납부 거부 운동은 방송 민주화와 공정보도라는 사회 정의와 공공성을 운동의 목적으로 내세웠고 언론기본법의 폐지, 방송법의 제정, 한국방송공사법의 개정이라는 성과를 거뒀다는 점에서 최초의 시민불복종으로 평가된다.

이 운동이 실질적인 성과를 거뒀기 때문에 1987년 민주화 이후 시민불복종 운동이 더욱 활성화될 법도 했지만, 실제로는 그렇게 운동이 활성화되지 않았다. 물론 정부가 일방적으로 추진하는 정책이나 법률에 대한 시민의 저항 사례는 민주화 이후에도 계속 찾아볼 수 있다. 하지만 그런 사례들이 시민불복종을 전면에 내세우지 않았고, 시민 사회운동 차원에서도 시민불복종이 운동의 중요한 전략으로 채택되지도 않았다.

한국 사회에서 시민불복종 운동이 활성화되지 않은 것은 시민운동이 형성된 맥락과도 긴밀히 연관되어 있다. 1988년 경제정의실천시민연합의 등장 이후 한국의 시민운동은 '합법성'을 운동의 중요한 전략으로 내세웠기 때문이다. 따라서 의도적으로 법을 위반하는 시민불복종 전술은 시민운동의 전략으로 채택될 수 없었다. 그리고 노동 운동, 농민 운동을 비롯한 사회 운동은 1987년 이후에도 정권과 법의 '정당성 자체'를 인정하지 않았기 때문에 시민불복종을 주요한 운동 전략으로 받아들이지 않았다. 여러 분야의 사회 운동과 시민운동이 그렇게 혁명

노선과 합법성을 놓고 날카롭게 대립하면서 시민불복종은 체제나 제도를 변화시키는 유효한 전술로 인식되지 못했다.

그 와중에 한 사건이 터졌다. 1996년 11월 2일에 개최된 제1회 인권영화제는 '표현의 자유'를 외치며 영화에 대한 사전 심의 제도를 거부했다. 그러자 경찰은 '음반과 비디오에 관한 법률'을 내세워 영화제가 열리던 이화여대를 봉쇄했고, 제2회 인권영화제 때는 이적 표현물을 상영한다며 활동가를 구속하고 압수수색을 하기도 했다. 인권영화제는 표현의 자유를 부정하는 잘못된 법률에 공개적으로 저항하며 시민불복종을 벌였다. 그런데 이 사건은 주로 표현의 자유와 인권의 틀로 설명되었고 시민불복종으로 선언되지 못했다. 그 이후에 일어난 '지문 날인 제도 반대 운동'이나 '전자 주민등록증 도입 반대 운동'도 주로 인권의 차원에서 논의되었지 시민불복종으로 다뤄지지 않았다.

그러다 시민불복종 개념이 본격적으로 논의되기 시작한 것은 선거법과 관련해서였다. 1999년 한국여성유권자연맹이 주최한 토론회에서 여성 단체가 여성 후보를 적극적으로 지지하고 연대할 수 있도록, NGO의 정치 참여를 금지하던 당시의 선거법을 어기자는 시민불복종 운동이 제안되었다. 그리고 2000년 총선시민연대의 낙천·낙선 운동은 시민불복종을 운동의 핵심적인 전략으로 내세웠다. 총선시민연대는 국회의원 선거 운동이 시작되기도 전에 공천 반대 명단을 발표해서 해당자가 정당의 공천을 받지 못하게 했고 공천 이후에도 낙천 대상자를 상대로 낙선 운동을 전개했다. 그러면서 낙천·낙선 운동은 공직 선거법에서 선거 기간 동안 노동조합을 제외한 단체의 선거 운동을 금지한 제87조, 낙선 운동을 금지한 제58조, 사전 선거 운동을 금지한 제59조를 정면으로 위반했다. 이 운동으로 일부 정치인이 정계를 은퇴하거나 불출마를 선언했고, 112명의 공천 반대자 가운데 58명이 공천에서 탈락되고, 86명의 낙선 대상자 가운데 59명을 낙선시키는 성과를 거뒀다.

그러나 2001년 헌법재판소는 낙천·낙선 운동을 제한하는 선거법이 합헌이라는 결정을 내렸고, 운동을 이끌었던 중앙 지도부 7인은 낙선 운동이 "특정 후보의 참정권 행사를 방해하는 것으로 이로 인한 손해 배상 책임이 있다."는 판결을 받고 벌금을 내야 했다. 그리고 특정 후보자를 낙선시킬 수는 있었지만, 대신 당선된 사람들이 국회를 민주적으로 변화시키리라 무조건 기대하기도 어려웠다. 그래서인지 2004년에도 낙천·낙선 운동이 전개되었지만 참여 단체의 수가 900여 개에서 500여 개로 줄었을 뿐 아니라, 2004총선물갈이연대를 비롯한 다른 시민운동과 겹치면서 2000년만큼의 효과를 발휘하지 못했다. 적극적인 시민 불복종 운동이 선거법의 전폭 개정이나 불복종 행위의 정당성 확산으로 이어지지 못하면서 한국 사회에서 시민불복종의 흐름은 수그러들었다.

시민 단체의 시민불복종 운동이 이렇게 반짝 타올랐다 수그러들었다면, 장애인 단체들의 활동은 조금씩 활성화되었다. 앞서 얘기한 장애인의 버스와 지하철 타기, 장애인의 자립 생활 지원 등 장애인 운동은 정형화된 시민의 범주를 확장시키며 시민불복종의 새 장을 열었다. 장애인 운동 활동가 김도현은 《당신은 장애를 아는가》에 다음과 같이 썼다.

"농인, 나, 시각 장애인이라는 3명의 집단 내에서 두 명의 장애인 간의 차이는 나와 다른 두 명의 장애인 간의 차이보다 더 크다. 몸 자체의 차이도 그렇고, 구체적인 생활 장면 속에서 겪게 되는 차이도 그렇다. 이는 목발 이용 장애인, 나, 전동 휠체어 이용 장애인이라는 3명의 집단 내에서도 마찬가지이다. 그럼에도 불구하고 나를 제외한 나머지 두 명을 하나의 집단(장애인)으로 분류하는 것은, 바로 나(비장애인)의 몸이 표준이라는 전제 아래, 비장애인의 시각에서 인간을 분류했기 때문이다. 즉, 장애인은 비장애인 중심주의에 따른 임의적인 범주인 것"이다.

장애인이라는 호명 자체가 시민 개념의 문제점을 품고 있다는 것이다. 그래서 장애인 운동은 장애인이라는 구분을 거부하고 보편적인 시민권과 장애인의 자아 실현을 요구했다. 장애인 운동은 비장애인을 중심으로 만들어진 법 제도의 문제점을 드러내기 위한 방법으로 시민불복종을 활용했다.

그리고 개인이 중심이 된 시민불복종 운동의 싹도 트기 시작했다. 2001년 불교신자 오태양의 병역 거부 선언을 시작으로 여호와의 증인을 비롯한 기독교 신자 외에도 양심에 따른 병역 거부 운동이 활성화되기 시작했다. 정치학자 이남석은《양심에 따른 병역 거부와 시민불복종》에서 양심적 병역 거부가 공개적인 활동을 통해 다수자에게 호소하며 법과 제도와 의식의 변화를 가져오고 있다는 점에서 시민불복종의 성격을 가지고 있다고 지적한다. 하지만 한국의 군사주의는 병역 거부자들을 계속 감옥으로 보냈다.

이런 운동 외에도 2001년에 결성된 한국납세자연맹의 자동차세 불복종 운동이 시민불복종 운동으로 해석되기도 하고, 2009년 교육부의 학력진단평가를 거부한 교사들의 운동을 시민불복종 운동으로 해석하기도 한다. 하지만 한국 사회에서 시민불복종 운동은 활동가 중심의 운동이고 여전히 대중적인 시민운동으로 성장하지 못했다.

　그런 와중에 2008년 미국산 쇠고기 수입을 반대하며 시작한 촛불 집회는 시민불복종 개념을 한국 사회에서 본격화시켰다. 촛불 집회에 나온 시민들은 애국가를 부르며 자신이 체제를 부정하지 않는 민주 시민임을 끊임없이 증명했고 특정한 정책을 반대하고 있음을 분명하게 밝혔다. 이후 촛불 집회를 시민불복종 운동으로 전환시켜야 한다는 주장이 심심찮게 제기되기 시작했고, 신문 등 언론에서도 시민불복종이라는 단어가 자주 등장했다. 도심 집회 금지나 광장 사용 불허 등과 관련해서도 불복종 운동이 적극적으로 제기되고, 특정 언론사에 광고를 싣는 광고주들을 상대로 불매 운동을 전개하기도 했다. 과거에는 주로 단체들이 시민불복종을 선언했다면, 2008년 촛불 집회 이후로는 시민들이 불복종을 자신의 철학으로 받아들이는 사례가 늘어나고 있다.

　그런데 시민들의 동참에도 정부의 법적인 처벌 수위는 계속 높아졌다. 2009년 8월 서울 중앙지검이 펴낸《미쇠고기 수입반대 불법폭력시위사건 수사백서》에 따르면, 106일 동안 촛불 시위는 2398회 열렸고 연인원 93만 2000여 명이 참가했다. 이 가운데 1476명이 입건되어 이들 가운데 43명이 구속, 165명이 불구속, 1050명이 약식기소되었고, 나머지는 기소유예나 법무부의 '법 체험 프로그램' 이수를 조건으로 기소유예, 혐의 없음, 기소중지 처분 등을 받았다. 그리고 1심 재판이 끝난 구속 피고인 27명 가운데 9명이 실형을 받고, 18명은 집행유예, 2명은 벌금형을 선고받았으며 불구속 기소자 가운데 10명이 집행유예, 22명이 벌금형을 선고 받았다.(《연합뉴스》 2009년 8월 30일자) 또한 언론소비자주권국민캠페인이 보수 언론사를 대상으로 벌인 광고주 불매 운

시민불복종과 법치

동도 처벌을 받고 있다. 2009년 1월 서울 중앙지법은 캠페인에 참여한 카페 개설자 이아무개 씨 등 16명에게 징역 1~3년 형을, 나머지 8명에게 300~600만원의 벌금형을 선고했다. 또한 같은 해 6월에 검찰은 해당 단체의 대표를 공동 공갈 및 강요 혐의로 불구속 기소했다. 그러면서 다시 시민불복종의 열기가 수그러들었다.

정리하자면 그동안 한국 사회에서 시민불복종 운동이 시민 사회 운동의 주요한 전략으로 채택되지 못했던 이유는 다음과 같다.

첫째, 독재 시절의 사회 운동은 체제를 부정했기 때문에 법치주의를 받아들이는 시민불복종을 채택하기 어려웠고, 민주화 이후의 시민운동은 합법성을 자신의 주요한 전략으로 내세웠기 때문에 법을 의도적으로 위반하는 시민불복종을 택할 수 없었다. 이렇게 합법성의 문제를 놓고 기존의 사회 운동과 시민운동이 팽팽히 대립하다 보니 대안적인 논의가 활성화되기 어려웠다. 기존의 사회 운동은 국가와 대립하는 시민 사회라는 전제를 받아들이지 않고 시민이 아니라 계급을 운동의 주체로 삼았기 때문에 시민불복종을 운동의 방법으로 택할 수 없었다. 반면, 시민운동은 주로 정부를 대상으로 정책 비판이나 정책 제안, 입법 청원 등의 대정부 활동에 치중했고 시민 개념을 중산층이라는 특수 계층의 운동으로 제한했기 때문에 시민불복종을 적극적으로 활용하지 않았다. 더구나 국가 폭력이 민주화를 가로막고 많은 희생을 불러오는 상황에서, 사회 운동은 비폭력으로 '대변'되는 시민불복종을 자신의 운동 전략으로 삼을 수 없었다. 그러다 보니 실질적으로는 시민불복종 운동을 벌이면서도 자기 행위를 시민불복종이나 직접행동으로 정의하거나 호명하려는 시도가 없었다.

둘째, 시민불복종은 자신의 행위가 처벌받는다는 점을 알고 있는 상태에서 의도적으로 법을 위반하는 행위를 뜻하고, 법적 책임을 회피하지 않고 기꺼이 지려 하는 것은 그 법이나 정책의 부당함을 공론화시켜서 폐지하려는 의도인데, 문제는 시민불복종에도 그 법이나 정책이 바뀌거나 폐지되지 않을 가능성이 한국 사회에서 너무 크다는 점이다. 입법부가 행정부와 독립되지 않고 정부 여당과 야당으로 나뉘어 대립하고, 국가나 시장이 언론을 비롯한 시민 사회의 여론 형성 기능을 제한하며, 사법부의 독립성이 보장되지 않고 사법부가 민주적으로 구성되지도 않는 상황에서, 시민불복종이라는 능동적인 행위는 그것을 선택한 시민에게 희생을 강요할 뿐 현실을 민주적으로 변화시키리라는 희망을 주기 어려웠다. 그러다 보니 주로 활동가들의 결의나 결단으로 시민불복종이 이루어지고 대중화되지 못했다.

셋째, 시민불복종이라는 개념이 가지는 애매함이다. 시민불복종을 시민의 불복종으로 해석할 경우 모든 시민은 불복종의 권리를 가진다. 즉, 어떤 정책에 반대하는 사람이 있다면 그 정책을 지지하고 찬성하는 사람도 있을 수 있다. 이렇게 시민들의 의견이 서로 대립할 경우, 시민불복종은 그 정당성보다 수의 논리, 즉 다수결의 원리로 판단될 수 있다. 다수결이란 특정한 맥락에서만 설득력 있게 제 기능을 다할 수 있는데 한국 사회에서는 그런 맥락을 고려하지 않았다. 따라서 소수자의 권리 실현을 목표로 삼는 시민 사회 운동은 시민불복종을 자신의 운동 전략으로 받아들이기 어려웠다. 그리고 시민불복종이 대의 민주주의를 보완하는 것이 아니라 대의 민주주의를 파괴하는 행위로 해석되다 보니 과격한 전략으로 오해되기도 했다. 그런 과정에서 시민불복종이 공론화의 목표로 삼는 '사회적 정당성'이나 '공공성'보다는 그 방식에서의 '폭력성/비폭력성'만이 주요한 사회적 논란거리로 제기되었다.

| 직접행동과 시민불복종의 연대 |

결국 시민불복종이든 직접행동이든 그것이 풀어야 할 숙제는 더불어 살기 위한 법의 영역을 어느 정도까지 인정할 것이냐의 문제이다. '악법도 법이다.'처럼 국민이 국가의 법을 무조건 따르는 것을 법치로 해석하는 곳에서는 이런 행동이 더더욱 문제가 된다. 자유 민주주의에서 법치의 원칙은 '사상과 양심의 자유' 같은 인권을 존중하는 것인데, 자유 민주주의를 부르짖음에도 한국 사회에서는 국가보다 상위의 보편 원리가 부정되고 국가가 진리를 재단하고 있다. 이런 상황에서는 직접행동과 시민불복종, 법치의 관계를 근본적으로 되짚어 봐야 한다.

정치철학을 따르자면 법치주의는 법이 공평하고 정의롭게 적용되는 것을 뜻한다. 이탈리아의 사상가 비롤리는 다른 사람의 자의에 종속되지 않고 권력의 자의적 사용을 방지하는 장치가 바로 법치주의라고 주장한다. 비롤리는 《공화주의》에서, 고전적인 공화주의자들이 "공정한 법에 따라 개인적 선택에 제한을 두는 것은 자유에 대한 제한이 아니라 오히려 정치적 자유를 구성하는 핵심요소"이고 "일반 시민뿐만 아니라 통치자의 행동에도 동일하게 가해지는 법적 제한은 개인을 억압하려는 시도에 대한 유일한 방패막"이라고 믿었다는 점을 지적한다. 그리고 공화주의자들은 "스스로 법을 만드는 것이(직접 만들거나 대표를 통해서 만들거나 간에) 자유로운 삶, 즉 타인(한 명 또는 소수 또는 다수의 타인들)의 자의적 의지에 예속되지 않는 삶을 누리는 데 효과적인 수단(다른 수단들과 함께)"이라고 주장했다. 즉, 법치는 시민의 정치적 자유를 제한하는 방법이 아니라 자유를 실현하기 위한 필수적인 수단이고 따라서 법을 만들고 집행하는 과정에는 시민의 참여가 반드시 직·간접적으로 보장되어야 한다.

그렇게 봤을 때 법치주의에서는 법의 내용만큼이나 법을 만들고 집행하고 해석하는 과정이 중요하고 그 과정에 시민의 참여가 보장되어야만 한다. 하지만 한국에서는 그런 참여가 불가능하다. 법치주의는 "법 앞에서 누구나 평등하다."는 법 앞의 평등과 입법·행정·사법의 삼권 분립을 전제하는데, 한국 사회에서는 바로 그 전제 자체가 흔들리기 때문이다.

입법의 측면에서 봤을 때, 한국은 의회민주주의를 표방하지만 1990년대까지도 공정 선거 감시단이 활동할 만큼 선거 과정이 공정하거나 투명하지 않았고 지금도 불법 정치 자금과 관련된 논란이 끊이지 않고 있다. 일정한 간격을 두고 선거를 치르기는 하지만 보스 중심의 정당 체제는 국회를 토론의 장이 아니라 몸싸움과 윽박지름의 장으로 만들었다. 국회의 정치적 갈등도 '입법부 대 행정부'로 진행되는 것이 아니라 '정부·여당 대 야당'의 구도로 진행되고, 국회의 여당은 정부가 제출한 법안을 무조건 통과시킨다. 시민이 자신의 요구 사항을 표현한다 해도 국회의원이 그것을 받아들이지 않는다면 사실상 시민이 그것을 강제할 방법은 없다.

행정 과정 역시 정부가 시민에게 일방적으로 명령을 내리는 권위주의적인 방식을 택했고, 그런 흐름은 협치協治를 표방하는 '거버넌스'라는 개념이 등장한 뒤에도 크게 바뀌지 않았다. 대한민국 헌법이 밝히는 주권재민과 인민주권은 한국 사회에서 전통적으로 내려오던 관존민비 사상을 밑바탕에 깔고 있다. 관은 언제나 민 위에 군림했고 민을 통제의 대상으로 보았다. 즉, 시민은 정치의 '대상'이었지 정치의 '주체'로 여겨지지 않았다. 관은 계획을 구상하고 민은 그것을 따르는 철저한 역할 분담만이 이루어졌다.

사법부는 모순의 정점이다. 시민불복종의 정당성을 판단하는 권한이 사법부에 있다고 해도 지나치지 않은데, 한국의 사법부는 줄곧 권력의 시녀 역할을 해 왔기 때문이다. 권력을 견제하기는커녕 권력과 결탁한 사례는 너무 많아 일일이 열거하기가 어려울 정도이다. 과거의 간첩단 조작 사건부터 최근의 촛불 집회 가중 처벌, 미네르바 구속 수사, 재벌 기업 봐주기 수사, 용산 참사 피해자들의 처벌 등 사법부는 언제나 힘을 가진 자들의 편에 섰다.

그런 데다가 사법부의 구성과 재판은 시민에게 개방되어 있지 않다. 2008년 1월부터 한국에서도 국민 참여 재판이 시행되고 있지만 여전히 선출되지 않는 법률가들이 사법적인 판단을 독점하고 있다. 일제 강점기부터 법률가들은 민주적인 방식으로 선출되지 않고 시험을 통해 선발되었고, 그렇게 선발되었다는 이유로 전문성을 내세우며 법률적인 해석 권한을 독점해 왔다.

그리고 헌법 제103조는 법관이 "헌법과 법률에 의하여 그 양심에 따라 독립하여 심판한다."며 사법부의 독립을 보장하는데, 이런 보장 자체가 문제는 아니지만 이 심판의 권한이 독립을 넘어서 '독점'된다는 점은 심각한 문제이다. 그동안 사법부의 민주화와 시민 참여를 요구하는 목소리는 언제나 사법부의 독립이라는 기득권에 가로막혀 왔다.

그리고 때로는 사법부 스스로 자신의 독립성을 훼손한다. 예를 들어, 2008년 신영철 대법관이 촛불 집회 관련 사건을 특정 재판부에 몰아서 배당하고 사건의 처리를 현행법에 따라 통상적으로 빨리 진행하는 것이 올바르다는 이메일을 판사들에게 보낸 사건은 사법부의 독립성을 파괴하는 사건이었다. 물론 우리법연구회 소속 판사들이 시국 사건에 관해 소신 있는 판결을 내리고 촛불 집회나 한미 FTA에 관해 현직 판사들이 목소리를 내는 경우도 있지만 언제나 보수적인 사법부의 구조에 가로막히고는 했다. 판결을 내리는 사람들이 독립과 중립의 차이를 애써 외면하기 때문이었다.

법률가가 사법적인 판단을 독점하는 현상의 문제점은 그 인적 구성에서도 드러난다. 2004년 12월 당시 민주노동당의 노회찬 의원은 지난 5년간 사법고시에 합격한 4352명의 출신 고등학교를 분석하면서 강남구의 고등학교 출신이 234명, 서초구가 139명에 달한다고 밝혔다. 그리고 2004~2006년 3년간 새 예비 판사의 출신 고교를 분석한 언론 보도에 따르면, 서울 지역 외고와 강남 학군(옛 8학군)의 비율이 2004년 14.91퍼센트에서 2005년 23.9퍼센트, 2006년 27.65퍼센트로 증가했다.(《한겨레》 2007년 1월 9일자) 또한 2007년 사법고시에서는 특목고 출신이 합격자의 17퍼센트를 차지했다.(《서울신문》 2007년 9월 27일자) 2009년 9월 23일자 《법률신문》을 보면 이런 경향이 전혀 개선되지 않고 있다는 점을 알 수 있다. 더구나 로스쿨 제도가 본격적으로 시행되면서는 한 학기에 등록금 1000만 원을 낼 수 있는 사람들이 법률적인 판단을 전담하게 된다. 이처럼 특정 계층이 사법적인 판단을 독점한다면, 법 앞의 평등은 실현되기 어렵다.

출신 대학별 · 고교별 법조인 수 (《한국법조인대관》, 2009년)

대학별 법조인 수		최근 5년 대학별 법조인 수		고교별 법조인 수		최근 5년 고교별 법조인 수	
서울대	7,468	서울대	1,612	경기고	441	대원외고	205
고려대	2,765	고려대	780	대원외고	322	한영외고	99
연세대	1,410	연세대	529	경북고	316	대입검정고시	90
성균관대	940	성균관대	336	전주고	262	명덕외고	72
한양대	905	한양대	264	서울고	242	대일외고	61
이화여대	420	이화여대	253	광주제일고	207	안양고	58
부산대	372	부산대	124	대전고	199	이화여자외고	48
경북대	351	경희대	88	순천고	178	순천고	45
경희대	276	중앙대	82	경복고	168	경기고	43
중앙대	248	경북대	82	부산고	155	서울고	37

단지 사법부의 인적 구성이나 판결의 비민주성만이 아니라 '사법부가 중요한 사안을 결정하는 것이 과연 민주적인가?'라는 주장도 제기되고 있다. 최장집은 2004년 10월 헌법재판소가 관습 헌법을 이유로 행정 수도 이전 계획을 위헌이라 판결한 사건에서 사법부의 비민주성이 분명하게 드러났다고 주장한다. 입법부가 정치적으로 결정을 내리고 유권자가 찬성한 정부의 정책을 선출되지 않는 사법부가 뒤집은 것은 민주주의의 규범과 원리를 정면으로 어겼다는 주장이다. 정치학자

로버트 달도 민주 정부의 입법부가 적법하게 통과시킨 법률을 사법부가 심사하는 것은 비민주적이라고 주장한다.

정부의 잘못된 법이나 정책에 저항할 수 있는 시민의 권리가 제도적으로 보장되지 않고 시민의 목소리가 정상적인 정치 과정에 반영되기도 어렵기 때문에 한국 사회에서 시민불복종은 무기력한 정치 행위가 되고 있다. 특히 사법부의 폐쇄성과 독립성의 훼손, 판결의 편파성, 사법 권력화 현상 등은 시민불복종이 확립하고자 하는 법치주의를 근본적으로 손상시키면서 법률 준수와 처벌의 정당성만을 강조한다. 문제는 이런 현상이 시민불복종 운동의 축소만이 아니라 법치주의의 기반 자체를 훼손시키고 있다는 점이다. 시민불복종의 권리가 보장되지 않는 곳에서는 시민이 법이나 법치주의를 스스로 따르려 하지 않기 때문이다. 이는 궁극적으로 정치 공동체의 기반을 허물게 된다.

따라서 한국 사회에서는 주어진 법의 형식을 넘어설 수 있는 직접행동이 여전히 중요하다. 불공정하고 편파적인 현실을 바꾸려면 토론도 해야 하고 때로는 직접 몸으로 부딪쳐야 한다. 사회의 문제점과 쟁점을 공론화하려는 지속적이고 다양한 노력만이 불평등한 현실을 변화시킬 수 있다. 그래야 법의 틀에 갇히지 않고 중요한 쟁점을 정확하게 드러낼 수 있다. 예를 들어, 탈핵은 단지 핵 발전소를 더 이상 짓지 말자는 주장이 아니다. 탈핵은 에너지 정의와 환경 정의, 사회 정의에 관한 주장이다. 탈핵은 수도권으로의 초집중화와 불균등 발전, 중앙집권형 국가에 대한 비판이자 그들과 결탁한 독점 재벌과 언론, 지식인에 대한 비판이고 기술과 정보를 독점하고 공개하지 않는 비민주적인 권력에 대한 비판이기 때문이다. 그런 점에서 탈핵은 반反자본주의, 반反국가를 선언하는 가장 정치적인 구호이고, 자치와 자급의 삶을 전제하는 직접 행동이다.

이런 과제는 시민불복종이 단순히 개별 법률이나 정책에 대한 소극적인 저항을 넘어서 새로운 형태의 정치 질서를 만들려는 능동적이고 구성적인 직접행동으로 발전해야 한다는 점을 뜻하기도 한다. 정부나 기업이 모든 권력을 독점한 사회에서 시민불복종이 소극적인 저항만을 고집한다면 사회가 근본적으로 변하기 어렵기 때문이다. 따라서 시민불복종의 정치적 의미를 개별 정책이나 법률의 부당함을 드러내는 것에 그치지 않고 그에 관한 토의를 시민 사회로 확산시킨다면 다양한 직접행동이 활성화될 수 있다. 이런 점에서 보면 시민불복종은 정치 과정에 대한 압력보다는 시민 사회의 정치적인 흐름을 활성화시키려는 투쟁이다.

1960년대 말 아렌트는, 미국 정부가 북베트남 어뢰정의 공격을 받은 통킹만 사건을 조작해 베트남전쟁을 일으키는 등 의회와 국민을 속이거나 기밀이라는 이유로 정보를 감추는 현실을 목격하면서 그것의 정치적 의미를 파헤치려 노력했다. 그러면서 아렌트는 이런 거짓된 정부정책에 복종하기를 거부하는 시민불복종 운동의 의미가 매우 중요하다고 봤다.

그녀는 불복종하는 시민을 개인으로 행동하지 않으면서 집단적으로 자신들의 뜻을 밝히려는 능동적인 공동체 구성원이라 본다. 아렌트는 《공화국의 위기》에서 "시민적 불복종은 뜻있는 시민들이 정상적 통로로는 변화를 더 이상 기대할 수 없으며 호소가 거부당하거나 실행되지 않는 경우, 또는 그와 반대로 정부가 그 적법성과 합헌성이 심히 의심스러운 일을 주장하여 추진하거나 변경을 추진하려 한다는 것을 확신했을 때 일어난다."고 얘기한다. 만일 정부가 시민을 속이고 부패하는 등 헌법을 파괴한다면 그것은 현 상태에 대한 암묵적 합의를 철회하는 것이므로, 시민의 불복종은 헌법 정신을 실현하려는 시민의 권리로 인정되어야만 한다.

특히 아렌트는 시민불복종 운동이 "자발적 결사를 이루는 것과 같은 정신에 따라 형성"되기 때문에 시민불복종이 주관적인 양심에 따라 사회의 관습과 법에 도전한다는 생각은 잘못이라고 주장한다. 그런 생각은 불복종 시민을 개인적인 범법자로 여기게 하고, 법원도 불복종 시민이 "다른 자들과 뜻을 함께하며 법정에서 진술하고자 하는 여론이나 시대정신"을 품은 사람이라는 점을 인정하지 못하게 만들기 때문이다.

더 나아가 아렌트는 시민불복종 행위에 대한 정치적 판단을 일방적으로 법원에 위임하면 안 된다고 주장한다. 한 걸음 더 나아가 아렌트는 정치 제도 내에 시민불복종을 가능하게 하는 방안을 마련해야 하고 이를 위해 불복종 시민인 소수가 다른 이익 집단과 마찬가지로 로비스트와 유사한 압력 단체를 구성할 수 있어야 한다고 주장한다. 또한 시민불복종이 '결사의 자유'라는 귀중한 헌법상의 권리와 동일한 것임을 강조한다.

아렌트의 주장을 받아들인다면, 시민불복종이나 직접행동은 법을 정립하는 정치 행위, 공동체의 기반을 세우는 정치 행위이다. 정치는 자신의 독특성을 드러내는 공적 과정이기 때문에 권력은 그것을 보장해야 할 의무를 가지는 시민의 말과 행위를 가로막아서는 안 된다. 시민의 정치 행위를 가로막는 정부는 권력이 아니라 폭력일 뿐이다.

이렇게 보면 직접행동은 시민불복종을 통해 새로운 법치의 확립을 요구하는 시민의 권리로 인정될 수 있다. 물론 국가 권력이 이런 시민의 정당한 요구를 받아들이지 않을 수도 있지만 그럴 경우 그 권력은 자신의 취약성을 드러낼 수밖에 없다. 사상가 안토니오 네그리와 마이클 하트는 《다중》에서 이를 '주권의 양면성'이라는 개념으로 설명한다.

"주권 권력은 자율적인 실체가 아니며 결코 절대적이지도 않다. 오히려 지배자들과 피지배자들 사이의, 보호와 복종 사이의, 권리들과 의무들 사이의 관계로 이루어져 있다. 폭군들이 주권을 일방적인 어떤 것으로 만들려고 노력했을 때마다, 피지배자들은 결국에는 언제나 반란을 일으켰고 그 관계의 양면성을 회복시켰다. 복종하는 사람들은 명령하는 사람들 못지않게 주권 개념과 그 기능에 본질적이다. 따라서 주권은 필연적으로 권력의 이중 체계이다."

시민은, 민주주의를 잠식하며 어떻게든 권력을 한 사람(집단)의 수중에 몰아 주려는 주권의 기획을 파괴하고, 또한 모든 현존하는 주권 형태에 도전할 수 있고, 오늘날 민주주의의 제도들은 사회적 삶을 부단히 생산하고 재생산하는 소통적이고 협동적인 네트워크들과 연결될 수 있다.

진정한 법치는 시민들이 공정하고 자유로운 법질서 확립을 위해 끊임없이 노력할 때에만 확립될 수 있고 그 속에서 시민의 권리와 법치는 서로 충돌하지 않는다. 그런 의미에서 시민불복종과 직접행동은 시민사회에 중요한 의제를 확산시키고 토의를 활성화하면서 정치 질서의 정당성을 확보하는 역할을 한다. 정부나 기업의 부당한 압력에 직면하더라도 시민 사회를 활성화시키기 위한 인정 투쟁으로서 시민불복종의 의미는 매우 중요하다고 하겠다.

역사학자 하워드 진은 《권력을 이기는 사람들》에서 "시민불복종은 우리를 자극하고 생각하도록 만든다. 우리가 서로 조직할 때, 우리가 참여할 때, 우리가 일어서서 함께 외칠 때, 우리는 어떤 정부도 억누르지 못하는 힘을 만들어 낼 수 있다."고 주장한다. 이 말은 시민불복종이 단순히 처벌을 감수하는 도덕적인 힘에서 벗어나 새로운 정치 원리를 구성하는 능동적인 정치의 힘으로, 직접행동으로 전환되어야 함을 강조하는 것이다.

직접행동과 시민불복종 모두 주어진 상황을 수동적으로 따르지 않고 자신의 양심과 생각을 드러내려는 능동적인 정치 행위이다. 그리고 직접행동과 시민불복종은 정부나 정책에 대한 개인적인 좋고 싫음이 아니라 정의롭지 못하고 부당한 결정에 저항하는 행위라는 점에서 공통점을 가진다.

그러나 부당하거나 잘못된 결정이 내려지고 난 뒤에 그에 대항하는 행동이 시민불복종이라면, 직접행동은 새로운 사건을 만드는 행위이다. 그리고 시민불복종이 잘못된 결정에 개입해서 그것을 바로잡는 것을 지향한다 해도 그것이 대의 민주주의 자체를 부정하지는 않는 반면에, 직접행동은 권력을 나누고 그것을 강화시키는 직접 민주주의를 지향하고 주권과 통치가 분리되는 것을 거부한다. 시민불복종이 통치행위를 전제한다면, 직접행동은 인간의 자율적이고 자유로운 삶을 전제한다.

그런 점에서 직접행동과 시민불복종은 다른 지향을 가지고 있지만 현실 운동으로서는 연대할 가능성이 높다. 철학자 롤즈를 비롯한 시민 불복종의 이론가들이 주장하듯이, 시민불복종은 입헌주의와 법치주의가 어느 정도 확립된 국가에서나 가능한 권리이기 때문이다. 과거 군사 독재가 지배하던 시기에는 시민이 정책이나 법률을 반대하거나 심지어 반대의 의도만 품어도 체포되거나 구속되었기 때문에 시민불복종이 원천적으로 불가능했다. 자연히 사회 운동도 개별 법률이나 정책을 바꾸려는 시민불복종보다 체제의 붕괴를 목적으로 삼을 수밖에 없었다. 체제를 바꾸려는 운동이 모두 직접행동의 원리를 따르지는 않았고 사회주의를 지향하는 조직은 직접행동의 원리에 반대하기도 했다. 그래서 현실 운동으로서 직접행동과 시민불복종은 상호보완적이다.

직접행동이 현실에서는 시민불복종의 형태로 나타날 수 있고, 시민 불복종이 직접행동을 지향하게 될 수도 있다. 예를 들어, 나의 양심에 따라 총을 들기를 거부하는 양심적 병역 거부는 시민불복종으로 불리기도 하지만 자기 몸과 평화에 대한 신념, 자치를 따르는 직접행동이기도 하다. 그리고 병역 거부를 계속 처벌해 온 한국과 같은 국가에서는 병역 거부가 시민불복종을 넘어 직접행동으로, 즉 전쟁없는 세상을 만들려는 정치 행동으로 발전할 수 있다.

그런 점에서 시민불복종이 '정부나 자본의 강압에 맞서 정치 공동체의 정의와 자유를 실현하기 위해 공개적으로 법을 어기는 개인적이고 집단적인 시민의 정치 행동'이라면, 직접행동은 그런 정치 행동이 가능한 정치 공동체를 만들려는 정치 행동이다.

직접행동으로

우리의 삶이 정말

바뀔 수 있을까?

2

© 노순택 | 경찰의 물대포에 맞서 "국민주권"을 외치는 촛불 시위대. 서울 광화문 2008.

우리 역사를 되짚어 보면 민주주의를 향한 열망과 생각이 '저절로' 터져 나왔던 순간들이 있었다. 봉건 왕조와 일제 강점기, 미군정 통치, 군사 독재로 이어진 어둠의 시절에도 민중은 쉽게 고개를 숙이지 않고 어느 한순간 거대한 힘으로 폭발했다. "이 나라 민주주의는 그냥 주어지는 것이 아니라 피를 흘리고 싸워서 쟁취하는 것"이라 외쳤던 1980년 광주의 목소리, "더 이상 못 속겠다, 거짓 정권 물러가라!"는 1987년의 외침도 마찬가지였다.

민중의 힘이 만든 '해방구'는 사람들이 공적인 분노와 공적인 행복을 느끼게 했다. 서로의 손을 잡고 어깨를 걸자 개인적인 삶을 살 때는 느끼지 못했던 뿌듯함이 가슴속을 채웠다. 자기 앞가림만 생각하는 사람이 아니라 나라와 공동체의 미래를 생각하는 시민으로 산다는 행복감은 사람들의 가슴을 부풀게 했다. 다시 혼자만의 공간으로 내쫓기지 않기 위해 사람들은 거리를 점거했다.

마찬가지로 공장을 점거하고 무엇을 생산하고 어떻게 일할 것인지를 직접 정하겠다는 파업의 망치 소리는 비참한 노동에도 존엄이 깃들 수 있음을 증명했다. "근로기준법을 준수하라!" "우리는 기계가 아니다!"라고 외치며 몸을 불살랐던 전태일의 목소리는, "8시간 노동으로 생활 임금 쟁취하자!" "노동자 피땀 짜내는 독점 재벌 해체하라!"는 1987년 노동자들의 외침은, 그리고 "우리는 유령이 아니다. 여기, 우리가 있다!"는 2011년 대학 청소 용역 노동자들의 외침은 존엄한 인간의 언어였다.

민주주의는 바로 그곳에 있었다.

2002년과 2008년에 시민들이 촛불을 들고 거리로 나섰을 때도 사건이 벌어졌다. 지금 당장 뭔가가 바뀌지는 않지만 우리가 뭔가 대단한 일에 개입하고 있다고 사람들은 생각하기 시작했다. 책에서나 보던 죽어 있던 민주주의는 바로 그때 생명력을 얻었다. 민주주의라는 말에 시민의 가슴이 출렁이며 행동으로 이어지는 순간 사람들은 다른 존재가 되었다.

그런데 이렇게 큰 사건들이 여러 차례 있었는데도 왜 우리 사회는 아직까지 근본적으로 바뀌지 않았을까? 여러 가지 이유가 있겠지만, 분명 어느 한편에서는 우리의 일상이 변화를 가로막고 있다. 그동안 국가나 재벌의 폭력에 저항하는 운동은 많았지만 그 운동의 힘이 일상 속으로 미세하게 퍼지지는 못했다. 운동의 명분이나 전문성은 강해졌지만 그것을 일상에서 실현할 구체적인 방법은 부차적인 것으로 미루어졌다. 목적과 수단이 구분되었고 그런 구분이 불가피하다고 여겨졌다. 민주주의는 삶의 문제로, 일상의 문제로 여겨지지 않았다.

그러면서 우리의 일상은 변화를 가로막는 장벽으로 점점 변했다. 시간이 흐를수록 운동과 삶이, 노동과 생활이, 일터와 삶터가 분리되었다. 정부를 비판하는 아비나 오빠가 집에서는 권력자로 변하고, 재벌을 비판하는 노동자가 재벌 기업의 상품들로 집을 채우며, 노동자가 다른 노동자나 농민을 자신과 다르다며 무시하고 짓밟으며, 우리의 일상에 차가운 벽이 세워졌다. 뜨거운 연대는 집회나 회의 때에만 나누는 그냥 그런 말이 되었다.

대학 때 읽은 박노해의 〈이불을 꿰매면서〉라는 시가 생각난다.

이불홑청을 꿰매면서
속옷 빨래를 하면서
나는 부끄러움의 가슴을 친다

똑같이 공장에서 돌아와 자정이 넘도록
설거지에 방청소에 고추장단지 뚜껑까지
마무리하는 아내에게
나는 그저 밥달라 물달라 옷달라 시켰었다

동료들과 노조일을 하고부터
거만하고 전제주의적인 기업주의 짓거리가
대접받는 남편의 이름으로
아내에게 자행되고 있음을 아프게 직시한다
……
편리한 이론과 절대적 권위와 상식으로 포장된
몸서리치는 이윤추구처럼
나 역시 아내를 착취하고
가정의 독재자가 되었다

투쟁이 깊어 갈수록 실천 속에서
나는 저들의 찌꺼기를 배설해 낸다
노동자는 이윤 낳는 기계가 아닌 것처럼
아내는 나의 몸종이 아니고

평등하게 사랑하는 친구이며 부부라는 것을
우리의 모든 관계는 신뢰와 존중과
민주주의적이어야 한다는 것을
잔업 끝내고 돌아올 아내를 기다리며
이불홑청을 꿰매면서
아픈 각성의 바늘을 찌른다

지금 우리는 스스로 각성의 바늘을 몸속 깊숙이 찌르고 있는가? 물론 이런 일상의 문제에 자꾸 둔감해지는 것이 온전히 개인의 잘못만은 아니다. 그렇게 살 수밖에 없게끔 강요하는 사회 구조가 존재한다. 개인의 삶과 사회 구조가 만나고 겹쳐지는 핵심 지점을 찾아서 함께 바꿔야 하는데, 우리의 운동은 그런 부분을 놓쳐 왔다.

그래서 민주주의가 살아 움직이는 시간은 언제나 오래 지속되지 못했다. 뭔가를 바꾸었다고 느끼는 순간, 그래서 거리에서 물러나 집과 공장으로 돌아오는 순간, 파업을 접고 일상으로 돌아오는 순간, 아직 바뀌지 않은 그곳의 비민주적인 규칙을 다시 받아들이는 순간, 민주주의는 생명력을 잃어버렸다.

반면, 직접행동은 우리의 일상에서 변화를 꾀한다. 거대한 말의 잔치가 아니라 구체적인 일상에서의 변화가 삶을 근본적으로 바꾸기 때문이다. 민주주의의 생명력을 빼앗는 거대한 구조를 드러내는 것과 더불어 그 거대한 구조를 조금씩 갉아먹는 작은 실천을 해낼 때 새로운 세계가 드러날 것이다.

우리 사회 곳곳에 변화를 가로막는 암초가 있지만 재벌의 배타적인 소유권과 그것을 보호하는 권력이야말로 가장 큰 걸림돌이다. 불법과 탈법을 일삼는 재벌이 전국을 공사판으로 만들고 제빵, 분식까지 문어발식으로 사업을 확장하는 사회에서, 자기 몸 하나 누일 곳, 안심하고 먹을 것조차 소유의 딱지가 붙어 마음대로 누리지 못하는 사회에서 민주주의는 결코 실현될 수 없다. 민주주의는 사적인 소유가 아니라 시민이 함께 관리하는 공유에서 꽃을 피울 수 있다. 아울러 이런 공유를 강화시키고 확산시킬 수 있는 협동조합은 강요된 노동을 즐겁고 창조적인 노동으로, 타율적인 삶을 자율적인 삶으로 바꿀 수 있다.

한국 사회에서 시민 주체의 등장을 가로막는 또 다른 장벽은 교육이다. 민주적인 시민을 길러야 할 교육이 수동적인 신민을 만들고 무한경쟁의 덫에 가두는 사회에서 민주주의의 지속가능성은 사라진다.

그런데 사회를 아무리 바꿔 놓아도 핵 한방이면 그 모든 게 헛된 꿈으로 사라질 것이다. 지속가능한 사회를 만들고 미래 세대의 결정과 행복이 존중되려면 우리는 서로의 삶에 관심을 가지고 적극적으로 현실에 개입해야 한다. 거짓된 권위에 도전하고 정의의 실현을 요구하는 학생 운동과, 거짓된 과학기술을 포기하고 생태적인 삶을 실현하려는 녹색당은 낡은 세계를 갈아엎을 가능성을 보여 준다.

사실 정치와 무관해 보이는 경제와 교육, 과학기술, 폭력의 문화가 세상의 변화를 가로막는다. 이에 비해, 직접행동은 다양하고 평화로운 삶을 위해 시를 읊고 춤을 추고 노래하며 다른 세상을 예감하고 즐긴다. 시의 언어로, 삶의 노래로 표현되는 평화로운 삶이 밀고 나가야 할 우리의 미래이다.

5
소유는 인간의 고유한 권리인가?

불과 몇십 년 전만 하더라도 물을 사서 마신다는 생각을 하는 사람은 없었다. 가뭄이 들어 물이 부족할 수는 있을지언정, 물에 가격표가 붙지는 않았다. 그러나 지금은 가게에서 사 먹는 생수가 일상화되었을 뿐만 아니라, 수돗물도 가격을 지불해야 먹을 수 있다. 누구라도 충분한 양의 깨끗한 물을 마실 수 있어야 한다는 당연한 권리는 한국 사회에서 부정되고 있다. '물의 사유화'는 누구를 위한 것일까?

한편, 손낙구의 《부동산 계급사회》를 보면, 한국에서 집을 가장 많이 가진 30명이 9923채를 소유하고 있다. 고작 30명이 1만여 가족이 살 수 있는 집을 소유한 현실을 어떻게 받아들여야 할까? 한국의 주택 보급률이 2002년 6월부터는 100퍼센트를 넘었다고 하는데, 2011년에도 전체 가구 가운데 자기 집에서 사는 가구가 54.3퍼센트에 불과하다는 사실은 우리 사회가 얼마나 뒤틀려 있는지를 잘 보여 준다. 그들은 살지도 않을 집을 왜 소유하려 들까?

1927년 4월 9일, 제주도에서는 몇 명의 청년이 모여 지배 권력이 없고 개인의 절대 자유가 보장되는 사회를 공부하자며 독서 모임을 만들었다. 탄력을 받은 모임은 같은 해 5월 5일, 실제로 그런 사회를 만들자며 '우리계'라는 계 모임을 조직했다. 예로부터 민중의 생활에 깊이 뿌리내려 있던 계 모임을 통해, 식민지라는 암울한 상황에서도 같이 공부하고 놀고 곗돈을 모아 저축하며 생활 속에서 대안의 씨앗을 키우고자 했다. 제주도의 아나키스트 고순흠에 따르면, 이들은 노자의 근勤·검儉·양讓을 강조하는 삼보三寶 사상을 따르는 이상 사회를 실현하고자 했다.

하지만 1930년 7월, 일제 경찰은 이들을 체포해서 치안유지법 위반으로 기소했다. 아나키즘 서적을 구독해서 같이 공부했다는 것이 이유였다. 체포되어 구속된 사람의 직업과 나이는 잡화상부터 은행원, 교사까지, 18살부터 29살까지 다양했다. 단지 계 모임을 만들었다는 이유로 이들은 4~6년까지의 중형을 구형받았다. 일제는 왜 계 모임을 감옥에 가둬야 했을까?

다양한 사람이 모여 지금보다 나은 삶을 함께 꿈꾸자는 '약속'인 계는 조선 시대부터 발달되었다. 계는 친족과 이웃 간에 활발하게 만들어졌고 웬만한 마을마다 여러 개의 계 모임이 있어 혼인이나 초상처럼 혼자서 감당하기 어려운 일을 함께 치르는 전통을 만들었다. 계는 소유를 부정하지 않으면서도 서로의 삶을 엮어 공유하는 생활의 전통을 만들었다. 그리고 아나키즘은 그런 민중의 전통들을 엮어 혁명을 준비했다. 이렇듯 거대한 이념이 아니라 생활이기에, 소유가 아니라 공유를 지향하며 국가나 자본 없이도 생활할 수 있기에 계는 불온하고 위험한 조직일 수밖에 없었다. 더구나 전통적인 조직이어서 그 확산 속도도 빨랐기에 일제는 계원들을 감옥에 가두고 격리시켜야만 했다.

사람이 세상에 태어나 생명을 유지하고 생활하려면 다양한 자원이 필요하다는 점은 분명한 사실이다. 먹고 입고 자는 기본적인 욕구 외에도 미래의 필요를 대비하고 행복한 삶을 누리기 위해 인간에게는 여러 가지 자원이 필요하다. 그 자원을 누리는 방식은 사람마다 다르겠지만 기본적인 자원은 누구에게나 필요하다.

그런데 과연 생활하기 위해 필요한 것들을 꼭 내가 소유해야 할까? 생각해 보면 예전에는, 자신의 소유였지만 같이 나눠 쓰는 물건이 참 많았다. 집에 손님이 많이 오면 옆집에서 접시도 빌리고 상도 빌리고 숟가락, 젓가락도 빌리고는 했다. 모두 다 사서 가지고 있지 않아도 생활하는 데 불편함이 없었고 그렇게 물건을 돌려쓰며 이웃 간의 관계도 더 단단해졌다. 혼인이나 상이 있으면 마을 사람이 모여서 함께 전을 부치고 상여를 멨다.

이웃사촌이라는 말은 그렇게 구체적인 생활의 관계망으로 실현되어 있었다. 다 가지려고 버둥거리지 않아도 행복하게 살 수 있던 시절이었다. 그런데 민중의 이러한 일상적인 행복은 힘을 가진 자들을 불쾌하게 만든다. 사람들이 힘들고 불행해야 힘 있는 자들에게 의지할 텐데, 그럴 필요가 없게 만들기 때문이다.

지구라는 세계의 한정된 자원을 골고루 나눈다면 모든 인간이 행복한 삶을 누릴 수 있겠지만 현재의 조건은 그렇지 않다. 어느 한쪽에서는 자원이 남아돌고 심지어 썩어 가는데, 다른 쪽에서는 빈곤과 궁핍이 널리 퍼져 있다. 수많은 사람이 지구상에서 굶주림으로 고통받고 있다. 이는 지구의 자원이 부족해서라기보다는 소수의 사람이 많은 자원에 대한 권리를 가지고 있어서이다.

불사신이 아닌 인간, 언젠가는 죽을 수밖에 없는 인간이 평생 다 쓰지도 못할 부를 축적해야 할 이유는 없다. 설령 개인적인 욕심이 많다고 하더라도, 걱정이 많아 미래를 대비해야 한다고 하더라도, 자식의 미래를 걱정한다고 하더라도 그것이 지나치게 많은 부를 축적할 이유는 되지 못한다. 그러나 현대의 법 제도는 인간의 보편적인 행복을 파괴하는 소유라는 권리를 오히려 철저히 보호하고 있으니 문제는 더욱 심각하다.

사실 법 제도가 지금처럼 개인의 배타적인 소유권을 보호한 지는 그리 오래되지 않았다. 소유의 역사는 오래되었으나 소유'권'은 근대적인 발명품인 것이다. 특히 인권을 확립한 1789년의 프랑스 '인간과 시민의 권리 선언'이 배타적인 소유권을 법으로 인정했다는 사실은 혁명의 복잡한 내막을 드러낸다. 베르사유의 장미는 가진 자들의 정원에서 꽃을 피웠다는 내막 말이다.

자본주의 법 제도가 배타적인 사적 소유권을 보호한다면, 자치와 자급의 기반인 공유를 지향하는 협동조합이나 계는 그런 권리에 도전한다. 그 역사를 따지면 소유권보다 이런 공유의 권리가 훨씬 오래 되었다. 공유는 민중이 다른 꿈을 꿀 수 있는 여유를 마련해 주었다.

그렇기에 힘을 가진 자들은 이런 움직임을 가로막고 자신의 규칙을 따르라고 강요한다. 허나 그 규칙을 따라 봤자 지금 우리 현실에서 드러나듯 돌아오는 것은 불안과 공포뿐이다. 피에르 모랭의 말처럼, "아무도 부유해지려고 하지 않으면 모두가 부유해질 것이다. 모두가 가난해지려고 하면 아무도 가난해지지 않을 것이다."

삶은 우리의 선택이다.

| 소유와 소유권은 다르다 |

동서양 어느 사회에서나 자연 질서는 인간의 배타적인 소유권을 인정하지 않았다. 자연은 인간을 위해서만 존재하지 않고 더구나 특정한 소수의 인간을 위해 존재하는 것은 더더욱 아니기 때문이다. 사랑과 가난, 헌신을 강조한 성경이나 인仁과 의義, 도道를 강조한 동양의 경전 어디에도 자기 배를 불리기 위해 타인을 착취하고 무제한으로 부를 축적하라고 권하는 얘기는 없다. 그 어떤 사회에도 개인의 사적 소유권을 무조건 보호해야 한다고 주장하는 이데올로기는 존재하지 않았다. 이것이 보편적인 공리公理이다.

예를 들어, 아프리카 원주민의 삶을 묘사한 《니사》에 나오는 '!쿵족'의 삶도 그러하다. 땅에 대한 권리는 공동의 권리이고 그 지역의 주민이 아닌 방문객도 주인의 허락을 구해 자원을 이용할 수 있다.

"소유권이 배타적인 특권으로 변질되는 일은 거의 일어나지 않는데, 이는 실제로 부족의 모든 구성원이 직·간접적으로 핵심 성원과 관계를 맺고 있으며, 따라서 그들 지역의 자원에 자유롭게 접근할 수 있기 때문이다." 이런 경제 구조를 유지하고 있기에 "!쿵족은 위계질서가 없고 추장 또는 수장 같은 공인된 권력자도 없다. 집단의 결정은 합의에 의해 이루어진다. 지도자 역할을 하는 사람이 몇몇 있지만, 그들의 영향력은 주로 사람들로부터 받는 사적인 존경에서 유래하는 것이다."

비슷한 예를 우리 역사에서도 찾을 수 있다. 역사학자 김용덕의 《신한국사의 탐구》에는 다음과 같은 구절이 있다.

"지금으로부터 약 85년 전 신의주로부터 의주로 가는 길가 곳곳에는 상자가 놓여 있었으며 그 속에는 엿과 담배 등이 들어 있었다. 길 가는 나그네는 마음대로 열쇠도 없는 상자에서 엿과 담배를 꺼내서 먹고 피우고 할 수 있었는데 그대로 가는 사람은 없었고 반드시 먹고 피운 만큼의 돈을 상자 속에 놓고 갔다고 한다. 말하자면 엿과 담배 자동판매기 격이지만 영리가 목적이 아니라 나그네에 대한 동리 사람들의 서비스 내지는 상호부조적 의미가 깃들어 있었던 것이다. 지역 주민들의 높은 공중도덕으로 이 제도는 훌륭히 유지되고 있었으니 오늘날의 북구 선진국을 뺨치는 미풍이라 할 것이다. 이 이야기는 통감부 기관지인 《조선》에 일인 경찰 간부 경무관 나가노란 자의 기고문에 수록되어 있는 것이다. 그는 이 사실을 목격하고, '이와 같은 일은 일찍이 듣지 못하던 조선인의 미풍이라 할 것이다. 참으로 감탄할 도리밖에 없다.'고 찬양하고 있다."

이 얼마나 아름다운 전통인가. 함께 공유하고 서로를 보살피는 삶은 과거에 대한 낭만적인 향수가 아니라 엄연한 현실이었다.

자연 질서와 보편 공리를 거스르는 배타적인 소유권이 확립된 시기는 근대 국가가 위로부터 만들어지던 시기와 일치한다. 이전의 역사가 그런 권리를 인정하지 않았기 때문에 배타적인 소유권을 주장하는 이론은 구체적인 사실보다는 이론적인 논증에 그 바탕을 뒀다. 근대 자유주의 국가의 이론적인 토대를 마련한 영국의 사상가 토마스 홉스나 존 로크는 모든 인간이 서로 싸우는 '자연 상태'라는 반역사적인 가정을 내세워, 정부가 권력을 독점할 정당성을 마련하고 정부의 가장 중요한 역할이 개인의 생명과 그만큼 소중한 사적 소유를 보호하는 것이라고 주장했다. 이들은 자연 상태에서의 불안정한 공유를 포기하고 개인의 소유를 확실하게 보호받으려면, 특히 무한히 축적할 소유를 보호받으려면 정부의 지배를 받아들여야 한다고 설득했다. 비록 홉스는 국익을 위해서라면 개인의 소유권을 어느 정도 제한할 수 있다고 봤지만 말이다. 이후 이런 논리는 정치법과 시민법을 구분하면서 정치적 자유와 소유권을 구분하고, 설령 국익을 위한다 하더라도 국가가 시민법의 지배를 받는 소유권을 건드릴 수 없도록 만들었다. 이처럼 근대 사회에서 발명된 배타적인 소유권은 국가가 시민의 무장을 해제시키고 물리적인 힘을 독점하며 경찰과 군대를 만들어야 한다고 사람들을 설득했다.

그리고 힘을 가진 자가 소유권을 내세워 사회적 약자에게 더 많은 것을 빼앗으려면 공권력의 힘도 덩달아 강해져야 했다. 지켜야 할 소유의 범위가 넓어지고 많아질수록, 그 부가 소수의 사람에게 독점될수록, 경찰과 군대의 힘이 강해져야 했다. 그래서 소유권 확장의 역사와 국가 폭력의 역사는 분리될 수 없다.

한국의 경우는 다를까? 남의 물건을 훔치지 말고 남에게 피해를 입혔을 때 보상해야 한다는 법령이 고조선 시대부터 있기는 했다. 하지만 그것이 배타적인 소유권을 의미하지는 않는다. 고대의 법률은 한 개인이 사용하는 물건에 대한 권리를 무조건 보장하지도 않았고 그 권리가 자식들에게 무한정 상속되지도 않았다. 특히 땅이나 생산 수단에 대한 권리는 보통 개인이 아니라 공동체에 속했다. 개인은 자원을 소유할 수 있으나 그것에 대한 배타적인 소유권을 주장할 수 없었다.

조선 시대의 법전인《경국대전》이나《속대전》어디에서도 배타적인 소유권은 보장되지 않았다. 땅에 대한 권리를 입안立案이라는 문서로 보호받을 수 있었지만 그 권리는 배타적이지 않았다. 오히려 3년의 기한을 정해 놓고, 땅의 소유자라도 땅을 경작하지 않고 방치할 경우 다른 사람에게 토지를 넘기거나 실제 경작자에게 땅의 권리를 줬다. 즉, 개인이 가질 수 있는 권리는 소유권이 아니라 경작권이었고, 지주가 아니더라도 경작하는 사람이 다른 사람에게 권리를 빌려 줄 수도 있었다. 그리고《경국대전》은 임야를 개인이 점유하면 볼기 80대에 처한다고 밝히며 개인의 소유를 전혀 인정하지 않았다. 사실상 개화기가 되기 전까지는 한반도에 배타적인 소유권이 존재하지 않았다.

소유권이 확립되던 시기는 외부 문명을 개화와 문명이라며 받아들이던 시기와 일치한다. 미국을 추종하던 개화파는 자본주의 제도와 그 소유권을 당연한 것으로 받아들였다. 예를 들어, 유길준은 개인의 재산권이 국가의 보호 대상이라고 보면서 '재산의 권리'가 인민의 당연한 권리라고 봤다. 그리고 1901년에 설치된 지계아문地契衙門은 전국에서 토지 조사를 실시해 토지 소유권 문서를 발행했고, 국가가 토지 소유권을 보호하는 시장 경제를 도입했다. 그러면서 중앙 정부가 세금의 징수권을 독점했다. 또한 경작자의 권리中畓主權를 부정하고 소유자의 권리를 주장하면서 대지주의 독점적인 소유권을 보장했다.

총독부의 토지 조사령(1912년)과 토지 조사 사업은 농민의 점유 경작권과 도지권賭地權, 입회권入會權을 부정하고 지주의 배타적인 사적 소유권을 확립했다. 그러면서 실제로 토지를 점유하고 경작해 온 많은 농민을 소작농이나 고용된 농업 노동자日雇로 만들었다. 유럽의 역사와 마찬가지로 배타적인 소유권은 식민지 경찰과 헌병의 무자비한 폭력을 통해서만 보호되었고, 그것이 근대 국가의 가장 중요한 임무였다.

경작권을 가진 소농이 소작농으로 전락한다는 것은 단순히 개인의 경제적인 조건이 나빠졌음을 뜻하지 않는다. 그것은 가난한 사람이 생활할 수 있는 공동체의 기반이, 소농이 함께 일하며 마련해 온 공유지가 사라졌다는 것을 뜻한다. 서로의 삶이 포개지던 공간이 사라지면서 개인의 삶은 철저히 그 사람이나 가족의 가진 것에만 좌우되었다.

해방 이후에도 상황은 바뀌지 않았다. 해방 이후의 농지 개혁은 이미 땅을 가진 사람들의 소유권을 조절했을 뿐, 땅을 빼앗긴 사람들의 권리는 존중하지 않았다. 1949년에 제정된 농지 개혁법은 실제로 농토 근처에 거주하며 농사를 짓는 사람이 땅을 소유하도록 했으나, 무상 분배가 아니라 유상 분배였고 농지를 잘게 나누고 턱없이 적은 땅을 분배해서 오히려 농민 가구의 해체를 부채질했다. 더구나 그러한 법 아래서도 '위장 전입'해서 땅을 매입하는 사람이 많았다. 지금도 인사청문회에서 증명되듯 위장 전입은 고위 공무원의 필수 자격이다. 농지 개혁은 농민에게 땅을 주겠다는 논리를 내세웠지만, 계가 소유하고 있던 공유지를 국고로 환수하는 등 전통적인 농촌 공동체의 소유 방식을 부정하고 공동체 노동의 가능성을 줄여서 농민의 삶을 시장 질서 안으로 확실히 편입시켰다. 더구나 정부는 협동조합을 규제하는 법률을 제정해서 금융조합이나 수리조합, 농협, 수협 등 자생적인 협동조합 운동 단체를 국가의 하부 기관으로 만들어 농·어민을 착취했다.

그리고 1987년 6월 민주화 항쟁 이후 노태우 정부가 '토지 공개념'을 도입해, 공공의 이익을 위해 토지의 사적 소유권을 제한할 수 있다는 원칙을 마련하기는 했지만 이 개념은 정부의 토목 공사를 뒷받침하는 논리로 변질되었다. 땅은 농사를 짓는 생명의 터전이 아니라 건물을 지을 공터와 건물이 이미 서 있는 소유지로 구분되었다. 토지의 독점도 더욱더 심화되었다. 《부동산 계급사회》에 따르면, 1988년과 2006년의 토지 소유 통계를 비교해 보면, "토지 소유자 가운데 상위 50퍼센트가 소유한 면적 비중은 98.2퍼센트에서 99.6퍼센트로 늘어난 반면, 하위 50퍼센트가 소유한 면적 비중은 1.8퍼센트에서 0.4퍼센트로 급격히 줄었다." 한국 사회에서는 임금만이 아니라 부동산도 소유권이 갈라놓은 사회 양극화의 중요한 원인인 것이다.

특히 한국에서 땅의 소유권은 재벌의 독점과도 맞물려 있다. 재벌은 부동산 가격이 폭등할 때마다 막대한 이익을 거뒀고, 사실상 투기의 주범으로 알려져 있다. 《부동산 계급사회》에 따르면, "1985~88년 4년간 삼성, 롯데, 기아, 금호, 두산 등 5대 재벌은 기술 개발 등 부동산 매입 외에 쓴 돈이 5334억인 데 비해 부동산을 사들이는 데 2조 2783억 원을 써서 생산 부문의 4.3배를 부동산 투기 자금으로 썼다." 조그마한 터라도 보이면 건물을 올리거나 시설을 만들어서 개발 이익을 얻으려는 재벌 기업의 논리는 전국을 공사판으로 만들고 있다. 재벌의 건설 회사들은 뉴타운만이 아니라 핵 발전소, 해군 기지, 경전철, 4대강 사업 등 개발 이익이 생기는 모든 사업에 개입하고 있다.

　그러니 소유권을 공유로 되돌리려는 시도는 재벌 기업의 독점을 문제 삼지 않을 수 없다.

| 재벌 왕국과 추방당하는 삶 |

한국 사회에 배타적인 사적 소유권이 확립된 지 100여 년이 지난 지금의 상황은 어떠한가? 2011년 국내 30대 재벌 그룹 회장 직계 가족들은 주식으로만 약 53조 929억 원의 재산을 보유하고 있다.(《민중의 소리》 2011년 7월 1일자) 한 가구당 1조 5000억 원이 넘는 천문학적인 액수의 재산을 가지고 있는 셈이다. 주식 외의 다른 자산까지 합치면 이들이 소유한 재산은 엄청나게 늘어날 것이다. 그들은 이 많은 재산을 어떻게 모았을까? 아무리 땀 흘려 일했다 한들 그들이 직접 그 많은 재산을 모을 수는 없었을 것이다. 더구나 재벌가 회장들 대부분은 경제 범죄를 저지른 범죄자이다. 그러니 그들이 땀을 흘려 돈을 모았을 거라고 생각하기는 어렵다.

　《경향신문》 2012년 2월 2일자에 따르면, 2011년 30대 재벌의 자산은 1460조 5000억 원이다. 이들의 2011년 매출액은 1134조원으로 2011년 국내 총생산GDP의 95.2퍼센트에 달한다. 1980년부터 2006년까지 30대 재벌의 자산은 38배, 매출액은 27배쯤 늘었다. 그리고 총 계열사 수는 417개에서 645개로 1.5배 늘었다. 더 좁혀서 자산 순위 10대 그룹의 2010년 매출액(보험·증권업을 제외한 539개 계열사)은 756조 원으로 전체 제조업체 매출의 41.1퍼센트였다. 10대 그룹의 매출액이 40퍼센트를 넘어선 것은 사상 처음이라고 한다. 지금 이대로 진행된다면 앞으로 재벌가의 자산과 매출액 비중은 계속 높아질 것이고, 그러면 한국 사회는 재벌의 왕국으로 변할 것이다.

따지고 보면 한국은 이미 돈 가진 자들의 천국이다. 하나씩만 봐도 힘이 센데, 자기들끼리 결혼해서 한 가족으로 뭉쳐서 살고 있기까지 한다. 앞서 얘기했듯이 이들은 모여서 왕국을 이루며 산다. 간혹 왕족을 호위할 기사로 발탁되는 인물들이 있지만 피가 다른 그들이 왕족에 끼지는 못한다. 가끔씩 자기들끼리 싸우는 경우나 어쩔 수 없이 비리가 드러나는 경우를 제외하면 이 왕족은 거의 어려움을 겪지 않는다.

한국의 정부는 이런 왕족을 보호하는 든든한 경찰이다. 왕족에 문제가 생기면 은밀히 뒷수습을 하고, 노동자가 파업을 벌이면 즉각 병력을 투입해서 왕족의 재산을 보호한다. 그 대가는 쏠쏠하다. 가끔은 왕족의 혼맥에 끼어들 기회를 잡기도 하고 필요할 때 뒷돈을 두둑하게 챙길 수도 있으니 말이다. 검사나 정치인의 자동차 트렁크에 현금으로 가득 채운 사과 박스를 실어 주는 장면이 버젓이 드라마나 영화에 자주 등장할 만큼 우리 사회에서 정부의 부패는 흔한 일이 되었다.

그러면서 재벌이 사적으로 소유하는 몫은 점점 더 커진다. 재벌가의 대표라 할 수 있는 삼성그룹을 살펴보자. 삼성그룹은 수출의 24퍼센트를 차지하고 한국 국내 총생산의 1/5을 차지하는 대기업이다. 삼성그룹이 공개한 감사 보고서에 따르면, 2010년 삼성그룹의 전체 매출액은 약 259조 6000억 원으로 2009년보다 11.8퍼센트나 늘어났다. 당기 순이익도 2009년 약 15조 7000억 원에서 2010년 약 23조 4000억 원으로 48.5퍼센트나 증가했다. 이렇게 지분이 계속 늘어나니 전체 경제에 미치는 영향도 크다.

그런 만큼 일상에서 사람들은 삼성그룹의 비리나 부정에 점점 더 둔감해진다. 몰라서가 아니라 알아도 먹고사는 것이 우선이라는 관점에서 보면 삼성은 지켜야 할 중요한 기업이기 때문이다. 더구나 요즘처럼 무한경쟁의 시대, 전 지구적 경쟁의 시대에 우리에게도 잘 나가는 대표 기업이 하나 정도 있어야 하고, 가능하다면 제2의 삼성, 제3의 삼성이 출현하도록 해야지, 잘 나가는 기업의 발목을 잡으면 안 된다는 생각을 사람들은 강요당한다. 이런 생각들은 기업의 문제점을 드러내지 못하도록 가로막고 좋은 게 좋은 거라며, '미워도 다시 한 번'이라며 문제를 대충 얼버무린다.

그러기에 그 많은 부정과 비리에도 '삼성맨'이 되는 것은 많은 청년의 꿈이고, 대학생들은 이건희를 닮고 싶은 인물로 꼽는다. 그리고 삼성 제품은 시장에서 인기 상품이고, 삼성 제품의 고객 서비스가 제일 좋다는 '착각'도 널리 퍼져 있다. 누군가에게 상품과 서비스를 제공하기 위해 다른 누군가는 휴식 시간을 반납해야 한다는 상식은 포기된다. 하지만 이것이 과연 우리의 생각으로 판단한 것인가? 혹시 만들어지고 강요된 생각은 아닐까?

한국 사회는 삼성이 나라 경제의 기둥이라 믿는 '상상의 공동체'이다. 상상의 공동체이기에 합리적인 설득과 설명만으로 삼성에 대한 이미지나 생각을 바꾸기는 어렵다. 이 상상을 깨거나 그것에서 빠져나오지 못한다면 삼성의 문제점이 보이지 않거나 그것을 가벼이 여기게 된다. 심지어 삼성가의 노골적인 범죄 행위가 드러나도, 정치적으로는 자유로

워졌을지 몰라도 여전히 공장과 사무실에서는 더욱더 얽매인 삶을 사는 시민들은 그 정도는 해먹을 줄 알았다며 그들을 용서하려 든다. 삼성전자의 노동자들이 백혈병을 비롯한 각종 질병에 시달리고, 삼성전자가 하청업체의 기술을 탈취하고 중소기업에게 지불해야 할 돈을 떼먹었다는 시위가 삼성 본사 앞에서 연일 이어져도 말이다. 마지막 기대를 버리기에는 우리 현실이 너무 각박해서일까?

허나 지주형의《한국 신자유주의의 기원과 형성》을 보면 그런 기대가 헛된 것이라는 사실을 깨닫게 된다. 외환위기 이후 기업당 평균 노동자 수를 보자.

외환위기 이후 기업당 평균 노동자 수

	재벌(명)	비재벌(명)
1996(B)	5245.6	1132.6
1997	4672.9	929.8
1998	3604.9	1074.2
1999(A)	3652.5	1068.8
A/B(퍼센트)	-30.3	-5.6

위의 표에서 볼 수 있듯이 외환위기 이후 정부에게 구제 금융을 받은 곳은 재벌 그룹인데 재벌의 고용 비중은 빠른 속도로 줄어들었다. 시민의 세금을 걷어 구제 금융을 해 주는데 기업이 세금을 내는 시민들을 해고하는 이 상황을 어떻게 이해해야 할까?

캐나다의 언론인 나오미 클라인은《쇼크 독트린》에서 한국의 현실을 다음과 같이 묘사했다.

"한국에서는 매달 노동자 30만 명이 해고되었다. 불필요하게 정부 예산을 줄이고 이자율을 인상하라는 IMF의 요구 탓이었다. 1999년, 한국과 인도네시아의 실업률은 2년 사이에 3배나 늘었다. 1970년대 남미에서 그랬듯, 아시아의 기적이라 할 수 있는 대규모 중산층이 사라졌다. 1996년에는 한국인의 63.7퍼센트가 스스로를 중산층이라고 생각했다. 그러나 1999년이 되자 38.4퍼센트로 줄었다. …… 항상 그렇듯 위기가 닥치면 여자들과 아이들이 가장 고생을 한다. 필리핀과 한국의 많은 시골 가정에서는 딸들을 인신매매단에게 넘겨 호주, 유럽, 북미의 성매매 업소에서 일하게 했다."

재벌 기업은 갈수록 고용은 줄이고 매출은 늘어나서 배가 불러 가고, 많은 중산층과 노동자는 실업과 파산으로 치닫고 있는 것이 현실이다. 우리는 현실에서 계속 눈을 돌리려 하지만 그런다고 끔찍한 현실이 사라지지는 않는다. 그런데도 아직도 사람들은 재벌이 한국 경제를 살리리라는 헛된 기대를 품고 있다. 재벌은 오히려 더 오만한 태도를 보이기까지 한다.

삼성그룹이 대표적이다. 2009년, 탈세와 주식 시장 불법 행위, 배임 행위로 법정에서 실형을 선고받은 이건희 회장이 불과 4개월 뒤 특별 단독 사면을 받고, 3개월 뒤에 삼성전자 회장직에 복귀했다. 삼성과 관련된 모든 직책을 내놓겠다는 약속을 깨고, 유죄가 확정된 지 불과 7개월 뒤에 다시 회장직으로 복귀한 것이다. 황제의 복귀와 더불어 그 가신들도 복귀해 황제 경영은 부활했다. 그리고 삼성그룹은 법원의 판결에도 산업 재해를 인정하지 않고, 무노조가 불가능해지자 어용 노조를 만들어 노동자들의 요구를 가로막았다. 유행가 가사처럼 '쿨하게 용서'하고 싶어도, 삼성그룹은 도무지 그 빌미를 주지 않는다.

오히려 적반하장이다. 복귀한 이건희는 "삼성 전체에 부정부패가 퍼져 있는 것 같다. 가장 나쁜 것은 부하직원을 닦달해 부정을 시키는 것이고, 그 부하는 나중에 저절로 부정에 입학하게 된다."며 부패와의 전쟁을 선포했다.(난 이 말을 들으며 노태우 정권의 '범죄와의 전쟁'을 떠올렸다. 조직 폭력배보다 노동조합 간부들과 전쟁을 벌였던 그 전쟁!) 유죄를 선고받은 범죄자가, 부패의 매뉴얼을 만드는 삼성의 이건희가 부정부패를 비판하는 이 코미디를 그저 웃으며 넘길 대인배는 그리 많지 않다.

이러니 기업에 대한 반감이 퍼지는 것은 당연하다. 전경련이 시민들의 반기업 정서를 우려한다는데, 그 정서를 퍼뜨리는 것은 바로 그들이다. 오죽하면 "비즈니스 프렌들리"를 외치는 정부와 한나라당까지 나서서 "대기업 규제할 기업 조직법을 만들자."며 재벌의 문제점을 지적할까?(물론 정치권이 재벌을 공격한들 그 마음이 진실이라 믿을 사람은 거의 없을 것이다.)

한국 사회에서 재벌의 이러한 문제가 삼성에만 국한된 것은 아니다. 한국의 다른 재벌가들이 삼성과 다르게 그룹을 운영한다고 믿을 근거는 하나도 없다. 몇몇의 대기업 왕족과 정부가 말 그대로 한국을 말아먹고 있다. 현대자동차의 정몽구 회장은 배임과 횡령 혐의로, SK그룹의 최태원 회장은 분식 회계와 부당 내부 거래 혐의로, 두산중공업의 박용성 회장은 분식 회계와 횡령 혐의로, 성원건설의 전윤수 대표이사는 분식 회계와 사기 대출 혐의로, 한화그룹의 김승연 회장은 보복 폭행 혐의로 유죄 판결을 받았다. 유죄 판결을 받아도 왕족은 당황하지 않는다. 그들에게는 특별 사면이라는 제도가 있기 때문이다.

《프레시안》2009년 12월 29일자에 실린 옆의 표를 보자. 재벌가는 언제나 이런저런 사유로 특별 사면된다. 그 점은 소위 '민주 정부'라 불렸던 김대중, 노무현 정부나 이명박 정부나 별 차이가 없다.

잠깐 수세에 몰려 수치스럽게도 평민들에게 고개를 숙이기도 하지만, 왕족은 전혀 반성을 하지 않는다. 반성이 없는데 무엇을 용서할 수 있을까? 이런 상황에서 용서는 불가능하다. 용서하자고 말하지만 실제로는 굴욕이다. 용서는 동등한 사람들이 맺는 약속인데, 지금 우리는 동등하지 않기 때문이다.

용서하고픈 마음은 점점 사라지고 분노가 치밀어 오르지만 그 분노를 풀 방법이 없다. '기업 사회'라는 말처럼 한국 사회 자체가 하나의 거대한 기업으로 변하고 있기에 정치를 비난하기는 쉬워도 기업을 비판하는 것은 매우 어렵다. 나와 가족의 앞가림에 바쁘고 자신에게 분노를 드러낼 힘이 없다고 믿으니 반대가 껄끄럽거나 두렵다. 사회가 두려우니 마음은 반기를 들어도 막상 현실에서는 재벌을 지지하는 사람이 되기도 한다. 자신이 무기력하다고 여기니 고치처럼 움츠러들고, 문제점을 지적하고 반대하는 목소리에 공감하고 동조하기는커녕 마치 왜소한 속마음을 들킨 듯 그런 목소리에 폭력적으로 반응한다.

지금과 같은 분위기라면 재벌의 입지는 더욱더 넓고 단단해질 것이다. 어떤 정부가 들어서든 적절히 분산 로비를 하는 재벌의 마수를 피하기는 어려울 것이다. 우리가 반기업 정서를 품고 용서하려 들지 않아도 지금 상황이라면 재벌의 왕국이 혁명적으로 변하기는 어려울 것 같다.

우리가 공화국에 살고 있다는 비역사적인 상상을 포기한다면, 공화

기업인 특별 사면의 시점과 명분

구분	사면 시점	정부 발표 명분과 기준
기업인 특별 사면 실시	2008년 광복절	"경제인들의 활발한 투자 활동을 이끌어 내 일자리를 창출하고, 해외 시장을 넓혀 우리가 겪고 있는 심각한 경제적 어려움을 타개" "경제를 되살리기 위해 그 어느 때보다 경제인에 대한 사면이 필요하다는 경제계의 요청" "국가 경제에 이바지할 수 있는 기회를 부여" "최근 형이 확정된 일부 대기업 관련자들의 경우, 어려운 국내외 경제 여건 하에서 투자 촉진, 적극적인 해외 진출 및 일자리 창출이 절실한 상황임을 특별히 감안"
	2008 신년	"외환위기 후 10년을 넘기면서 지난날의 일부 불합리한 관행을 청산하고 새로운 미래를 건설하는 차원"
	2007년 2월	"기업인들을 대상으로 재기의 기회를 주어 투자 활성화와 일자리 창출에 매진하도록 하기 위하여 경제인들에 대한 사면을 실시"
	2006년 광복절	"당면한 최우선 과제인 경제 살리기에 매진할 수 있는 사회 분위기 조성" "산업 현장에서 경제 활성화에 기여할 수 있는 기회 부여"
	2005년 석가탄신일	"불법 정치 자금 조성, 순수 분식 회계, 순수 부당 내부 지원 등 과거에 관행적으로 이루어졌던 행위로 처벌받은 경제인들을 사면함으로써, 이들로 하여금 새로운 각오로 경제 살리기를 위한 범국민적 노력에 동참하고 국가발전에 헌신적으로 기여할 수 있도록 하기 위한 것"
	2002년 연말	"앞으로 경제 발전에 동참할 기회를 줄 필요"
기업인 특별 사면 배제	2009년 광복절	"정치인, 공직자 등의 부정부패, 경제인 기업 비리, 재범 가능성이 높은 조직 폭력 범죄 및 반인륜적 흉악범 등을 일체 배제─계층간 위화감 해소, 국민 통합을 지향함과 동시에 법질서 확립 기조를 유지하고, 예외적 특혜 조치로서의 사면에 충실"
	2005년 광복절	"시대적 과제인 투명하고 안전한 공동체 건설을 저해하는 사범은 원칙적으로 사면 대상에서 제외"
	2003년 광복절	"공적 자금 비리, 주가 조작 등 대형 경제 사범은 이번 사면에서 원칙적으로 제외하며 부패 척결과 투명한 경제 질서의 기반을 구축함"

국은 아직 실현되지 못한 이념이다. 재벌 왕국은 굴욕과 무기력으로 포장된 현실이지만 우리는 그 현실을 딛고 새로운 세계로 나아가야 한다. 여기서 중요한 것은 공화국이냐 아니냐가 아니라 우리가 우리 자신을 어떻게 이해하는가이다. 어떤 공화국에서든 자유와 평등의 이념을 실현하는 것은 국가 기구가 아니라 시민의 신뢰와 연대이기 때문이다.

사실 재벌을 문제 삼는 것은 단지 그들이 법을 무시해서가 아니다. 그들이 스스로 법을 만들려 하고 자신들을 법 밖에 두려 하기 때문이다. 정치인과 관료를 구워삶아 규칙을 만들며 집행하고, 사법부를 매수해서 규칙을 넘어서면서 그들은 대다수 시민을 노예로 만들고 있다. 지금 그들에게 맞서지 않으면 자유롭고 평등한 공동체에 대한 꿈을 포기할 수밖에 없다.

| 소유와 국유에서 공유로 |

어느 순간부터인가 우리는 대안이 없으면 비판도 말라는 이상한 논리에 시달려 왔다. 대안이 없다고 믿기에 비판도 자꾸 불편해진다. 그런데 정말 대안이 없을까? 1970년 자기 몸에 불을 붙여 노동 운동의 불씨를 지폈던 전태일은 어떤 구체적인 대안을 염두에 뒀을까? "내 죽음을 헛되이 말라. 근로기준법을 준수하라. 노동자들을 혹사하지 말라."는 그의 외침은 대안이 아닌 무기력한 구호였을까? 대안이 없으면 말도 말라는 논리야말로 시민이 자기 자신에게 상처를 내도록 가르치는 오래된 지배 논리이다.

오히려 그런 날것의 외침이야말로 공화국을 세우는 힘이다. 그 속에 정치를 실현할 힘이 숨어 있기 때문이다. 그런 외침 속에서만 공화국의 법과 정의가 실현되기 때문이다.

그리고 왜 대안이 없는가? 소극적으로 생각하더라도, 지금의 헌법 제23조 2항에 따르면 '재산권의 행사는 공공복리에 적합하도록 하여야' 하고, 제33조 1항은 '근로자는 근로 조건의 향상을 위하여 자주적인 단결권, 단체 교섭권 및 단체 행동권을 가진다.'고 규정한다. 이것이 대안이다. 그리고 헌법 제119조 2항은 '국가는 균형 있는 국민 경제의 성장 및 안정과 적정한 소득의 분배를 유지하고, 시장의 지배와 경제력의 남용을 방지하며, 경제 주체 간의 조화를 통한 경제의 민주화를 위하여 경제에 관한 규제와 조정을 할 수 있다.'는 내용을 담고 있다. 이것도 대안이다. 문제는 대안이 없는 것이 아니라 우리가 대안을 믿지 않고 우리에게 대안을 실현할 힘이 있음을 인정하지 않는 것이다.

2003년, 타워크레인 위에서 쓸쓸히 죽음을 택했던 한진중공업 노동조합위원장 김주익에게는 아무런 대안이 없었을까? 그는 유서에 "그래 당신들이 나의 목숨을 원한다면 기꺼이 제물로 바치겠다. 하지만 이 투쟁은 반드시 승리해야만 한다. 잘못은 자신들이 저질러 놓고 적반하장으로 우리들에게 손해 배상 가압류에 고소고발에 구속에 해고까지, 노동조합을 식물노조로, 노동자를 식물인간으로 만들려는 노무 정책을 이 투쟁을 통해서 바꿔 내지 못하면 우리 모두는 벼랑 아래로 떨어지고 말 것이다. 그러기 때문에 어떤 일이 있더라도 승리할 때까지 이번 투쟁은 계속되어야 할 것이다."라고 적었다. 이것은 패배할 운명을 타고 난 사람의 쓸쓸한 고백이 아니다. 만약 김주익이 없었다면 김진숙이 그 자리에 다시 서고 전국에서 수천 명의 사람들이 희망버스를 타고 그곳을 찾을 수도 없었을 것이다.

그런 점에서 재벌이 가장 두려워하는 것은 우리가 시민이 되는 것이다. 재벌 왕국을 무너뜨리려면 우리의 일상이 시민의 자존심과 연대를 뒷받침해야 한다. 부조리한 것에 휘말리지 않고 위협에 굴복하지도 않도록 단단하게 삶의 기반을 다져야 한다. 공화국과 민주주의를 실현할 힘을 가지기 위해 우리는 소유권을 거부하고 서로의 소유를 나누며 공유의 기반을 넓혀야 한다. 재벌이 독점한 한국 사회에서 가능한 대안이다.

19세기 프랑스의 사상가 조지프 프루동은 "소유란 도둑질"이라는 주장으로 당시 부르주아지의 간담을 서늘하게 만들었다. 프루동은 유럽의 자연법 사상 어디에도 소유권을 보장한다는 내용이 없고, 사회를 규율하는 원리인 권리가 사회성을 파괴하는 소유를 보장할 수는 없다고 주장했다. "자신이 생산하지 않은 것을 무력이나 교활한 짓으로 빼앗는 자는 자기 자신에게서 사회성을 파괴하는 자"이고 "그는 강도이다."

그리고 프루동은 생산물과 생산 수단을 구분하면서 설령 생산물에 대한 소유권을 보장한다 할지라도 생산 수단의 소유는 절대로 가능하지 않다고 주장했다. "생산물에 대한 소유는 배타적이다. 요컨대 물 안에서의 권리jus in re이다. 반면에 생산 수단에 대한 권리는 공통적이다. 즉, 물에 대한 권리jus ad rem이다." 혼자 일하지 않고 함께 일하는 공동체에서 생산 수단은 평등하게 소유되어야 하고 자연히 생산 활동에 따른 생산물도 공정하게 분배되어야 한다.

프루동은 이런 자연적인 질서, 자연적인 사회성을 파괴한 것이 바로 자본주의와 근대 국가라고 봤다. 소유권과 공권력에 도전하기 위해 프루동이 마련한 대안은 생산 수단을 공유하는 상호주의와 인민 은행, 연방 국가였다. 노동자 각자가 자신을 위해, 그리고 모든 노동자가 모두를 위해 서로 연대해서 일하는 조합association, 그런 조합의 설립을 지원하고 민중이 서로의 신용을 보증하는 인민 은행, 이런 일들이 가능하게끔 민중들이 아래로부터 정치 공동체를 운영하는 연방주의, 그것이 바로 프루동이 꿈꾼 세상이었다.

19세기의 프루동보다 훨씬 이전인 16세기에 비슷한 주장을 펼친 사람이 이미 한반도에 등장했다. 영화로도 만들어진 만화 〈구르믈 버서난 달처럼〉에 나오는 대동계大同契를 조직한 정여립이 바로 그 사람이다. 정여립은 시대를 지나치게 앞선 사상을 펼쳤는데, 대표적인 것이 천하공물설天下公物說이다. "천하는 공물이니 어찌 일정한 주인이 있겠는가?"라는 물음은 당시 지극히 당연하게 받아들여지던 왕의 권리마저 부정했다. 이런 혁명적인 생각을 바탕으로 정여립은 하사비군론何事非君論을 외치며 "인민에 해가 되는 임금은 죽여도 가하고, 인의가 부족한 지아비는 버려도 된다."고 주장했다. 정여립은 왕위 세습이나 충군 사상을 부정하면서 능력 있는 사람이면 누구라도 군주가 될 수 있다고 주장했다. 이런 주장을 했으니 그가 그 시대를 평화로이 살아갈 수 없었음은 당연하다고 하겠다.

그리고 정여립의 삶과 떼어 놓을 수 없는 것이 바로 대동계이다. 반상 차별의 세상, 부조리한 세상에 맞서기 위해 정여립은 사농공상의 직업적 차별이나 반상귀천, 남녀의 신분적 차별이 없는 대동계를 조직했다. 이율곡의 제자이기도 했던 정여립은 민중이 서로 도우며 공동체를 만드는 계 조직에 주목하고 양반, 평민, 노예를 차별하지 않고 고루 계원으로 받아들이며 대동계를 호남 일대로 확산시켰다.

대동계는 활을 쏘며 무예를 연마했고, 1589년에는 전주 부윤의 부탁을 받고 왜구를 몰아내기도 했을 만큼 그 힘이 강했다. 정여립이 실제로 조선 왕조를 전복시키려 했는지는 의문이지만 그가 꿈꾼 세상, "재물을 땅에 버리는 낭비를 싫어하지만 결코 자기만을 위하여 소유하지 않으며, 노동하지 않는 것을 부끄러워했으나 반드시 자기만을 위하지 않는" 세상의 꿈은 대동 사상이라는 이름으로 후세에 이어졌다.

정여립과 마찬가지로 새로운 세상을 꿈꾼 이들은 소유를 권리로 받아들이지 않았다. 민란을 일으킨 농민들이나 스스로 조직된 의병들은 대지주나 부농에게 곡식이나 금전을 걷는 것을 당연하게 여겼다. 의병들은 "우리는 도적이 아니다. 나라를 위하여 진력하는 자이다. 고로 너희들은 나라를 위해 물건을 빨리 제공하라."고 말하며 재물을 걷었고 협력하지 않는 지주에게 강제로 재물을 뺏기도 했다. 활빈당 같은 산적도 부자의 돈과 곡식을 빼앗아 빈민에게 두루 나눠 주며 낭비를 막고 자원을 나누려 했다.

배타적인 소유권이 확립된 일제 강점기에도 소유권의 벽을 넘어서려는 다양한 시도가 나타났다. 농민은 배타적인 소유권을 확립하려는 일제에 맞서 소송을 벌이거나 소작 쟁의를 일으켰고 때로는 공동 경작단을 만들어 지주의 의사를 무시하고 논을 갈거나 모를 심으며 강제 경작을 시도했다. 추수를 거부하는 투쟁, 소작료를 내지 않는 불납 동맹, 지주의 집 앞이나 관공서 앞에서 단식 농성을 벌이는 아사 투쟁, 지방 신문 기자를 동원한 여론 투쟁, 강제 재배 반대 투쟁, 강제 부역 반대 투쟁, 농민 야학 폐쇄 반대 투쟁, 고리대 반대 투쟁 등 다양한 투쟁이 벌어졌다. 그리고 농민은 생산자협동조합, 상호금고 등을 만들어 공생의 기반을 마련하고 공동체의 힘으로 소유권의 벽을 넘어서려 했다.

이런 정신을 이어받아 해방 직후 1945년 9월에 만들어진 조선 농촌 자치 연맹은 다음과 같은 강령을 만들기도 했다.

1. 우리는 자주 자치적 생활의 실천으로 농촌의 조직화를 기함.
2. 우리는 농촌의 합리적 경영을 위하여 공동 경작, 생산 수단 및 시설의 공동화를 기함.
3. 우리는 농공의 균형 발전을 위하여 농촌 실정에 적합한 공업 시설의 완비를 기함.
4. 우리는 농촌의 공동 이익을 위하여 협동조합적 기관의 철저 보급을 기함.
5. 우리는 비경제적 제 생활 양식을 개선하여 생활의 과학화를 기함.
6. 우리는 우리의 보건을 위하여 후생 시설의 충실을 기함.
7. 우리는 상호부조적 윤리관의 실천에 의하여 국민 도덕의 앙양을 기함.

배타적 소유가 아니라 협동과 공유의 정신에 따라 농촌 사회를 재건하려는 노력이 이 강령에서 고스란히 드러난다.

전반적인 사회 분위기가 그러했기에 배타적 소유를 벗어나려는 노력은 종교계에서도 나타났다. 동학의 한 분파인 보천교는 자급자족의 종교 공동체를 지향하면서 토지를 균등하게 나누는 정전법井田法을 실시하고 토지의 개인 소유를 폐지하려 했다. 기독교계의 손정도 목사도 농민호조사農民互助社를 설립하고, 무산 농민이 서로 도우면서 생산의 자본력을 만들어 이상촌을 건설하자는 '기독교 사회주의'를 주장했다. 그리고 YMCA의 농촌 협동조합 운동, 천도교의 공생조합共生組合 등은 공동 노동, 공동 경작의 흐름을 다시 만들며 농민이 자급할 수 있는 기반을 만들려 했다. 이것은 지상의 왕국을 천상에 봉헌한다며 신도들의 성금을 긁어모아 자신의 배를 불리는 지금의 한국 대형 교회와는 완전히 다른 모습이다.

함께 일하고 공동으로 소유하려는 시도가 비단 과거의 일만은 아니다. 2005년 11월, 광주 기아자동차 노조와 구례군 농민회는 자매 결연을 맺고 한 달에 공장에서 소비하는 쌀 20킬로그램 1600포 가운데 1000포를 구례 농민회에서 구입하기로 했다. 그리고 2006년 4월에는 노농 경작단과 공동 경작단을 만들어 노동자와 농민이 함께 모내기를 하기도 했다. 그리고 광주만이 아니라 경상북도에서도 민주노총 사업장과 지역 농민회가 연대하는 움직임이 조금씩 드러나고 있다.

사실 노동자와 농민이 서로 생산과 소비의 관계로 연결되는 것만큼 단단한 연대는 없다. 이런 행동들은 소유가 아니라 공유를 지향한다. 체제의 규칙에 순응하지 않는 민중과 시민의 직접행동은 더불어 살 수 있는 공유를 민중과 시민의 권리로 요구했다.

이 공유의 권리는 흔히 얘기되는 국유화와는 다르다. 과거 사회주의가 자본주의를 반대하는 이념임을 자처하면서 배타적인 소유권에 대한 대안도 주로 국유화나 국가를 통한 관리로 나타났다. 하지만 정녕 국유화가 대안일 수 있을까?

고병권은 《추방과 탈주》에서 "공유公有란 사적 소유권에 대한 부정"이지만 "공유가 국유를 의미할 때, 즉 국가에 의한 배타적 독점을 의미할 때, 그 독점은 사적인 독점의 형태로 쉽게 전화될 수 있다. 국유에서 드러나는 국가 권력의 독점성은 사적 소유권에 대한 부정이라기보다는 사적 소유권의 기반이라고 말하는 편이 사실에 가깝다."고 지적한다. 예를 들어, 새만금 간척 사업이나 4대강 사업처럼 국가 권력이 사유지를 강제로 수용하고 처분하며 자본의 역할을 대신하는 데서 드러나듯이 반민주적인 권력에서 국유화는 소유권을 해체하기는커녕 그것을 강화시킨다. 고병권은 이런 "공공 부문의 사유화는 국가에 의한 사적 소유권의 발생이자, 소유권 없는 대중에 대한 추방"이라고 얘기한다.

한국처럼 식민성을 완전히 벗어나지 못한 국가에서 국유는 위험한 논리이다. 소위 좌파가 권력을 잡으면 국가의 성격과 역할이 근본적으로 달라질 것이라 생각하지만, 러시아 혁명은 그런 변화를 일으키기가 매우 어렵다는 점을 이미 증명했다. 중앙집권화된 권력이 해체되어 민중이 직접 권력을 잡지 않는다면, 국유화는 만병통치약이 될 수 없다.

더구나 국유화는 민중과 그 공동체의 성장을 고려하지 않는다. 공유는 단순히 소유를 나누는 것을 뜻하지 않는다. 공유는 그 공유를 관리할 모임을 필요로 하고 그 모임은 구성원에게 민주주의를 학습하며 세계관을 바꿀 기회를 제공한다. 과거 두레는 공동 노동 조직이자 마을의 크고 작은 일을 다루는 의사 결정 기구이기도 했다.

전통적인 마을 공동체에서 두레나 촌회, 동계洞契, 모정茅亭, 농사農社 등의 모임은 단순히 공동 노동이나 경제적인 상호부조만을 위한 단체가 아니었다. 이런 모임들은 공동체 생활과 밀접한 연관성을 가지고 마을의 공유 재산을 관리하는 기능을 담당했다. 이런 모임들은 농작물과 가축을 관리하고 노동력을 관리하는 마을 공동의 규범을 마련하는 역할을 담당했고 민주적인 결정 과정을 거쳤다. 양반이 향회나 유향소를 통해 지배 이데올로기를 전파했다면, 삶터와 일터가 구분되지 않았던 평민은 촌회를 통해 자치를 실현하려 했다. 일제 식민 권력이 이런 모임들을 강제로 해체시킨 뒤에도 이런 전통은 고스란히 남아 농민조합을 만들고 민간 협동조합을 조직하는 기반이 되었다.

반면, 국유화는 민중을 시혜의 대상으로 여기며 최소한의 권리를 보장하지만 민중이 스스로 그 권리를 지키고 권리를 확장시킬 기회를 제공하지는 않는다. 그리고 국유화가 되면 사람들이 모여 회의하며 서로의 목소리에 귀를 기울일 기회나 그럴 이유도 줄어든다. 따라서 배타적인 사적 소유권에 대한 저항은 국유보다 공동의 소유共有와 공적인 소유公有를 지향해야 한다.

공동의 소유 면에서 노동자의 작업장 소유와 관리, 협동조합과 공유지의 확대, 작업장과 공동체 위원회들의 네트워크 같은 민중의 자주 관리, 직접 통제는 매우 중요하다. 생산 수단을 공유하며 협동 노동하고 공동 관리하는 일터와 삶터를 확대시키려는 노력이, 특히 지식의 공유를 확장시키려는 노력이 필요하다.

보통 지적 소유권이라고 하면 음악이나 영화 같은 저작물의 권리만 생각하지만 종자와 유전자 같은 생명과 관련된 중요한 정보도 지적 소유권의 대상이다. 최근 초국적 자본이 혈안이 되어 공을 들이는 영역도 바로 지적 소유권이다. 지적 소유권이 결국에는 먹고사는 문제를, 몸과 생명의 문제를 결정할 것이기 때문이다. 2012년부터는 한국도 '국제식물신품종보호동맹UPOV 협약'에 따라 종자에 대한 로열티를 사고팔려 한다. 이 와중에 죽음을 생산하는 기업이라 불리는 초국적 자본 몬산

토와 듀퐁 등이 들어와 한국 종자 시장의 40퍼센트 이상을 잠식하고 있다. 아마도 이런 기업들은 점점 한국 토종 종자의 씨를 말릴 것이다. 따라서 그 어떤 문제보다 이런 소유화, 사유화의 시도에 맞서 강력하게 저항해야 한다.

공적인 소유 면에서 보면 단순히 공공 부문의 민영화에 도전할 뿐 아니라 중앙 정부나 지방 정부의 자산을 다시 민중이 관리할 방법을 고민해야 한다. 2009년을 기준으로 지방 자치 단체가 보유한 공유 재산이 약 229조원을 넘어섰고, 중앙 정부의 국유 재산도 약 337조원에 달한다. 이 재산은 권력을 가진 기득권층의 것이 아니라 시민의 것이다. 지금까지 아무런 견제도 받지 않고 낭비되어 온, 정확히는 기득권층이 마음대로 결정해 온 이런 재산을 통제하려는 다양한 노력이 필요하다. 지방 정부와 중앙 정부의 선거에만 관심을 두지 말고 시민의 자산이 어떻게 사용되고 있는지 그 실상을 밝히고 다시 시민이 그 자산을 관리할 방법을 찾아야 한다.

인간의 권리는 소유가 아니라 공유를 통해 보호받고 확대될 수 있다. 이 단순하고 명백한 진리가 너무 오랜 세월 동안 무시되었다. 이제 다시 그 진리를 실현할 때이다. 소유화와 사유화의 시도에 여러 가지 방법으로 맞설 수 있지만 가장 강력한 저항은 공유를 통해 서로의 생활을 엮고 생산자와 소비자가 서로를 지지하는 버팀목이 되는 것이다. 그리고 협동 운동은 이러한 저항에서 가장 큰 무기이며, 다양한 가능성을 풍부하게 지닌 운동이다. 그럼 이제 다음 장에서 이 협동 운동에 대해 좀 더 자세하게 살펴보도록 하자.

6
존엄한 노동은 불가능한가?

현대 사회를 사는 우리는 소유하기 위해 일한다. 관계가 사라진 사회에서 소유는 우리의 삶을 안전하게 만들 유일한 발판이기 때문이다. 우리는 소유를 해야지 먹고 입고 지친 몸을 누일 수 있고 앞으로도 그렇게 살 수 있으리라 안심한다.

허나 때로는 아무리 열심히 일해도 줄어들지 않는 삶의 격차가 우리를 좌절시키기도 한다. GS그룹 상무의 10살짜리 아들의 주식 평가액이 680억 원이라는 현실 앞에서, 치솟는 전셋값을 걱정해야 하는 우리는 좌절할 수밖에 없지 않은가. 닥치는 대로 일하고 소유하더라도 그 격차를 메울 방법은 없다.

드라마 〈시크릿 가든〉의 현빈은 끊임없이 "그게 최선입니까?"라고 묻지만 우리에게 최선은 불가능하다. 최선을 추구할 힘조차 빼앗겨 버렸기 때문이다.

2008년 서울 지하철의 차장이 뒤따라오는 열차에 치여 사망했다. 열차에 대해 가장 잘 안다고 할 수 있는 차장이 어떻게 그런 사고를 당했을까? 언론 보도에 따르면 차장은 기관실에서 똥을 누다 선로에 떨어졌다고 한다. 왜 차장은 철도에서 똥을 누려 했을까?

지하철을 운전하는 노동자는 한번 운전대를 잡으면 열차가 순환되는 4시간 30분 동안 화장실에 갈 수 없다. 열차를 운전하는 노동자이기 이전에 사람으로서 그들도 똥을 싸야 하는데, 회사는 그들을 배려하지 않는다. 기관실이나 승강장 어디에도 급한 일을 볼 공간이 없기 때문에, 지하철 노동자는 기관실에 신문지를 깔고 볼 일을 본다. 그래서 검은 비닐 봉투와 신문지, 빈 페트병이 열차 운전대를 잡는 사람들의 필수품이다. 여성 노동자에게는 더욱더 곤욕스러운 상황일 것이다.

그런데도 회사가 이들을 배려해 마련한 대책은 아무것도 없다. 고작 '운전 전날 과식과 과음을 삼가라.'는 말뿐이었다. 4년이 지난 2012년에도 나아진 것은 없어, 공황 장애에 시달린 지하철 운전 노동자가 철로에 자신의 몸을 던져 자살하는 비극이 일어나기도 했다. 지하철 노동자만이 아니다. 대형 할인마트에 하루 종일 서서 계산하는 노동자도 손님이 밀리면 화장실에 가지 못한다. 버스를 운전하는 노동자도 마찬가지다. 그리고 건설 노동자가 '식당에서 밥 먹고, 화장실에서 똥 싸고 싶다.'며 파업을 벌이기도 한다. 이러한 노동 조건이 바로 G20 정상회의를 개최한 대단한 선진국의 일상에서 빼놓을 수 없는 교통, 쇼핑, 건설 현장의 실상이다.

이렇게 똥도 제대로 누지 못하는 노동자의 어려움이 비단 최근의 일만은 아니다. "근로기준법을 준수하라"고 외치며 자신의 몸을 불살라 한국 노동 운동의 불씨를 지폈던 전태일 열사의 동생인 전순옥의 책 《끝나지 않은 시다의 노래》를 보면, 1970년대 평화 시장 미싱사의 삶 역시 다르지 않았다. "먹고 난 후에 노동자들은 서둘러 화장실로 가는데, 그곳에는 어김없이 줄이 길게 늘어서 있다. 화장실이 남녀 공용인데다 너무 적기 때문이다. 2000명이 넘는 노동자가 일하는데 화장실은 겨우 3개. 물 공급도 빈약하기는 마찬가지다. 평화 시장에 있는 400개의 작업장에 수도는 3개뿐이다. 손을 씻는 것은 고사하고 마시기에도 충분하지 않을 정도다. 화장실에 가려고 줄을 서는 시간이 그렇기 길지 않다면, 점심 식사 후 휴식을 취하거나 다른 동료 노동자들과 어울려 이야기라도 할 수 있을 텐데. 하지만 그것은 우리에게는 해당되지 않는다. 우린 서둘러 작업에 복귀해야만 한다." 그때나 지금이나 열악한 노동 환경은 노동자에게 굴욕을 강요한다.

노동자가 존엄하게 일하는 것은 정말 불가능한가? 앞서 얘기했듯이 소유가 우리 삶의 목적이 아니라면, 무엇을 어떻게 생산할 것인지를 결정하는 사람이 노동하는 사람과 다르지 않다면, 존엄한 노동은 불가능하지 않다. 해방 직후 만들어진 조선노동조합전국평의회(전평)는 "일본 제국주의와 매국적 민족 반역자 및 친일파의 일체 기업을 공장위원회에서 보관하고 노동자는 그 관리권에 참여하라."는 행동 강령을 채택하며 노동자 자주 관리를 주장했다. 그리고 앞서 얘기했던 농민들의 협동조합도 농민이 땅을 스스로 관리하는 방식이었다. 노동자가 스스로 관리하는 농장과 공장, 사무실이라면 존엄한 노동은 불가능하지 않다.

2006년 2월, 대구의 시내버스 회사 '국일여객'은 '달구벌 버스'로 이름을 바꾸고 노동자 자주 관리 기업으로 전환되었다. 회사가 부도나자 노동자들이 생존권 보장 투쟁을 벌여 회사의 부채 70억 원과 함께 시내버스 50여 대를 인수해서 노동자 자주 관리 기업으로 탈바꿈한 것이다. 불안정한 고용으로 고통을 받지 않아도 되자 이 기업의 노동자는 자부심과 주인 의식을 가지며 일하고 있다. 같은 해 12월 진주에서도 부도가 난 회사를 노동자들이 인수해서 '진주 시민버스'를 만들었다. 조합원 160명이 각각 500만 원씩 출자해 8억 원을 마련하고 2007년 4월 버스 73대를 할부로 사서 운행을 시작했다.

버스 회사만이 아니다. 주방용품을 생산하는 '키친아트' 역시 2001년 4월 법정 관리에서 퇴출 명령을 받은 회사를 노동자들이 인수했다. 처음에는 퇴직금과 밀린 임금을 받기 위해 비상대책위원회를 결성했던 직원들이, 회사로부터 공장 부지, 미수채권, 기계 설비, 상품 재고, 브랜드 저작권 등에 관한 소유 권리를 넘겨받아 회사 경영을 맡으면서 노동자 자주 관리 기업을 세운 것이다. 이제 '키친아트'는 프레스 기계에 손을 잘리고 코피를 쏟는 노동을 하지 않고도 흑자가 날 수 있다는 점을 잘 증명하고 있다.

이처럼 일하는 사람이 경영에 참여하고 공동으로 기업을 소유하면 현장의 목소리가 경영에 반영되고 경영도 투명하고 공정해진다. 그리고 공유의 폭도 넓어진다. 이제 소유와 사유를 넘어, 실제로 존엄한 노동이 어떻게 가능한지, 협동조합을 중심으로 그 가능성의 싹을 찾아보자.

| 왜 협동조합인가? |

'1 대 99의 사회'라는 말이 유행하고 있다. 1퍼센트의 탐욕이 99퍼센트의 생계를 위협한다는 위기감을 내포한 이 말은 이긴 자가 모든 것을 차지하는 승자독식의 세계관과 경쟁이 가장 공정한 규칙이라는 무한경쟁의 논리를 반영한다. 1퍼센트의 사람들이 99퍼센트의 사람들이 누려야 할 행복을 독점하고 있는 현실에서 스멀스멀 올라온 두려움이다. 20대의 키워드 가운데 하나가 '잉여'라는 서글픈 현실은 이 두려움의 깊이를 보여 준다.

상황이 이러하지만, 국가나 시장이 이런 위기를 해결하기 위해 나서리라 기대하기는 어렵다. 아니, 국가나 시장이 이런 위기를 불러온 주범이기에 그런 기대는 부질없다. 열심히 살아가던 시민을 어느 순간 철거민으로, 때로는 도심 테러범으로 내몰고 목숨을 앗아가는 한국 사회에서 시민은 국가나 시장에 의지할 수 없다.

사실상 공익과 사익의 경계가 이미 무너졌기에 국가와 시장은 상체만 분리되어 있고 몸통은 하나인 샴쌍둥이다. 그래서 둘을 구분하는 것은 이미 무의미하다. 잔인한 고문이 사람의 몸과 마음을 완전히 파괴하듯이, 정부 자체를 민영화하려는 현대의 재난 자본주의는 쓰나미나 홍수 같은 자연재해, 테러, 전쟁이 시민들의 머릿속을 뒤흔든 틈을 타서 민중의 삶의 터전을 빼앗는다. 이런 상황에서 좋은 정부를 세워서 지금의 위기를 극복하자는 생각은 헛되다.

그렇다면 우리는 이대로 지구 멸망의 날만 멀뚱멀뚱 기다려야 할까? 클라인은 《쇼크 독트린》의 끝부분에서 그래도 희망이 남아 있다며 베네수엘라 사례를 얘기한다.

"한마디로 일상생활에서의 민주주의다. 차베스는 베네수엘라에서 협동조합을 정치적 최우선 순위에 두었다. 처음으로 정부 계약 대신에, 서로 간에 거래가 이루어지도록 인센티브를 부여했다. 2006년 무렵 전국에는 10만 개의 협동조합이 있고 70만 이상의 노동자가 그곳에 몸담고 있다. 지역 사회에 운영권을 맡긴 고속도로 통행료 징수 시설, 고속도로 정비, 의료 클리닉 같은 기반 시설들이 대부분이다. 정부 아웃소싱의 역발상이라 하겠다. 국가의 일부를 대기업에 입찰로 넘겨 민주적 통제권을 상실하는 방식이 아니다. 정반대로, 자원을 이용하는 사람에게 그 관리 권한을 넘겨준 것이다. 최소한 이론적인 면에서만 봐도, 이러한 방식은 더 많은 일자리와 더욱 책임감 있는 공공 서비스를 창출할 것이다. 차베스를 비판하는 사람들은 이것을 동냥을 주는 행동 내지는 불공정한 보조금 지급이라고 비난한다. 그러나 (세계적인 석유 회사) 핼리버튼은 미국 정부를 자신의 개인 현금 인출기처럼 6년이나 사용했다. 이라크 계약만 해도 200억 달러 이상을 인출해 갔다. 그러고는 걸프코스트나 이라크에서 현지 노동자들을 고용하지 않았다. 미국 납세자들에 대한 고마움은 본사를 (모든 부가세와 법적 혜택이 주어지는) 두바이로 옮기는 것으로 갚았다. 그에 비하면 차베스가 국민들에게 직접 보조금을 주는 것은 그다지 급진적인 조치도 아니다."

여기서 드러나듯 희망은 자기 삶의 기반을 다시 세우고 더 이상 자기 결정권을 국가나 시장에 빼앗기지 않겠다고 결심한 민중들의 직접행동과 자기 조직화이다. 협동조합은 그 희망의 틀이 되고 있고, 베네수엘라만이 아니라 아르헨티나, 브라질, 레바논, 태국 등 세계 곳곳에서 활력을 얻고 있다.

평범한 사람들의 상호부조로 만들어진 협동조합이 희망이라는 주장은 전혀 새로운 이야기가 아니다. 자본주의와 근대 국가가 공동체의 자치와 자급을 파괴하며 악마의 맷돌을 돌릴 때부터, 협동조합 운동은 그 파괴에 맞서 왔다. 공상적 사회주의자라 불리는 19세기 초의 사상가 로버트 오언은 사람이 좋은 환경에서 자랄 수 있다면 누구나 자신의 삶을 합리적으로 변화시킬 수 있다고 믿었다. 사람들이 협동조합을 구성해서 질 좋고 값싼 물품을 활용할 수 있다면 스스로 삶을 바꿀 수 있다고 믿었다. 그래서 오언은 자신이 관리하던 뉴래너크의 공장에서 실제로 소비협동조합을 운영했고 협동조합의 수입으로 노동자의 아이들이 다니던 학교의 비용을 충당했다.

이처럼 협동조합은 가난한 사람들의 삶을 실질적으로 돕는 좋은 방법이었다. 나아가 오언은 여러 산업을 공동으로 통제하고 협동해서 운영하면 공동체의 기반이 더욱더 탄탄해질 수 있다고 믿었다. 이렇듯 함께 출자하고 공동으로 소유하며 지혜를 모은다면 사업은 한 개인만이 아니라 사회 전체의 이익을 늘릴 수 있다.

노동하는 조직에만 협동의 원리가 적용될 수 있는 것은 아니다. 프랑스의 프루동은 노동자들의 상호주의에 바탕을 둔 인민 은행이 노동자협동조합이나 소비자생활협동조합, 주택협동조합 등 다양한 협동조합의 결성을 지원하며 조금씩 자본주의를 대체할 수 있으리라 기대했다. 프루동의 인민 은행은 조합원인 노동자가 출자해서 서로의 삶을 보장하는 체계이다. 인민 은행은 노동자가 고리대금에 얽매여 삶을 낭비하지 않도록 신용 대부를 할 뿐 아니라, 노동자가 다른 노동자의 생산물을 구입할 수 있는 교환권, 생산성을 기준으로 각 노동자에게 분배되는 교환권을 유통시키는 역할을 맡는다. 프루동은 협동 노동이 개개인의 노동력을 합한 것보다 훨씬 더 많은 성과를 거둘 수 있기에 인민 은행의 힘이 더욱더 강해지리라 기대했다. 실제로 프루동의 이런 생각을 이어받아 유럽에서는 다양한 형태의 신용협동조합이 만들어졌다.

협동조합은 기본적으로 삶을 돌보는 경제 조직이지만 때때로 혁명의 기둥이 되기도 했다. 김창진이 지은 《사회주의와 협동조합 운동: 혁명 전후 러시아의 국가와 협동조합》에 따르면, 과거 러시아 혁명을 지속시킨 힘은 혁명을 이끈 볼셰비키나 도시 노동자가 아니라 협동조합에서 나왔다. 흥미롭게도 당시 러시아의 상황은 지금 우리가 처한 상황과 비슷한데, 1905년 혁명 당시 러시아는 전쟁과 혁명, 유례없는 물가 폭등과 심각한 사회적 양극화를 비롯한 많은 위기에 시달렸다. 이런 위기는 농민들이 협동조합을 구성하도록 자극했고 도시에서도 소비자협동조합의 성장을 가져왔다. 그래서 "1917년 2월 혁명 전야의 러시아 협동조합 운동은 전국적으로 광범위하게 발전된 조직 체계를 기반으로 거대한 대중(인구의 약 1/3~1/2)을 포괄한 사회경제 운동으로 성장했다. 러시아 협동조합은 양적으로(단위 조합과 그 회원 수에서) 세계 제일임을 자랑했다."

그 당시 협동조합 운동을 이끌던 사람들은 협동조합이 대중의 물질적인 욕구를 충족시키는 일 말고도, "한편으로 자주성과 상호부조의 이념을 널리 선전하고, 다른 한편으로 인민의 조직화에 집중"해야 한다고 봤다. 그런 사회적인 위기가 협동조합을 성장시켰지만, 오랫동안 수동적인 복종을 강요받은 대중의 의식이 협동조합의 지속적인 발전을 보장할 수 없다고 봤기 때문이다. 그래서 활동가들은 대중에게 연대의 원칙을 보급하고 문맹자들이 주체적인 조합원으로 조합 활동에 참여할 수 있도록 많은 노력을 쏟았다.

"문화·계몽 사업 분야에는 도서관, 독서실의 건립, 방과 후 교실, 강의, 간담회, 연극, 음악회, 축제 등의 조직, 인민 회관, 문화·계몽 센터, 상호부조 조직의 설립 등이 포함되었다. 협동조합이 전개한 비경제 활동의 과제는 단지 협동조합을 선전하는 데만 국한되지 않고 광범위한 의미에서 농촌 주민들을 계몽하고 그들의 도덕 수준을 제고하는 것까지 포함했다. 그 중에서도 각별한 의미를 가진 것은 미래 농촌 문화생활의 중심인 인민 회관의 건립이었다. 인민 회관(인민 궁전)의 설립에는 소비조합이나 신용조합뿐 아니라 구베르니야(행정 구역) 젬스트보(지방 자치 기관)와 심지어 읍 단위 촌회까지 참여했는데, 이는 그 사업이야말로 모든 다른 활동을 위한 기반이자 결실이었기 때문이다."

이런 다양한 활동과 공간 마련을 통해 협동조합은 위기를 자신의 성장 발판으로 전환시킬 수 있었다. 협동조합은 일터만이 아니라 존엄하게 살 수 있는 생활의 방편을 제공했다.

그 결과 협동조합을 부정적으로 생각하던 레닌조차 자신의 생각을 바꿨다. 처음에 레닌은 협동조합이 '자본주의 사회의 작은 섬'에 불과하다는 마르크스와 엥겔스의 사상을 이어받았지만 나중에는 "협동조합을 신경제정책에 적응시킬 것이 아니라 신경제정책을 협동조합에 적응시켜야 한다."고 말할 정도로 협동조합의 가치를 높이 평가했다. 레닌은 자본주의 경제를 대체하려면 협동조합이 반드시 필요하다는 점을 뒤늦게 깨달았기 때문이다. 하지만 레닌의 죽음은 이런 깨달음을 오래 지속시키지 못했고 협동조합의 원리를 획일적으로 러시아 사회에 적용하려고 한 스탈린의 시도는 부작용을 일으켰다.

당시 뛰어난 농경제학자인 차야노프는 협동조합이 경제적인 기업 형태를 취하지만 다른 한편으로는 자신의 이념을 가진 운동이어야 한다고 강조했다. 하지만 이런 계획은 협동조합 조직의 단일화나 농업 집산화를 주장하고 협동조합의 정치력을 경계하던 소련 정부와 충돌했고 결국 러시아에서의 협동조합 운동은 서서히 쇠퇴했다.

스탈린은 대규모 산업화 정책과 중앙 계획을 통해 엄청난 경제 성장을 이뤘다. 소련은 1928년 경제 개발 5개년 계획이 추진된 이래 1930년대 연평균 20~25퍼센트의 높은 성장률을 기록했다. 하지만 이 놀라운 성장률은 민중의 자발적인 활력을 억압적인 노동으로, 생산 과정의 자율성을 생산력 경쟁으로 대체한 대가였다. 협동조합의 형식은 유지되었지만 자율성이 사라지고 국가의 명령에 따르게 되면서 경제의 활력도 점차 사라져 갔다.

이렇게 본다면 우리의 상식과 달리 소련 사회주의를 지탱했던 힘은 소비에트 권력이 아니라 수많은 풀뿌리 민중과 그들의 자발적인 모임들, 그리고 협동조합 운동이었다. 그 작고 소박한 힘들, 민중들의 상호부조와 협동, 연대에 대한 믿음이 거대한 러시아를 지탱했고 사회주의로의 이행 실험을 가능하게 했다. 그러니 국가 권력만 바꾸면 새로운 사회가 실현되리라는 생각하는 것은 그야말로 모래 위에 집을 짓는 격이다.

그리고 우리는 러시아의 경험에서 '실패의 교훈'을 얻을 수 있다. 즉, 국가를 중심에 놓거나 그것의 지원을 염두에 두고 협동조합 운동을 펼치는 것은 한계를 가질 수밖에 없다. 누가 권력을 잡는가에 따라 지원의 형식과 내용이 바뀌고 표준화되고 중앙집중화된 틀을 강요하면서 국가는 협동조합의 자율성과 창의성을 침해할 수밖에 없기 때문이다. 그래서 협동조합 운동은 자율성과 창의성을 지키고 자신의 기반을 넓히기 위해 조합원이나 민중을 적극적으로 조직하고 그들이 주입된 이데올로기에서 벗어나 새로운 세계를 꿈꿀 수 있도록 다양한 문화·계몽 활동을 펼쳤다.

러시아만이 아니다. 미국으로 이주한 이탈리아인과 유대인은 노동조합과 협동조합을 만들어 자본주의 속에 자본주의적이지 않은 사회를, 국가 속에 또 다른 공동체를 만들려고 노력했다. 이들은 빵집과 버스 회사, 채석장, 공장 등에서 노동자협동조합을 만들었고 공동 주택을 세우려는 주택협동조합도 만들었다. 그리고 여성 노동자들은 일 공동체를 만들고 석공들은 공동 보험을 만들었다. 이렇게 같은 작업장과 마을에서 일하고 사는 주민이 함께 학교를 세우고 아이들을 교육시켰다. 2008년 KBS에서 방영된 다큐멘터리 〈오래된 미래 CO-OP, 볼로냐, 부산 두 도시 이야기〉로 잘 알려진 이탈리아의 볼로냐에서는 8000여 개의 협동조합이 다양한 영역에서 활동하며 그 경제 비중이 전체의 45퍼센트에 달한다. 또한 스페인의 몬드라곤에서는 다양한 협동조합이 협동조합 의회를 만들어 활동하는데, 그 자산 규모가 30조에 이르고 2010년 매출액이 22조원에 달했다.

앞서 말했듯이 이런 경제력을 바탕으로 다양한 협동조합은 대항문화를 만들고 전통적인 대중 활동에 새로운 혁명적인 내용을 덧붙이며 다른 삶을 꿈꾸고 있다. 이들은 폭력이나 파괴보다 자치 공동체, 대안 경제, 대안 교육, 대안 문화를 만들며 다른 사회를 구성하고 있다. 이런 발전 과정을 거치면서 협동조합 운동은 다음과 같은 원칙을 세웠다.

1) 자발적이고 열려진 조합원 제도
2) 조합원의 민주적인 운영 및 관리
3) 조합원의 경제적 참여
4) 협동조합의 자치와 자립
5) 조합원에 대한 교육, 훈련 및 홍보
6) 협동조합 간의 협동
7) 지역 사회에 대한 기여

이 원칙에 따라 협동조합은 성, 인종, 사회적 지위에 상관없이 조합원을 받아들이고, 1원 1표가 아니라 1인 1표의 원칙에 따라 조합을 운영하며, 조합이 민주적으로 운영되고 자산이 공유되며 국가나 자본으로부터 자율성을 가져야 한다는 점을 분명히 하게 되었다. 아울러 조합원의 성장과 협동조합 간의 협동, 협동조합이 자신의 터전인 지역 사회를 활성화시켜야 한다는 목표도 분명해졌다.

서로 협동해서 생산물을 수확했기에 소유의 경계가 분명하지 않았고, 공동으로 결정을 내려야 하는 일이 많았기에 자연히 '회의'하는 정치 구조가 만들어졌다. 그리고 성과물도 어느 한 개인의 소유가 아니라 전체의 공유를 확장하는 방식으로 이용되었다. 또한 협동조합은 조합원들이 자신의 시야를 넓히고 조합과 지역 사회를 파악할 수 있는 다양한 프로그램을 제공했다.

사실 협동조합이라는 형식은 사람의 삶을 공동체라는 생활 양식과 긴밀하게 연관시키고, 정치와 경제 영역의 삶을 서로 엮는다. 근대 국가나 자본주의가 등장하기 훨씬 전부터 협동조합 운동은 이런 구조를 만들어 왔고 인류 역사를 발전시켰다. 협동조합 운동은 조합원이 자신의 욕구를 드러내고 다른 조합원과 공동의 목표를 만들며 자치와 자급의 삶을 경험하게 한다. 그런 점에서 협동조합 운동은 단순히 국가나 시장의 실패를 보완하는 것이 아니라 인간의 삶을 근본적으로 바꿔야 하는 과제를 안고 있다.

19세기 말에 아나키즘의 이론적인 토대를 다졌던 사상가 표트르 크로포트킨은 이를 분명한 입장으로 정리했다. 그는 《전원, 공장, 작업장》에서 경제학이 '어떻게 이윤을 늘릴 것인가?'라는 물음보다 '무엇을, 어떻게 생산할 것인가?'라는 물음에 초점을 맞춰야 한다고 주장했다. 크로포트킨은 "농업이 공업을 성립시키고, 공업이 농업을 지지"하는 통합적인 관점에 따라 땅과 인간의 다양성을 존중하며 자급의 조건을 만들어야 한다고 주장했다. 그래서 크로포트킨은 소규모 공업과 농사를 함께하는 촌락이 "토지 경작자가 동시에 공장 노동자이기도 했던 옛 제도의 장점"을 살린다면 전체 인류가 넉넉히 살림살이를 장만할 수 있으리라고 예상했다. 특히 농업과 결합해 노동자가 땅을 경작하며 일하는 소공업은 작은 규모의 다양한 발명을 통해 농업의 발전을 자극할 수 있기 때문이다. 크로포트킨은 소공업과 농업이 결합된 전원 도시 또는 농촌과 도시의 유기적인 결합이 미래의 대안이라고 강조했다.

그런 의미에서 크로포트킨은, 당시 소농과 지방 소공업의 몰락을 경제 발전에 뒤따른 자연스러운 과정으로 받아들이고 몰락을 당연시했던 자본주의 경제학자와 사회주의자 모두를 비판했다. 우리가 초중등 교과서, 대학의 주류 경제학에서 아무 의심 없이 익혀 온 내용은 사실 소설에 가깝다. 대규모 산업으로 자연스럽게 전환된 사례는 전 세계를 통틀어도 거의 찾아볼 수 없다. 크로포트킨은 토지와 공장으로의 집중, 도시로의 집중이 반드시 사회에 해로운 결과를 가져올 것이라고 강하게 경고했다.

크로포트킨은 마르크스처럼 자본주의 경제를 세밀하게 분석하지는 않았지만 어떤 관점을 가지고 경제적 전망을 세워야 하는지를 분명하게 밝혔다. 그리고 현실을 바라보는 관점이 삶과의 연관성을 잃어버리고 어떤 법칙이나 이론의 틀에 갇혀 버릴 때 그 관점이 오랜 세월 누적되어 온 삶의 지혜를 망각할 수밖에 없다는 점을 경고했다. 지금 우리에게 필요한 것은 경쟁과 집중화의 현실에서 살아남기 위한 단기적인 처방이 아니라, 근본적으로 삶의 기반을 재구성할 관점과 지혜이다. 우리에게도 역시 이런 과제가 주어져 있는데, 지나간 시간 속에서 그 과제를 현명하게 해결할 길을 찾아볼 수 있지 않을까 한다.

| 한국의 농민 공동체와 협동조합 |

일제 강점기에 농민 공동체는 지금처럼 낭만적인 향수로 얘기되지 않았다. 오히려 농민 공동체는 농민의 삶을 지탱하는 현실의 버팀목이었다. 바로 그 점 때문에 일제는 한국의 마을 공동체를 철저히 파괴하려 들었다. 이를 위해 일제는 한일병합 이전인 1896년에 전국 23부를 13 도로 개편할 때, 군수의 역할을 보좌하던 향장鄕長과 향청鄕廳을 폐지했고 1914년에는 부·군·면을 통합하고 면장을 임명했다. 마을 이름도 ○○동으로 바꿔서 마을의 정체성을 없앴다. 이런 행정 구역 개편은 기존의 자치 공동체를 쪼개고 합쳐 자치를 어렵게 만들었다.

그리고 일제의 식민지 지주제 역시 농민들의 경제생활을 방해하고 농민 공동체를 해체하는 데 목표를 두었다. 쌀의 생산량을 늘리려는 일제의 산미 증식 계획은 수리 조합水利組合을 만드는 비용을 농민에게 부담시키며 삶을 더욱더 어렵게 만들었다. 일제조차도 농촌의 붕괴를 보다 못해 1933년부터 농촌 진흥 운동을 벌이며 농가 경제의 자력갱생, 건전한 농민 정신 함양을 주장할 정도로 농민들의 삶은 어려워졌다.

그렇지만 한국의 농민들은 이런 지배를 순순히 받아들이지 않았다. 일제 초기부터 의병의 전통을 따르는 반란이 전국 곳곳에서 나타났다. 주로 해산된 군대나 지방 유림의 지도를 받았지만 많은 농민이 이 반란에 참여했다.

그러다 1919년에 일어난 3·1 운동은 농민들의 자발적인 의지로 일어난 사건이었으며, 이 3·1 운동을 일제가 힘으로 짓누른 뒤에도 민중의 열망은 쉽게 식지 않았다. 그래서 1920~30년대의 농민 운동은 농촌 공동체를 다시 세우는 것을 중요한 과제로 삼았다. 1920년대 중반 이후부터 마르크스주의 저작이 본격적으로 읽히기 시작했고 레닌, 스탈린, 부하린 등이 쓴 원전도 일본을 거쳐 한국에 흘러들어왔다. 1928~1929년경에는 사회주의 서적의 수용이 절정에 이르렀다. 농민은 서서히 의식화되며 조직화되었다.

기존의 국사는 이런 농민의 역사를 기록하지 않았고, 사회주의 역사관은 농민의 저항을 개량주의와 사회주의로 구분했다. 기존의 역사관은 임시 정부의 법통이나 해방의 의미를 강조해야 했기 때문에 농민을 무기력한 존재로 그리며 해외의 독립운동을 주로 다뤘다. 그리고 사회주의 관점은 국내의 농민 운동을 혁명과 개량의 관점에서 '평가'하며 사회주의 계열만을 진정한 사회 운동이라 봤다. 예를 들어, 사회주의 관점은 천도교 계통의 '조선농민사'나 기독교계의 농민 운동, 협동조합 운동 등을 일제 농민 개량화 정책의 결과물로 보며 개량주의라 평가했다.

그러나 그런 운동들을 단순히 개량주의라는 잣대로 재단할 수 있을까? 일제 강점기의 손정도 목사는 진정 우리가 기독의 정신을 가지고 있다면 기독교 신농촌을 조직해야 하고, 이를 위해 자신에게 있는 모든 소유를 이 공동체에 바쳐야 한다며 소유 없는 '기독교 사회주의'를 추구했다. 실제로 손정도는 농민호조사互助社를 설립해 무산 농민이 자본가에게 저항하고 가난한 자들끼리 협동호조協同互助하는 것으로 생산의 자본력을 만들어야 한다고 주장하며 이상촌 건설에 힘썼다. 그리고 기독교 신앙의 본질을 성서에서 찾았던 일본의 무교회주의자 우찌무라 간조의 영향을 받았던 이용도 목사도 톨스토이를 스승이라 부르며 빈자와 연대하는 사랑의 공동체를 주장했다. 이용도는 장로교회에서 이단으로 선언되는 파문을 겪으면서도 교회를 가난한 사람들이 함께 춤추고 기도하는 공동체로 만들려 했다.

사실 기독교의 정신은 지금처럼 국가나 자본에 봉사하는 것이 아니라 가난한 사람들의 공동체를 만드는 데 있다. 식민지 현실에서 파괴되는 삶의 터전을 복원하고, 황무지를 개간해서 이상촌을 만드는 것, 농민에게 하나님의 나라를 가르치며 그들의 현실을 무시하는 것이 아니라 농민이 이 땅에서 하나님의 나라를 실현하도록 하는 것이 기독교 정신이다. 자기 몸집만 불리는 지금의 대형 교회가 벌이는 신도 배가 운동이 아니라, 이상촌 운동과 사랑의 공동체야말로 기독교 정신을 지상에 실현하려는 운동이었다. 이것이 왜 개량주의란 말인가?

또한 3·1 운동 이후 점점 보수화되는 교회에 실망하던 이대위를 비롯한 많은 청년이 YMCA를 중심으로 사회복음 운동과 농촌협동조합 운동을 벌였다. 특히 유재기는 협동조합이 그리스도의 사랑을 생활화하는 유기적인 조직체라고 평가하며 장로회 농촌 운동을 이끌었다. 유재기는 가난한 사람들의 상호부조조합인 독일 라이파이젠식 신용조합과 생산자와 소비자의 직거래를 추구한 영국 로치데일식 소비자협동조합을 만들어 소농의 자립과 협동을 유도하기도 했다.

이런 다양한 흐름들을 싸잡아 개량주의라고 평가하기는 어렵다. 자기 재산을 모두 공동체에 바치고 서로 돕고 협동하며 살겠다는 사람들이, 신용조합, 생산자협동조합, 소비자협동조합을 만들어 자립하겠다는 사람들이 현실과 타협하는 개량주의자일 수는 없다. 오히려 현실에 틈을 만들어 다른 현실을 열려는 급진주의자라 불려야 옳다. 특히 빈부와 계급을 넘어 사랑과 협동을 나누며 서로의 삶을 떠받치는 공동체를 만들려는 노력은 새로운 사회를 여는 디딤돌이다.

개량과 혁명을 평가하는 관점에서 벗어나 농민 운동을 보면, 당시 농민 공동체에서 싹트던 다양한 사상을 새로이 평가할 수 있다. 가령, 톨스토이는 스스로 아나키스트임을 주장하지는 않았으나 그가 자급하는 농촌 공동체를 이상으로 삼았음을 생각하면, 앞서 얘기한 기독교 사회주의 운동이 지향하는 사회주의는 소련식 사회주의보다 자유롭고 자급하는 공동체를 꿈꾸던 아나코-코뮌주의anarcho-communism와 맞닿아 있음을 알 수 있다. 이론적으로 구성된 논리에 맞춰서 현실의 농민 공동체가 만들어지는 것이 아니라, 현실의 농민 공동체를 기반으로 다양한 사상이 재구성되고 있었다고 얘기할 수 있다. 즉, 단순히 외국의 이론을 좇아 만들어지는 현실이 아니라 우리의 현실 속에서 재구성되는 사상을, 그리고 농민 공동체 속에서 싹트는 자치와 자급의 이념을 볼 수 있다.

이런 이념을 실현하려는 노력은 특히 천도교에서 두드러졌다. 예를 들어, 1925년에 조직된 조선농민사는 사회 전체의 행복을 얻고, 농민 대중의 교양을 향상시키고 농민 대중의 경제생활을 안정시킨다는 목적을 세우고 소비조합 운동, 생산조합 운동, 기술 향상 운동, 경제 균형 운동을 펼쳤다. 1930년 조선농민사는 천도교 청년당과 통합하면서 불과 10개월 만에 새로 들어온 사원이 3만 명, 새로 만들어진 군 단위 농민사가 50개소, 리 단위 농민사가 1000개소라는 획기적인 발전을 이루었다. 이렇게 성장 속도가 빨랐던 것은 당시 농민의 삶이 경쟁보다 협동에 익숙했기 때문이다. 식민지라는 척박한 현실이지만 농민이 지켜온 삶의 전통과 노동 양식은 쉽게 무너지지 않았다.

조선농민사는 계와 두레 같은 전통적인 공동 노동 조직을 공동 경작계로 꾸리고 군 단위마다 공생 조합을 만들며 농민들이 자급할 수 있는 기반을 만들려 했다. 그리고 《조선농민》과 《농민》등의 잡지를 발행하고 강연회를 열며 계몽 운동과 농민 야학에도 힘썼다. 《조선농민》은 야학의 교재로 사용될 〈농민독본〉〈농민과학 강좌〉〈위생 강좌〉〈상식 문답〉 등을 연재하고 농민 야학과 귀농 운동에도 힘을 썼다. 각 군의 농민사들은 공동 경작에 관한 규약을 만들고 협동조합을 설립하는 것을 중요한 과제로 삼았다. 공동 경작계는 협동 노동을 공동체의 규약으로 발전시키며 서로 돕고 보살피는 자급과 공생의 체계를 마련했다. 협동조합은 일제 강점기에도 일제의 도움이나 개입이 필요 없는 삶을 가능하게 했다.

천도교는 협동조합을 하나의 정책으로 제안하기도 했다. 천도교의 정당인 청우당을 이끌었던 김일대는 종교가 민중의 아편이지만 동학당을 이어받은 천도교는 인내천주의人乃天主義로서 광제창생廣濟蒼生을 하겠다는 새로운 정치 사상을 가진 교정합일체敎政合一體라고 주장했다. 당시 청우당은 '민주 경제'를 외치며 농민, 노동자가 생산 수단을 소유하거나 재분배받아 민중이 정치의 주체일 뿐 아니라 경제의 주체로 서야 한다고 주장했다. 개인의 소유를 완전히 부정하지는 않았지만 공유의 기반을 늘리기 위해 노동조합과 농민조합을 만들었다. 이런 활동을 보면 천도교의 정신 곳곳에도 분명 협동조합의 정신이 숨어 있음을 알 수 있다.

또한 1926년 6월 전진한이 일본 동경에서 조직한 협동조합운동사는 "① 우리는 협동·자립 정신으로써 민중적 산업의 관리와 민중적 교양을 한다. ② 우리는 이상의 목적을 관철하기 위하여 조합 정신의 고취와 실지 경제를 기한다."는 목적을 내세웠다. 협동조합운동사는 유학생의 방학 기간 동안 경상북도 일원을 순회하며 강연회를 열고 협동조합을 조직했다. 그래서 1928년 11월에는 협동조합의 수가 22개, 조합원 수가 5000여 명에 이르렀고 자본금도 4만 5천여 원에 달했다.

전진한이 만들고자 한 협동조합의 방식은 간단했다. 매일 한 사람이 한 숟가락의 쌀을 저축(자조미自助米)하고 매월 5, 10, 15, 20, 25, 30일 저녁 식사를 죽으로 대체하고(애향미愛鄕米), 매월 7, 14, 21, 28일에 점심 식사를 하지 않고 그 쌀을 모은다(구국미救國米). 농가나 공장도 수확을 할 때나 상품을 팔 때 조금씩 판매량을 저축한다. 이것이 모이면 협동 조합을 만들고 운영하는 데 필요한 기본 자산이 된다.

이 운동 역시 단순히 각박한 현실에서 잠깐 숨 쉴 수 있는 여유를 마련하자는 차원을 넘어섰다. 전진한의 '자유협동주의사상'은 해방 이후에는 자본주의와 사회주의 모두를 뛰어넘으려는 시도가 되었다. 전진한은《이렇게 싸웠다》에서 주장했다.

"자유협동주의는 개인주의에서 자유를 추출하고 전체주의에서 협동을 추출하여 기계적으로 병렬 종합 절충한 것이 아니라, 개인주의에서 독점성과 배타성이 지止 즉 폐기되고, 개성 자유 즉 개성 존엄성, 평등성, 창의성이 양揚 즉 보존됨과 동시에, 전체주의에서 강권주의와 기계주의가 지止 즉 폐기되고, 사회협동, 즉 사회연대성, 공존성이 양揚 즉 보존되어 개인주의와 전체주의가 자유협동주의에로 지양통일된 것이다."

이런 다양한 노력에 힘입어 해방 이후에도 협동조합을 기반으로 삼는 운동은 계속되었다. 한국의 현대 협동조합 운동 역사를 논할 때 강원도 원주 지역을 빼놓고는 얘기할 수 없다. 1960년대 말 원주에서 무위당 장일순과 지학순 주교 등이 시작했던 협동조합 운동은 밝음 신용협동조합과 원주 한살림, 원주 의료생활협동조합 등 다양한 협동조합 운동으로 발전했고 원주 협동조합운동협의회, 원주 협동사회경제네트워크를 구성할 정도로 그 힘이 커졌다. 장일순은 협동조합이 돈보다 사람을 존중해야 하며 낭비와 파괴를 강요하는 자본주의 시장으로부터 독립된 자치적 '해방구'를 만들어야 한다고 강조했다.

협동조합이 실제로 해방구를 만들며 민중의 존엄을 가능하게 하는 조직이라는 점은 원주의 한 가지 사례에서 분명하게 드러난다. 원주에는 노숙인의 협동조합인 갈거리 협동조합이 있다. 처음에는 사회 복지 시설로서 빈곤 계층을 지원했으나 곧 협동조합으로 발전했다. 250여 명의 노숙자가 병, 박스를 수거해 모은 조합의 자산이 2억 가까이 된다. 2004년 창립 당시 95명이던 조합원은 2011년 말에 283명으로 늘어났고 자산도 1억 9775만 원으로 7년 만에 10배 가까이 증가했다. 2004년 이후 200~300만 원 정도의 대출이 115건 정도(전체 규모로는 1억 5000만 원 정도) 이루어졌는데 상환률이 95퍼센트에 달한다. 노숙자들은 협동조합을 발판 삼아 사회의 주변인에서 서로 신뢰하는 시민으로, 주체로 성장하고 있다.

물론 노숙자의 눈높이에서 삶을 기획하는 것은 참 어려운 일이고, 그밖에도 여러 어려움이 많다. 그래도 기존의 사회 복지가 노숙자를 일방적인 시혜의 대상으로 바라본다면, 협동조합에서 노숙자는 서로를 이해하고 보듬는 조합원이다. 그래서 노숙자는 쉬이 협동조합을 떠나지 않고, 협동조합이기에 가난한 노숙자도 협동조합의 이사가 된다. 실제로 갈거리 협동조합의 이사에는 극빈층 조합원이 매년 한두 명씩 참여하고 있다.

이 협동조합을 통해 노숙자는 더 이상 눈총이나 동정을 받는 거리의 부랑자가 아니라 노동자로 생활하게 된다. 그 누구도 구걸하는 삶을 원하지 않는다. 그리고 가난이 구걸의 근거가 될 수는 없다. 적절한 일자리가 있다면 누구라도 자신의 노동으로 살아갈 수 있다. 대자본의 논리에 따라 움직이는 사적 소유의 시장 경제가 아닌, 호혜와 보살핌에 따라 움직이는 협동조합은 존엄한 노동을 가능하게 하는 기반이다.

'다른 국가'만이 아니라 '다른 시장'을 상상하고 실천하는 행동 속에서 우리는 전태일의 외침을 새로이 해석할 수도 있다. 그의 죽음을 헛되이 하지 않는 길은 근로기준법을 지키도록 요구할 뿐 아니라 우리 스스로 노동의 질서를 만들고 그것을 지키는 것이다. 임금에 종속된 노동이 아니라 '능력에 따라 일하고 필요한 만큼 가져가는' 공리公理를 조직하고 실천하는 존엄한 방법은 공상이 아니라 이미 현실이다.

| 협동 운동의 뿌리내리기 |

협동조합만이 아니라 계나 두레, 품앗이, 사회적 기업 등 다양한 흐름이 협동 운동의 틀로 묶일 수 있다. 협동이 배움의 연대와 생활의 연대, 공동체의 연대로 조직되어 저항의 망을 구성하면, 민중과 시민의 힘은 권력을 가진 자들조차 거스를 수 없다. 다양한 협동 운동이 지역 사회에 깊이 뿌리를 내린다면 이를 위해 더 없이 좋을 것이다.

협동 운동이 지역 사회에 깊이 뿌리내리기 위해서는 사업의 확장만이 아니라 민중의 욕구를 내밀하게 살피고 적극적으로 소통하는 과제를 풀어야 한다. 이런 생각은 과거의 사회주의자들에게서도 나타나는데, 대표적으로 경제학자 칼 폴라니는 협동조합의 역할을 강조하면서 협동조합이 주민의 욕구를 조망하는 신경망 역할을 해야 한다고 주장했다. 폴라니는《전 세계적 자본주의인가 지역적 계획경제인가 외》에 실린 〈우리의 이론과 실천에 대한 몇 가지 의견들〉이라는 글에서 민주적으로 조직된 소비자협동조합이 "매일 노동 계급 여성들과 만나며 그들이 활동하는 공동체의 모든 주민과 관계를 맺"고 "조합의 지도층을 인도하고 비판하며 충고할 수 있는 능력을 가지게" 되리라 기대했다. 그리고 협동조합이 "성원들의 필요 욕구를 내적으로 조망하는 기관"이 되리라 기대했다. 폴라니는 협동조합이 삶터와 일터를 분리시킨 근대 사회의 문제점을 치유하며 상호간의 욕구를 이해하고 자율적으로 조절하는 장이 될 수 있으리라 기대했다.

협동조합이 대안 사회에서 담당할 핵심적인 역할은 조합 규모의 확장이 아니라 조합이 내외부의 주민과 맺는 관계와 성장이다. 지금 한국 사회에서 가장 필요한 것도 바로 소비자가 사회의 모순을 인식하며 삶의 주체로 성장할 민주적인 과정이다. 정치와 경제만이 아니라 교육까지 경쟁과 승자독식을 가르치고 학연·지연·혈연이 사회적 관계망을 지배하는 사회에서 민중은 전일적인 관점을 가지고 자기 삶의 주체로 성장하기 어렵기 때문이다. 심지어 사회적인 대안을 추구하는 사회 운동조차도 이런 잘못된 관점과 관계망을 버리지 못하고 있기 때문이다.

따라서 협동 운동은 지역 사회를 기반으로 관계를 맺고 성장의 기회를 제공하면서 운동의 힘을 모아야 한다. 이렇게 힘을 모아야만 국가와 시장이 횡포를 부리는 한국 사회에서 시민이나 민중은 소외된 주체나 소비자의 정체성을 벗어나 자율적인 주체와 능동적인 시민으로 성장할 수 있다. 또한 이러한 관점에서 봤을 때, 요즘 얘기되는 윤리적 소비의 윤리성은 단순한 소비자의 의식을 벗어나 시민으로 향해야 한다.

물론 이런 기회를 마련하는 시도가 협동 운동만의 몫은 아니다. 지역 사회의 풀뿌리 운동도 주민이 일상의 문제를 스스로 처리하고 결정하고 수동적인 대중이 능동적인 정치 주체로 성장할 수 있도록 돕고 있다. 풀뿌리 운동은 민중을 일방적으로 계몽하거나 이끌지 않고 그들이 스스로 자신의 역사를 깨달을 수 있도록 억압받는 사람들의 상식에서 시작해 전체적인 사회 구조를 깨달을 수 있도록 돕는다.

그런 점에서 협동 운동과 풀뿌리 운동은 지역 사회라는 공통의 장을 통해 손을 잡고 대안 사회를 만들어 갈 힘을 축적할 수 있다. 협동 운동은 지역 사회가 어떻게 구성되어 있고 어떻게 움직이는지 현황을 파악하고 그 구조를 변화시키기 위한 자신의 전망을 세워야 하는데, 이런 전망을 세우는 과정에서 협동 운동은 풀뿌리 운동과의 다양한 접점을 찾을 수 있다.

사실 협동 운동의 성공 여부는 자본주의 시장 경제와 다른 경제 질서를 얼마나 만들 수 있는가에 달려 있다. 만일 협동조합 운동이 기존의 자본주의 시장 경제에 자신을 적응시키는 방식으로 성장한다면, 그 운동은 결국 기반을 스스로 갉아먹을 수밖에 없다. 따라서 협동 운동은 궁극적으로 스스로 지역화폐를 발행하고 지역 사회의 관계망을 조직하며 힘을 길러야 한다. 선거를 통한 권력이 정부를 움직인다면, 화폐를 통한 자본이 시장을 움직인다. 협동 운동이 정부와 시장을 통제할 힘을 기르려면 기존의 선거 원리에서 벗어나 권력을 구성하고 대안적인 지역화폐를 스스로 발행해야 한다. 그러면 협동 운동에 필요한 자원을 스스로 마련할 수 있고, 이런 구조가 갖춰진다면 지역 사회에서 협동 운동이 많은 영향력을 행사할 수 있다.

그런 점에서 협동 운동은 사회적 일자리 사업이나 지역화폐 운동(레츠LETS), 마을 만들기 운동 등을 통해, 그리고 친환경 급식이나 로컬푸드만이 아니라 주거, 보험, 문화 등 다양한 영역에서 사회적 관계망을 다시 구성하는 방법을 고민해 봐야 한다. 그리고 협동조합만이 아니라 협동 운동의 가치에 동의하는 노동조합을 비롯한 다양한 지역 단체가 이런 관계망의 구성에 참여할 수 있도록 문을 열어, 이런 관계망의 확대가 소유권을 약화시키고 공동 소유의 영역을 확대시킬 수 있다면 협동 운동은 새로운 노동과 거래의 원칙을 확립할 수 있을 것이다. 특히 지방 정부가 이런 협동 운동과 풀뿌리 운동을 접목하면 새로운 권력, 새로운 화폐를 만들 수도 있다.

또한 협동 운동은 신자유주의 세계화로 총체적인 위기를 겪고 있는 빈민, 실업자, 청년, 이주 노동자 같은 다양한 사회적 약자가 새로운 삶의 기회를 모색할 수 있는 디딤돌이 될 수 있다. 협동 운동이기에 사회적 약자도 일방적인 시혜가 아니라 자존감을 가지고 새로운 시도를 할 수 있다. 협동 운동이 청년과 장애인, 이주민 2세의 협동화와 협동조합 구성을 지원한다면, 이들도 자립하며 자치의 역량을 기를 수 있다. 그리고 이런 사회적 약자가 협동과 연대의 과정에서 자기 삶의 전망을 찾을 수 있다면 협동 운동은 이 사회에 더 깊이 뿌리를 내릴 수 있을 것이다.

그런 점에서 협동 운동은 정규직에서 비정규직으로, 비정규직에서 실업자로 추락하는 노동자의 지지대가 될 수 있다. 앞서 예로 들었던 버스 회사만이 아니라 노동 운동과 사회적 경제 운동이 접목되었던 다양한 사례가 등장하고 있다. 외국에서도 그런 사례들이 나타나고 있는데, 1970년대 영국에서 협동조합개발기관Co-operative Development Agency이 부도난 기업의 노동자들을 지원해서 노동자들이 기업을 인수하도록 한 사례, 1980년대 스웨덴에서 지역협동조합개발센터LKU가 협동조합 연합회와 노동조합 연합회, 지역 시민 단체로 협동조합 위원회를 구성해서 자원 활동을 조직하고 협동조합에 관한 정보를 제공하고 상담하며 협동조합의 설립이 고용 창출로 이어지게 한 사례 등이 있다.

실제로 한국에서도 그러한 사례들이 조금씩 생기고 있다. 2009년 한 쌍용자동차 해고 노동자는 재활용품을 수거하고 판매하는 예비 사회적 기업 '다일 재활용 센터'를 만들어 해고 노동자들과 함께 일하며 지역 사회에도 힘을 불어넣고 있다. 그리고 기타를 만드는 콜텍에서 해고된 노동자들은 (사)대전실업극복시민연대와 더불어 사회적 일자리인 '산들바람' 이름으로 고추장과 된장 등을 판매하기도 한다. 지금은 조그만 실험일 뿐이지만 이런 방향을 지원할 단체나 힘이 있다면 새로운 길이 열릴 수도 있다. 단지 일자리를 지키는 것만이 아니라 무엇을 어떻게 생산할 것인가로 노동 운동이 방향을 바꾸는 데 있어 협동 운동이 같이 할 몫이, 협동조합의 역사가 던지는 분명한 고민이 있다.

한국에서는 1997년 외환위기 이후 본격적으로 신자유주의 체제가 자리 잡았고 대규모 해고, 고용 불안이 일상에 급속하게 파고들었다. 해고당한 노동자는 승자독식의 사회에서 살아남을 수 없으니 그들의 구호 그대로 '해고는 곧 살인'이다. 쌍용자동차 파업 이후 3년 사이에 스스로 목숨을 끊은 노동자나 그 가족의 수가 현재까지 21명이나 된다. 그런데 이렇게 해고된 노동자가 다른 길을 찾을 수 있도록 지원해 주는 조직, 새로운 일감을 찾고 자본을 위한 노동이 아니라 자기 자신과 공동체를 위한 노동을 할 수 있는 길이 마련된다면 '해고=살인'이라는 등식을 바꿀 수 있지 않을까?

2009년 9월 민주노총 부산 본부가 만든 노동자생협도 중요한 첫걸음이다. 2006년에 지역 노동 운동을 활성화시키고 재정을 마련하고 노동조합의 공동체성을 높이는 방안으로 노동자생협이 제안되면서 시작되었다. 노동자들이 일상생활 속에서 서로 관계를 맺고, 노동조합과 농민회가 관계를 맺고, 노동조합과 지역 주민이 서로 공유하는 부분을 만들 수 있는 좋은 계기이기 때문이다. 그리고 그런 장을 통해 교육생협, 의료생협이 새로이 만들어지고 지역 내에서 생산·소비가 순환되는 경제 체제가 구성된다면, 그것은 국가나 자본이 쉽게 끊을 수 없는 강한 연대, 강력한 저항의 망을 만들 수 있기 때문이다.

그런 곳에서는 먹고 생활하는 일상 속에서 사람들의 관계가 생겨나고, 서로가 서로의 삶에 관심을 가지며 함께 공유하는 것이 늘어난다. 그런 곳에서는 옆집 김씨 아줌마가 부당하게 해고되고 박씨 아저씨가 전셋집에서 갑자기 쫓겨날 때 마을 전체가 그 일에 관심을 둘 것이다. 고구마 줄기처럼 한 마을이 엮여 외부의 힘에 맞서려 들 터이니 누구도 감히 이 사람들을 함부로 대할 수는 없을 것이다.

대안적인 경제 질서의 전망은 개별적인 경쟁이 아니라 각각의 다양성에 기초한 능동적인 협동을 통해서만 만들어질 수 있다. 희망은 무조건 새로운 것을 찾거나 존재하지 않는 것을 갈망하는 것이 아니다. 언제나 그렇게 찾고 갈망하기만 했기에, 희망은 현실과 멀리 떨어진 공상처럼 얘기되는 것일지도 모른다. 오히려 희망은 이미 존재하는 것에 새로운 의미를 부여하고 그것이 잘 자라도록 북돋우는 노력이라고 할 수 있다. 이미 우리 사회 곳곳에는 여러 가지 희망이 자라고 있다. 그런 희망을 북돋우고 싹을 틔우는 데 협동 운동이 큰 역할을 할 수 있다.

독일의 아나키스트 구스타프 란다우어는 국가란 "혁명에 의해 없어질 수 있는 그런 것이 아니라, 하나의 조건이자 인간관계, 인간 행동 양식"이라 보면서 "다르게 관계를 맺고 다르게 행동함으로써 국가를 없앨 수 있다."고 주장했다. 다른 관계를 맺고 그에 맞춰 행동하기 위해 란다우어가 주목했던 것은 소비자협동조합이나 신용협동조합 같은 다양한 형태의 협동조합이었다. 이런 협동조합은 민중이 존엄한 노동, 능동적인 정치를 실현할 수 있는 발판이다. 협동조합의 정신인 협동과 보살핌은 빈곤-노예-노동-생산으로 이어지는 과정을 바꾸고 자연의 질서를 회복시키는 역할을 맡는다. 협동과 보살핌은 돈의 지배를 없애고 일을 하고자 하는 모든 사람이 일하게 하고 그들의 욕구를 만족시키도록 하는 가장 중요한 정신이다.

물론 지금 사회의 조건은 과거와 많이 다르기에 단순히 과거의 구조를 복원하는 것만으로는 그런 과제를 실현할 수 없다. 이미 국가와 시장 경제가 삶에 깊숙이 침투해 몸과 마음을 지배하는 상황에서 협동과 보살핌의 원리를 말로만 강조하는 것은 사람들의 공감을 얻을 수 없다. 더욱이 국가와 시장이 대부분의 자원을 통제하고 있기 때문에, 사람들은 그것에서 벗어난 삶 자체를 구상하기 어렵다. 국경을 벗어난 이주민들조차도 국가의 손에서 벗어났을지언정 시장 경제의 통제와 규율에서 벗어나지는 못한다. 이런 상황이다 보니 사회적인 대안을 추구해 온 다양한 운동조차 국가나 시장의 틀에 포획되고는 한다. 시민 단체가 정부의 관변 단체로, 협동조합이 주식회사로 변하기도 한다.

그리고 여전히 협동 운동이 꿈꾸는 사회를 비판하는 사람들도 있다. 자본주의의 문제점을 지적하며 국가를 통해, 또는 국가의 힘을 빌려 사회를 바꿔야 한다고 생각하는 사람들은 마르크스가 했던 과거의 비판을 되풀이한다. 협동조합이 사회 전체를 바꾸지 못하거나 바꾸지 않으려는 작고 이기적인 공동체들의 시도일 뿐이라는 주장, 협동에 기초한 사회가 유토피아에 지나지 않고 결국 파산하게 될 것이라는 주장이 대표적이다. 이런 주장들은 여전히 국가를 대안으로 여기기 때문에, 지역 사회를 변화시키는 전략은 협소하며 인간과 사회를 낭만적으로 바라본다고 주장한다.

이 외에도 세계화라는 새로운 조건에서 제기되는 비판도 있다. 소위 신자유주의 물결이 국가의 역할을 축소시키고 공동체에게 기회를 주는 듯 보이지만 실제로는 공공성을 약화시키고 자본주의를 강화시킬 것이라는 우려이다. 이런 우려에는 모든 것을 이윤의 틀로 끌어들이는 자본주의에서 공동체나 협동조합의 자율적인 노력조차도 그 함정을 벗어날 수 없을 것이라는 비관적인 시각이 깔려 있다.

하지만 이런 주장들은 자신들이 비판하는 자본주의의 관점을 벗어나지 못하고 있다. 즉, 이들의 이론에 따르면, 인간은 이기적인 존재이고 사회는 그런 존재의 단순한 집합일 뿐이다. 그러다 보니 이런 주장들은 개인이 사회라는 관계의 그물망 속에서 성장하는 존재이고 그래서 서로 돕고 보살피는 호혜의 관계가 사회를 발전시키는 힘이라는 점을 깨닫지 못한다. 그 호혜의 관계 속에 봉인된 힘이 깨어나면, 국가와 시장이 빨아들이는 그 힘이 자신을 위해 쓰인다면, 그 힘들이 고립되지 않고 서로 연결된다면, 세상은 달라질 수 있다.

국가나 시장이 강한 듯하지만 국민 없이 국가는 존재할 수 없고 노동하고 소비하는 사람 없이 자본은 유지될 수 없다. 한국에서 지난 100여 년 동안 삶의 끝자락에서 존엄을 되찾기 위해 절망적인 사람이 호소했던 마지막 권리인 죽음은 그렇게 삶과 연결되어 있다. 죽음으로의 포기가 아니라 삶으로의 의지가 생긴다면 우리 삶은 달라질 수 있다.

앞서의 비판들은 자본주의를 낳은 산업화를 당연한 전제로 받아들이고 그전에 땅을 일구며 살아온 긴 역사가 존재했다는 점을 무시한다. 그리고 협동조합이 공정 무역이나 협동조합 간의 연대를 통해 국제적인 연대를 꾀하기도 한다는 점도 무시한다. 협동 운동이 만병통치약은 아니지만 새로운 약을 개발할 수 있는 좋은 기반이다.

조그만 틈으로 댐이 무너지고 한 방울씩 떨어지는 물이 바위를 쪼개기도 하듯이 작다고 불가능한 일은 없다. 그 규모보다 중요한 것은 지속성이다. 계속 흐르고 계속 떨어진다면 세상의 방향이 바뀔 수 있다. 새로운 세상을 여는 비밀의 열쇠는 더불어 사는 삶에 숨겨져 있다.

7

대학을 넘어 함께 사는 법

자신의 생각이 전혀 반영되지 않는 곳, 자신의 욕구가 전혀 받아들여
지지 않는 곳에서 생활하는 인간이 제대로 성장하기는 어렵다. "대학
가서 미팅 할래, 공장 가서 미싱 할래?" "네 성적에 잠이 오냐?" "한숨
자는 오늘, 한숨 쉬는 내일!" 이런 문구를 급훈이라며 교실 정면에 걸
어두는 학교에서 학생들은 어떤 인간이 되겠는가. 이십여 년 전에 고등
학교를 졸업한 내가 지금 들어도 미칠 지경인데, 그 속에서 생활하는
학생들이 미치지 않으면 그것이야말로 정말 비정상이다.

　이런 교육 체제를 그대로 두고서 세상은 "학교 폭력이 문제다." "교권
이 무너졌다." "당장 경찰을 학교에 투입하고 CCTV를 설치하라."며 호
들갑을 떤다. 이계삼이 《영혼없는 사회의 교육》에서 지적했듯이 한국
의 교육은 이미 "식인食人의 교육"인데, 마치 교육이 평화로운 영혼을 길
러 내야 하는 것처럼 호들갑을 떤다. "국가에 대한 충성심을 내면화한

복종적인 신민, 즉 바보스러운 영혼 없는 인간을 길러 냄으로써 영속적인 지배 체제를 구축하려 하는 국가, 기술과 노동력이 필요한 자본, 그리고 자기 자식이 땀 흘리는 삶을 살아가기를 바라지 않는 부모, 이 3자가 결탁"한 형편없는 교육 체제에는 여전히 변화의 조짐이 없다. 오히려 이 식인의 폭력적인 교육 체제는 그 시작이 점점 빨라져서 초등학교까지 내려갔다. 얼마 남지 않았다. 영혼의 뿌리가 완전히 뽑혀 나갈 시간이.

이 형편없고 폭력적인 교육 체제의 정점에 한국의 대학이 있다. 고등학생의 대학 진학률이 이미 80퍼센트를 훌쩍 넘어 버린 상황은 초중등 교육이 오로지 대학 진학을 위해, 좋은 학벌을 만들기 위해 존재한다는 점을 반영한다. 김상봉은《학벌사회》에서 이 단순한 교육 방침을 이렇게 묘사했다.

"좋은 학교는 서울대학교 입학생을 많이 배출한 학교이다. 좋은 교사도 서울대학교에 학생을 많이 입학시킨 교사이다. 그리고 좋은 학생은 서울대학교 들어간 학생이다. 이것이 한국 학교에서 일반적으로 통용되는 좋음善의 등식이다."

이 좋은 사람들이 끈끈하게 연결되어 한국 사회를 지배하니, 학생들이 학벌에 민감할 수밖에 없다.

그렇지만 우리가 겪는 교육의 모순은 단순히 학벌 사회라는 한마디로 온전히 설명될 수는 없다. 학벌만 문제가 아니라 대학 자체가 문제 덩어리이다. 전체 고등교육 기관 가운데 사립 대학의 비중이 80퍼센트 가까운데, 이러한 사학 재단은 자식에게 세습되며 공공성과는 담을 쌓았다. 등록금이 계속 인상되면서 사학 재단들의 적립금도 이미 10조 원을 넘었다. 학자금 대출을 받았다가 원금을 상환하지 못한 학생 수가 2010년에는 2만 5366명으로, 2006년 670명에 비해 5년 사이에 약 38배나 증가했다는 사실 따위는 사학 재단의 안중에도 없다. 교육 과정은 학교 마음대로 바꾸고 세분화된 상대평가 방식이 학생들의 무한경쟁을 부추긴다. 이러한 대학들이 늘 겉으로는 '백년지대계'의 교육 기관이라고 간판을 내세우니, 우리의 교육 상황이 한심하지 않을 수 없다.

강자와 승자가 약자와 패자를 짓밟고 욕보이는 현실에서, 경쟁과 효율성이 사람을 지배하는 현실에서 왜 교육만이 다를 거라, 다를 수 있을 거라 생각할까. 왜곡된 교육과 비정한 현실은 강력한 동맹 관계를 맺고 인간성을 짓밟고 시민의 출현을 막고 있다.

놀랍게도 일제 강점기의 노골적인 폭력에 굴복하지 않고 당당히 행동했던 사람은 대부분 20대였다. 때로는 10대도 당당히 자신의 정치신념을 밝혔다. 1929년의 광주 학생 운동에서는 학생들이 전쟁을 반대하는 삐라를 뿌리고 자본주의와 제국주의, 식민지 정책을 반대하는 강연회를 개최했다. 심지어 학생들이 조선공산당과 더불어 정치 활동을 펼치기도 했다.

얼핏 생각하기에 지금보다 훨씬 뒤처진 교육을 받았으리라 생각되는 시대에 학생들이 그토록 당당할 수 있었던 이유는 무엇일까? 어떻게 자신의 의견을 당당히 드러내며 실천적으로 행동할 수 있었을까? 학교라는 폭력 체계 속에서 파리하게 시들어 가고, 정치적인 신념은커녕 자기 몸에 대한 권리조차 온전히 누리지 못하는 지금의 학생과 비교하면, 적어도 그 시대의 학생에게는 자유와 존엄함이 있었고, 그것을 누리게하는 사회 구조가 있었다.

허나 변화가 불가능한 것은 아니다. 1997년, 대학가 소비의 상징처럼 얘기되는 이화여자대학교에서 사건이 터졌다. 1996년 이화여대는 학생관을 헐고 신학생문화관을 세우겠다는 계획을 밝히면서 당시 학생관 매점을 운영하던 이화여대 대학생활협동조합(이대 생협)을 내보내고 외부의 사업자에게 매장 운영권을 넘기려는 계획을 세웠다. 대학 당국은 외주를 줄 때 생길 이권에도 관심이 있었지만 이대 생협이 매장의 수익금으로 학생 운동을 지원한다고 의심했다.

이를 알게 된 이대 생협은 조합원에게 편지를 보내고 이화여대생에게 서명을 받고 노동조합과 연대하면서 학교의 방침에 저항했다. 그리고 1997년 10월 이대 생협은 이 문제를 다루는 임시 총회를 열었다. 당시 한총련을 비롯한 학생 운동에 대한 대대적인 탄압과 경제 사정 악화로 학내 분위기가 좋지 않았는데도 300명 이상의 조합원이 임시 총회에 참석했고, 이에 기가 눌린 학교는 외주 위탁 방침을 철회했다. 이 어려운 싸움을 거치면서 이대 생협은 학생만이 아니라 교직원도 참여하는 생협으로 발전했다. 말 그대로 대학 구성원이 모두 참여하는 생협으로 발전한 것이다.

어떤 사건은 변화의 실마리를 만든다. 아무런 사건도 일어나지 않는 대학은 영혼의 무덤일 뿐이다. 대학생이 자신의 특권을 포기하고 사회와 대학의 변화를 위해 직접행동할 때 사건이 일어나고 새로운 만남이 시작된다. 진정한 대학은 불가능할까?

유럽의 대학들은 낭만의 공간이나 취업 시장이 아니라 치열한 논쟁의 장으로 첫 모습을 드러냈다. 역사학자 페르디난트 자입트의 《중세의 빛과 그림자》에 따르면, 유럽의 대학은 12세기 후반 즈음에 설립되었고, 황제가 교수와 학생의 공동체를 정식 조합으로 인가한 것이 그 기원이라 한다. 대학은 당시 기독교단의 독단적이고 획일적인 종교 해석에 도전해 학문의 자유를 외치며 등장했다. 그래서 대학에서는 몇몇 뛰어난 교수가 일방적으로 학생을 지도하지 않고 교수와 학생의 '공동체 universitas'를 만들려 했다. 학생과 선생이 서로 상대방에게 문제를 제기하는 방식으로 교육을 진행했기 때문에 초기의 대학은 '토론 공동체'라 불렀다.

때로는 그런 풍토가 지역 사회로 확산되기도 했다. 유럽의 대학 캠퍼스는 지역 사회와 담으로 분리되지 않고 서로 뒤섞여 있어 주민이 자유로이 대학을 드나들고 대학생과 주민도 자주 어울렸다. 당시에는 대학생도 지역 주민이었다. 주민에게 개방된 대학은 활발한 토론과 논쟁을 자극했고, 그렇기에 대학의 학풍이 지역 사회의 분위기와 여론에 상당한 영향을 미쳤다. 대학이 자리를 잡은 곳은 혁명적인 사상의 근원지가 되고는 했고 때론 실제 혁명의 거점이 되기도 했다. 그래서 대학은 민주주의를 확산시키고 발전시키는 중요한 역할을 맡았다.

하지만 바로 그런 혁명성 때문에 대학은 국가의 억압이나 자본의 유혹과 조작에 시달렸고, 더구나 대학 내부의 권위주의와 부패가 대학의 공동체성을 파괴하기도 했다. 이런 영향에서 벗어나 원래의 정체성을 되찾고자 몸부림쳤던 사건이 바로 1968년에 전 세계를 뒤흔들었던 대학생들의 반란이다. 미국에서는 대학생들이 베트남전과 징병제를 반대하며 주 방위군과 충돌했고, 대자본이나 기득권층과 연결된 대학 당국에 항의하며 대학을 점거했다. 이탈리아의 대학생들은 교육 과정과 교실, 그리고 대학 생활에 대한 완전한 통제권을 요구했다. 일본의 대학생들은 "반란에는 이유가 있다."라는 문구를 새긴 마오쩌둥의 포스터를 정문에 내걸었다. 폴란드의 대학생들은 "자유 없이 학문 없다."고 외치며 군대와 싸움을 벌였다. 프랑스의 대학생들은 대학을 토론과 자치를 위한 코뮌으로, 지역 사회를 변화시킬 공간으로 만들었다. 지금의 유럽 대학에서 드러나는 자유로움과 연대성은 이런 1968년의 사건들과 떼어 놓고 생각할 수 없다.

그러나 한국의 대학은 이와 다른 과정을 밟았다. 대한제국과 일제 강점기에 한국의 대학은 '서구 따라잡기'와 '식민지 엘리트 양성'을 목표로 삼았다. 이 점에서는 선교사가 만든 대학이나 일제가 만든 경성제국대학이나 별 차이가 없었다. 시대정신을 밝히는 토론 공동체라는 원래의 정신은 무시된 채, 외국의 교육 과정만 이식되었다. 우리의 것은 시대에 뒤처진 낡은 것으로 여겨졌기 때문에, 대학 교육은 토론이 아니라 외국물을 먹은 교수들(주로 미국 유학파!)이 가르치는 대로 학생들이 외우고 따르는 것을 뜻했다. 이는 지금도 마찬가지다. 이렇듯 한국의 대학은 그 시작부터 지금까지 늘 혁명적인 사상과 토론의 근거지가 아니라 제국의 이데올로기를 배우는 공간이었다. 물론 일제 강점기에 대학생들이 공부했던 사회주의 사상도 이런 의심에서 자유롭지 않다.

결국 대학의 교육 과정을 성실히 따르는 사람은 엘리트의 지위를 얻었다. 지배 이데올로기를 배우고 신분 상승을 꾀하는 보수적인 공간인 대학은 출세와 권력을 보장했다. 어느 대학을 들어가는가에 따라 엘리트의 지위가 정해지기에 경쟁은 당연한 것으로 받아들여졌다. 수도권으로 집중된 한국 사회의 자원은 수도권에 위치한 대학과 지방에 자리잡은 대학의 격차를 더욱더 심화시켰다. 더구나 이런 엘리트 구조는 대학을 졸업한 뒤에도 그대로 이어져 '동문들의 나라'를 만들었다.

이 지독한 학벌 구조와 함께 빼 놓을 수 없는 한국 대학의 또 다른 문제점은 사학 재단과 학교 운영이 분리되어 있지 않다는 것이다. 한국의 사립 대학 가운데 절반 이상은 재단 이사장이 총장을 겸하는 소위 '족벌 체제'이다. 그리고 이사장의 가족이 재단 이사회의 이사이고 교직원도 친인척인 경우가 많다. 그러니 사학 비리가 끊이지 않는다.

사실상 대학은 사학 재단이라는 영주의 성채이다. 교육부라는 군주의 대신과 계약을 맺은 영주는 성 안에서 발생하는 모든 일을 결정하고 심의하며 절대적인 권력을 행사한다. 성 내의 법률인 학칙도 영주의 마음대로 정한다. 1년에 두 번 세금을 바치는 대학생들이 벌이는 등록금 투쟁을 제외하면 장애물은 없다. 영주는 백성의 말을 듣는 것이 귀찮을 뿐 아니라 올바르지도 않다고 생각한다. 그들의 지식은 얕고 이성도 깨어 있지 않다고 보기 때문이다. 자연히 교수 충원이나 교육 과정 개편도 학생들의 욕구가 아니라 영주에게 이로운 방향으로 결정된다.

영주와 계약을 맺고 권위를 부여받은 기사는 대학 교수이다. 이 기사는 시간 강사와 대학원생이라는 부하들로 자기 부대를 꾸리고 그 집단에서 영주와 같은 권력을 행사한다. 똑똑한 부하들이 자신의 지위를 위협할 수도 있기에 기사는 이 부하들에게 절대적인 복종을 강요한다.

대학 교수가 "내가 너를 여인으로 만들어 주겠다."며 제자를 성추행한 경우에서도 볼 수 있듯이, 자신이 중세 시대 초야권을 가지고 있다고 착각하는 기사도 있다. 기사는 학생들의 절대 복종을 요구하고 '무엇을 어떻게 가르칠 것인가?'라는 부분에서도 학생들의 의견을 철저히 무시한다. 학위라는 갑옷과 학점이라는 창으로 무장한 기사는 전문가주의의 쇠퇴라는 사회의 흐름에도 아랑곳하지 않고 권위를 내세운다. 이처럼 한국의 대학은 중세의 봉건제를 능가할 만큼 단단한 주종의 계약 관계 혹은 먹이사슬로 구성되어 있다.

최근에는 이런 봉건 영주가 기업의 CEO를 자처하기도 한다. 대학이 교육 기관의 정체성이 무색할 정도로 사업에 노골적으로 관심을 보이는 것은 2005년 정부가 '대학 설립 운영 규정 개정안'을 만들어 기업이나 개인이 기숙사나 식당, 문화 센터, 주차장 등 교육과 공공의 목적에 부합하는 시설을 설치, 운영할 수 있도록 했기 때문이다. 예를 들어, 지금은 대학 기숙사 대부분이 민간 기업과의 민간 투자BTL 방식으로 만들어진다. 기업은 기숙사를 짓고 일정 기간 동안 기숙사를 운영해 자금을 회수하고 15~20년 뒤에 기숙사를 대학에 기증한다. 대학 입장에서는 공짜로 건물을 받으니 이득이고, 기업은 안정적인 수익을 보장받을 수 있어 좋다. 피해를 보는 것은 일반 기숙사보다 2~3배 비싼 입주비를 내야 하는 학생이다.

그리고 정부는 2007년에 사학 재단의 자산 운용 규제를 완화해서 사학 재단이 적립금을 주식이나 펀드에 투자할 수 있도록 허용하고 캠퍼스 내의 수익 사업을 허용했다. 그 결과 2010년에는 전국 4년제 사립 대학 150개 가운데 30개 사립 대학이 주식과 파생상품에 적립금을 투자했다가 약 150억 원의 손해를 봤다. 그리고 한국대학교육연구소에 따르면, 2009년 1년 동안 전국 사립대가 땅이나 건물을 사고 공사를 하는 데 쓴 돈이 무려 1조 2668억 원에 이르는데, 사립 대학 법인이 낸 돈은 불과 1366억 원(10.8퍼센트)이었다. 학생의 등록금으로 땅을 사고 건물을 올렸다는 얘기이다. 2011년 6월 9일자《한겨레》를 봐도, 정부의 대학 자율화는 대학의 배만 불렸다는 사실이 잘 드러난다.

누적 적립금 많은 5개 사립대		
■ 2007년 결산 ■ 2010년 결산 (예산기준 / 단위 : 원)		
이화여대	5115억 454만	6568억 7969만
홍익대	3697억 3982만	5537억 7858만
연세대	2000억 552만	4528억 3918만
고려대	1526억 18만	2424억 1642만
숙명여대	1550억 8462만	1959억 5652만

기성회비 많이 받는 5개 국공립대		
■ 2007년 결산 ■ 2010년 결산 (예산기준 / 단위 : 원)		
서울대	1442억 8411만	1550억 3506만
경북대	812억 8115만	1018억 2509만
부산대	896억 4738만	1005억 3397만
전남대	830억 745만	885억 2256만
충남대	757억 2600만	823억 4623만

그러니 중앙대학교처럼 기업도 아닌 대학이 구조 조정을 벌이기도 한다. 2010년 3월, 중앙대는 18개 단과대학을 10개로, 77개 학과를 46개로 줄이는 대규모의 구조 조정안을 발표했다. 기업이 적자를 빌미삼아 노동자를 해고하듯이 인기 있는 학과만 남겨두고 돈 안 되는 학과를 한꺼번에 처리하겠다는 속셈이다. 두산그룹이 중앙대를 인수할 때부터 예상되었던 일이니 크게 놀랄 만한 일은 아니다. 사실 삼성그룹이 장악했던 성균관대학교의 상황도 그와 다르지 않았다. 최근에는 성균관대에서 삼성을 비판했다는 이유로 강사의 강의가 취소되는 해괴한

일까지 벌어지고 있다.

교육은 학생을 민주적인 시민으로 성장시키고 공공성을 강화시키는 역할을 맡아야 하는데, 한국에서는 정반대이다. 물론 대학이 늘 그런 역할만 맡아 왔던 것은 아니다. 대학의 모습은 구태의연했지만 대학생들은 한국 사회 운동의 중요한 동력이었다. 부조리한 현실의 벽을 무너뜨리려는 대학생들의 직접행동은 무기력한 시민들의 잠든 양심을 자극해 왔다.

| 사회를 바꾸는 학생 운동 |

한국 근현대사에서 학생 운동의 활약상은 1960년 4월의 민주화 운동, 1980년 5월 광주 민주 항쟁, 1987년 6월 항쟁, 1991년 5월의 저항 운동 등 중요한 고비마다 드러났다. 식민지 권력과 군부 독재, 독점 자본주의, 권위주의적인 문화가 지배하는 한국 사회에서 학생 운동은 청년의 열정을 자극하며 사회 변화를 이끌었다.

그랬기에 부정한 방법으로 권력을 장악한 자들은 학생들을 길들이려 들었다. 박정희 정권은 징집률 100퍼센트 달성이라는 목표를 세우고 청년들을 군대에 보내 엄격한 규율과 복종의 정신을 심으려 했다. 그리고 전두환 정권은 대학 2학년생을 군대에 보내는 '문무대 입소' '전방 입소' 교육을 강제로 실시했다. 또한 정부는 대학생이라는 엘리트 의식을 자극해서 당시의 청년 운동과 대학생을 분리시키려 했다. 실제로 포크 음악과 청바지, 장발, 생맥주 등으로 상징되었던 1970년대의 청년

문화나 1980년대의 대학 문화는 기성 사회에 대한 불만을 표현했지만 그 불만을 사회적인 운동이나 민주적인 열정으로 조직하지는 못했다.

그래도 청년의 비판 정신은 쉬이 수그러들지 않았다. 많은 청년이 정부의 억압적인 조치에 맞섰고 자신의 몸과 양심을 불태우며 저항했다. 1970년 11월 13일 청년 전태일이 법전을 안고 몸을 불살랐을 때, 대학생들은 오열했다. 대학생 친구 하나 있었으면 좋겠다던 그의 바람은 대학생들이 '무엇을 할 것인가?'라는 시대 정신에 답하게 했고, 그 뒤 많은 학생이 학내에서, 노동 현장에서, 거리에서 정치를 '살리기' 위해 권력의 폭압에 맞섰다.

그리고 1980년대에 접어들면 학생 운동이 새로운 계기를 맞이한다. 1979년 10월 26일 박정희가 암살되고 12월 12일에는 전두환, 노태우 등이 군사 쿠데타를 일으켜 다시 정권을 장악했다. 그러자 1980년 5월 광주 시민이 전두환 정권의 탄압에 맞서 시위를 벌였고, 정권은 공수부대를 파병해 광주 시민을 무참히 학살했다. 이 무자비한 광주의 사건이 조금씩 외부로 알려지면서 단순히 지배자를 바꾸는 것만으로는 세상을 바꿀 수 없음을 깨달은 청년의 수가 늘어났다.

그러면서 1980년대의 대학생들은 개인적으로 저항하지 않고 본격적으로 대항 세력을 조직하기 시작했다. 많은 대학생이 대학을 떠나 공장과 농촌으로 스며들었다. 소위 '학생 출신 노동자'(학출)라고 불린 대학생들이 공장에 위장 취업해서 노동조합을 만들었고 농촌에서 농민회를 건설했다. 당시 수도권 공단에 취업한 대학생 수만도 4000여 명에 이르렀다고 한다. 특히 대학생들은 사회 변화를 위한 이념으로 사회주의를 고민하기 시작했다. 이런 이념과 전략이 실제 노동 현장이나 농민의 삶과 얼마나 맞아떨어졌는지는 의문이지만 자신의 기득권을 포기하고 삶과 세계를 바꾸려는 치열하게 노력했다는 점만은 분명하다.

또한 1980년대에는 대학 밖만이 아니라 대학 내에서도 변화가 시작되었다. 1949년 이후 한국의 대학에는 학도호국단이 설치되었고 군사 훈련인 교련이 공식적인 교육 과정 가운데 하나였다. 그 교육 과정 또한 펜이 아니라 총을 들고, 평화가 아니라 전쟁을 배우는 것이었다. 독재 정권은 대학 캠퍼스 곳곳에 경찰을 배치할 뿐 아니라 반공 이데올로기를 강화시키고 학생들을 감시하는 장치로 학도호국단을 활용했다. 그러다 1979년 10월 박정희가 암살되자 대학생들은 학도호국단 폐지와 총학생회 부활 운동을 벌였고, 마침내 1985년에 학도호국단이 폐지되고 총학생회가 학생 자치 조직으로 부활했다. 이후 대학의 총학생회는 학원 자주화 투쟁과 사회 민주화 투쟁을 이끄는 구심이 되었다.

이런 흐름을 이어받아 학생들의 조직화도 본격적으로 시작되었다. 학생 운동은 1987년에 전국대학생대표자협의회(전대협), 1993년에 한국대학총학생회연합(한총련)이라는 전국 단위의 학생 조직을 건설했다. 그리고 밖으로 공개된 조직 외에도 각종 비밀 조직이 만들어져 학생 운동을 이끌었다.

직접적으로 학생 운동에 뛰어들자 않던 대학생들도 그런 분위기의 영향을 받을 수밖에 없었다. 그래서 당시의 대학은 노동 운동과 농민 운동, 빈민 운동, 환경 운동 등 각종 사회 운동에 개입할 예비 활동가를 배출하는 공간이 되었다. 대학의 공식적인 교육 과정은 학생 운동과 분리되었지만 세미나와 학회가 활성화되면서 자체적인 의식화 과정이 만들어졌다.

적어도 그 시절에는 대학에 여유가 있었고 고민할 시간이 있었다. 직접 학생 운동에 참여하지는 못해도 마음으로 공감하고 지지하는, 같이 막걸리 한 잔 하며 서로를 북돋워 줄 여유가 있었다. 허수경의《길모퉁이의 중국식당》을 보면 이런 내용이 나온다.

"진주에서 국문과 학생으로 지낼 때 나는 벗들과 함께 막걸리를 마시러 예하리라는 데를 자주 갔다. 그곳에는 아주 허름한 가게가 하나 있었는데, 막걸리와 막걸리에 곁들여 깍두기를 파는 곳이었다. 그곳에서 막걸리를 사서는 들판으로 갔다. 들판에는 벚꽃이 흐드러지게 피고, 우리들이 가져간 양은주발에도 꽃잎은 졌다. 동동 떠오르는 꽃잎을 불어가며 우리는 막걸리를 마시고 오후에 있는 수필 문학 강의에 들어가지 않았다. 그 벗들, 들판의 꽃과 막걸리 향에 울던 벗들. 별 까닭 없이 설움에 잠기던 그 시절, 그 벗 가운데 몇은 감방에 가기도 했고 또 몇은 마산으로 부산으로 노동조합을 만드는 일을 하러 가기도 했다. 그때 우리 주머니가 좀 더 넉넉했더라면 막걸리 주전자를 한 번 더 채울 수 있었으련만."

직접적인 이념보다 어쩌면 이런 여유와 서로 어울려 나누는 고민들이 당시 대학생들의 사유를 보편적으로 더 깊게 만들었을 것이다.

당시의 학생 운동은 대학 캠퍼스를 기반으로 삼았지만 운동의 주제는 등록금 인상이나 학원 자주화와 같은 캠퍼스 내의 문제로 제한되지 않았다. 다이어리나 USB를 나눠 주고 학생 복지를 확대하겠다는, 심지어 정치적인 중립을 지키겠다는 요즘 총학생회 선거의 공약과는 사뭇 달랐다. 학생 운동은 노동자, 농민, 빈민 등과 함께 전체 사회 변혁 운동의 한 부문을 구성했을 뿐 아니라, 공활이나 농활 등을 통해 다른 운동을 지원하고 활동가를 공급하는 등 운동의 원동력이 되었다. 특히 학생 운동은 부문 운동으로 환원될 수 없는 반외세, 통일 운동에서 핵심적인 역할을 담당했다. 조금 과장된 표현일 수도 있지만 어두운 시기에 대학생들은 자신의 몸을 불살라서 시대의 어둠을 밝히려 했다. 그것은 자신의 일상이 대학생이라는 특권에 갇혀 소외되고 배제된 사람들과의 고통과 희생에 의지한다는 점을 잊지 않으려는 각성이었다.

자연히 학생 운동은 독재 정권의 가장 심한 탄압을 받았다. 많은 청년이 간첩이나 빨갱이로 매도당했고 경찰이나 정보 기관의 폭력에 노출되었다. 대표적으로 1986년 10월, 건국대학교에서 전국반외세반독재애국학생투쟁연합(애학투련)이 결성될 때는 무려 1288명의 대학생이 무더기로 구속되었다. 그리고 독재 정권은 물리적 폭력만이 아니라 온갖 이데올로기 공세를 펴서 학생 운동을 탄압하고 시민들 속에서 고립시키려 들었다. 독재 정권은 1991년 4월, 명지대학교 학생 강경대가 전경의 쇠파이프에 목숨을 잃고 여러 명의 대학생이 목숨을 던지며 민주주의를 외쳤건만 외려 이것을 불순한 선동 세력의 조직적인 음모로 매도했다. 정권과 결탁한 보수 언론은 학생 운동을 '패륜아' '악마'로 몰아붙였고, 김기설 씨가 노태우 정권 퇴진을 외치며 분신하자 강기훈 씨가 유서를 대필했다며 '한국판 드레퓌스 사건'을 조작했다.

이런 탄압을 받으면서 성장했기에 한국 사회에서 학생 운동은 단순한 청년 운동이 아니었다. 그 나이 또래의 청년이라면 누구나 참여할 수 있는 운동이 아니라 때로는 자신의 경력과 목숨을 모두 걸어야 하는 헌신적인 활동이자 치열한 고민과 토론을 요구하는 운동이었다. 그랬기에 학생 운동은 민중의 지지를 받으며 성장할 수 있었고 사회 변화의 원동력이 되었다. 엘리트의 길을 걸으면서도 엘리트의 자리에서 내려와 민중과 함께 걷겠다는 강한 의지와 헌신이 대중적인 지지를 받았다.

힘으로 눌러서는 학생 운동을 꺾을 수 없을 듯 보이자 정권은 '교육 개혁'이라는 이름으로 대학의 민영화와 사유화를 시도했다. 정부가 직접 대학에 개입하는 대신에 대학이 스스로 시장 논리에 맞추도록 유도했다. 첫 신호탄은 문민 정부라 불렸던 김영삼 정부의 1995년 '5·31 교육 개혁안'이었다. 과연 누구를 위한 개혁인지는 모르겠지만, 어쨌든 개혁이라 이름 붙인 이 안은 교육을 서비스 공급과 소비자의 관점에서 이해하면서 대학에 더 많은 자율성을 주었다. 그러면서 등록금도 치솟았고, 1995년 대학 설립 자유화 조치는 대학생 수를 급격하게 증가시켰다. 1975년 인구 1만 명당 66.7명에 불과했던 대학생 수가 2006년에는 623.2명으로 9배 이상 증가했다.

이 와중에도 정부는 학생 운동을 거세게 탄압했고, 1996년 3월 연세대학교 학생 노수석이 '김영삼 대선 자금 공개 및 국가 교육 재정 5퍼센트 확보' 집회에서 전경의 무리한 진압으로 목숨을 잃었다. 같은 해 8월 15일 한총련이 연세대에서 범민족대회를 열자 정부는 수천 명의 경찰을 동원해 연세대를 봉쇄하고 물과 전기를 끊었다. 결국 열흘이 지난 뒤에 헬리콥터와 경찰이 연세대로 진입해 학생들을 강제로 해산시켰다. 이 사건으로 5000명이 넘는 학생이 연행되었고 이 가운데 460여 명이 구속되었다. 이 시위를 빌미 삼아 1997년에는 경찰 특수기동대가 만들어져 시위 진압을 전담했다.

2000년대에 들어서는 대학 본부가 대학 특성화나 글로벌화, 전문 인력 양성 등의 목적을 내세워 기획을 주도하면서, 대학 내의 의사 결정 구조가 비민주적으로 바뀌고 있다. 학생과 교직원의 참여가 실질적으로 배제되고 재단이나 대학 본부가 일방적으로 학교 비전이나 발전 계획을 주도한다. 그러다 보니 발전 계획이 하나같이 인프라 혁신과 첨단화를 내세운 캠퍼스의 신축과 재건축 등으로 채워져 있다. 배운 게 도둑질이라고 토건 국가의 대학은 발전을 건물의 규모나 수로 측정한다.

이런 건축 등을 명분으로 적립한 적립금이 2009년 기준 총 10조 833억 9346만 원이고, 148개 일반대만 따져도 7조 873억 원에 이른다. 학부모와 학생이 비싼 등록금을 마련하느라 허리가 휘었던 지난 10년 동안, 대학은 2배 이상의 적립금을 두둑하게 쌓아 놓은 것이다. 학생과 교직원의 참여가 배제된 대학의 비민주적인 운영이 없었다면 어떻게 이런한 적립금이 가능했을지 묻지 않을 수 없다.

일반 사립 대학 누적 적립금 (2010년 권영길 의원실)
(단위 : 억 원)

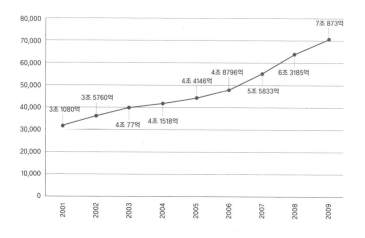

그리고 대학은 발전 기금 모금과 재정 확충을 내세워 산학 협력 강화, 재정 수입의 다양화, 수익 사업의 추진 등을 주장한다. 이런 방향은 대학 연구의 사유화와 독점, 시장 논리에 맞춰진 교과 개편이나 학사 운영, 학내 노동의 외주화와 캠퍼스의 상업화 등을 불러왔고, 앞으로 더욱 심해질 것이다. 이러한 추세라면 대학이 학문을 연구하는 기능을 상실하고 기업의 연구소로 변하거나 그 자체가 하나의 기업으로 변하리라 예상하는 것도 큰 무리가 아닐 듯하다. 이제 대학에서 학문의 전당이라는 명패를 내려야 할 때가 아닐까 싶다.

　이렇게 대학의 구조가 바뀌고 정부의 탄압이 거세지는 가운데, 학생 운동의 치열함은 오래된 습관으로, 고민 없는 관행으로 변해 갔다. 정파 간의 논쟁이 만남과 토론을 대체했고, 자기 정파가 아닌 모든 것을 개량주의나 타협으로 폄하하고 조롱했다. 그러다 보니, 현실에 바탕을 둔 논의가 아니라 누가 원전을 더 많이 읽고 누구를 지지하는지가 점점 더 판단의 기준이 되어 갔다. 외부 환경이 바뀌어 개개인의 헌신이 점점 중요해지면서 학생 운동은 활동가 중심으로 변했고 대학 사회와의 접점도 잃어 갔다.

　학생 운동에 이론적인 자원을 공급하는 역할뿐만 아니라 전반적인 대학 문화를 살지웠던 대학가 앞 사회과학 서점이 하나둘씩 문을 닫고 있듯이, 학생 운동 역시 쇠락의 길을 걸었다. 객관적으로 사회 변화를 봐도 이런 쇠락은 예견된 것이기도 하다. 노동자, 농민 등 각 부문 운동이 자생적인 활동 역량을 보유하게 되어 과거처럼 학생 운동의 직접적인 지원을 필요로 하지 않게 되었고, 형식적인 민주주의의 확립은 운동에 투신하는 행위의 절박성을 줄였기 때문이다.

또한 운동의 주체 면에서 학생 운동은 뿌리 깊고 관성화된 정파 투쟁의 한계를 극복하지 못하고, '대안 운동'으로서의 가치를 상실하고 관성화된 '조직 운동'의 길을 걷고 있다. 전국적인 학생 조직에 대한 평가는 다양할 수 있지만 전국 조직을 만들다 보니 수직적인 위계 질서와 보안, 규율이 강해졌고 그것이 정치의 다양성과 자율성을 파괴했다.

더구나 학생 운동은 1990년대 중반 이후 가속화된 대학의 시장화에 무기력하게 대처했다. 학생 운동은 이념과 조직 면에서는 사회보다 앞섰지만 일상의 변화에는 둔감했다. 학과 수업만이 아니라 대학생들이 생활하는 공간, 대학이 위치한 지역 사회 모두가 자본과 권력의 논리에 따라 변하고 있는 상황에서, 학생 운동은 정작 자신의 집은 비워 둔 채 방치한 셈이다. 일례로 대학 외부의 민영화나 비정규직 투쟁에는 관심을 쏟았지만 정작 캠퍼스 내의 노동 조건 변화에는 둔감했다.

그러면서 학생 운동은 아주 특별나거나 아니면 진부해졌고, 대기업의 프랜차이즈 매장이나 외식 사업부는 대학 공간을 야금야금 잡아먹었다. 이제 학교 주변 밥값이나 월세, 전세도 물가와 재개발의 영향을 받아 계속 오르고, 세콤을 비롯한 보안 회사, 용역 회사가 관리하는 대학 캠퍼스에는 고민을 털어놓을 선배도, 우정을 나눌 관계도 없게 되었다.

바보가 아닌 이상 대학생들이 이런 현실을 모를 리는 없다. 20대를 평가하지 않고 20대와 더불어 세상에 질문을 던지는 엄기호의《이것은 왜 청춘이 아니란 말인가》를 보면, 대학생들은 현실을 너무나 잘 알기에 냉소한다.

"이들에게는 이 체제로부터 '탈주'할 바깥이 없다. 이들은 이미 바깥으로 내쳐진 존재들이기 때문이다. 이들은 '착취당할 권리'조차 박탈당했다. 그래서 이들은 바깥이 아니라 안으로의 편입을 위해 목숨을 걸고 노력한다. 그렇지 않으면 이들은 착취조차 당하지 못하고 완전히 잊힌 존재가 되어 한번 쓰이지도 못한 채 용도 폐기될지도 모른다. 이들은 자신이 잉여가 될지 모른다는 공포를 넘어 이미 하루하루의 삶에서 자신들이 잉여로 만들어지고 있음을 경험하며 자학하게 된다."

달리 살아 보고 싶어도 자신만 변하면 소용이 없다고 믿기에 대학생들은 알아도 변화를 거부한다. 그렇다고 스스로 냉소하고 자학하는 삶을 이대로 방치할 수는 없다. 그럼 어디서부터 시작해야 할까?

일단은 현실을 인정하자. 더 이상 대학은 우정과 환대의 공간이 아니다. 매캐한 최루탄 가스 사이로 담배를 나누는 손길은 고사하고 수업 노트를 복사해서 나누는 광경조차 찾아보기 어렵다. 가격을 치른 만큼 서비스를 받고 필요에 따라 만나고 헤어지며 각자 알아서 살아남는 경쟁의 규칙이 몸에 익어 있다. 옥스퍼드대학교 미국 출판부는 소셜 네트워크의 친구 목록에서 대상을 삭제하는 '친구 삭제unfriend'를 '올해의 단어'로 선정했는데, 이런 살벌한 경쟁이 일상화돼 있는 것이 미국만의 얘기는 아니다.

자, 그럼 이러한 일상화된 메마른 삶을 극복하기 위해서는 어떻게 해야 할까? 모든 청년이 대학생일 필요는 없지만 대학생이 청년 인구의 많은 비중을 차지하는 우리 사회에서 대학의 몰락을 모른 척해야 할까? 이런 몰락에서 대학을 구할 방법은 없을까?

| 소비의 중심에서 협동을 외치다! |

2009년 12월 세종대학교 대학 본부는 학교 내의 모든 매장을 공개 입찰하겠다고 세종대 생협에 통보했다. 그러자 총학생회를 비롯한 여러 학내 단체가 반대했고 절반 가까이의 학생이 반대 서명을 했다. 학교는 이런 반대에 전혀 대응을 않다가 사건이 언론에 보도되자 공식 입장을 밝혔고, 외부의 시민 단체와 지역 단체가 잇달아 반대 성명서를 발표하자 결국 신축 학생회관의 입찰만을 진행했다.

흥미로운 것은 이 사건에서 세종대학교 측이 내세운 입장이다. 대학 측의 얘기를 한번 그대로 옮겨 보자.

"생협이 공개 경쟁 입찰에서 보다 나은 조건을 제시함으로써 운영의 건실함을 입증해 주시기를 기대합니다. 대학 본부는 '구성원들에게 저렴하고 맛있는 식사를 할 수 있도록 해 주는 생협에 대한 학생들의 애착심'을 잘 알고 있습니다. 하지만 올해로 9년이라는 나이를 맞이하는 생협도 어느 정도 경쟁의 장으로 나오지 않으면 도태될 수밖에 없으며, 애착심만으로 지켜 줄 단계는 지났다는 것을 알아야 할 것입니다."

세종대는 이 얘기를 통해, 대학을 운영하는 원리가 경쟁이고 캠퍼스가 학생을 상대로 장사하는 공간이라는 비밀을 스스로 폭로한 셈이다.

대학 본부는 생협 운영이 적자 운영을 면치 못하고 수익 사업을 하면서도 장학금 등의 학교 복지 기금을 내지 않기에 공개 입찰을 한다고 밝혔다. 그런데 그들이 잘못 알고 있는 것이 한 가지 있다. 생협의 목적은 이익을 남기는 것이 아니다. 생협의 가장 큰 목적은 학생들의 생활을 돕고 것이기에, 흑자 운영보다 우선 질 좋고 싼 가격으로 생필품을 공급하는 것이 더 중요하다. 그러니 흑자 운영을 하는 것이 오히려 문제라고도 할 수 있다. 그리고 생협의 활동 자체가 학생 복지와 연관되기에 굳이 따로 학교 복지 기금을 마련할 필요가 없다는 점을 고려하면 학교 측의 논리는 참으로 궁색하다.

사실 외부 업체가 들어와 생협과 경쟁하면 서비스가 더 나아진다는 대학 본부의 말은 그들의 이해관계를 감추려는 궁색한 논리이다. 제아무리 민간 기업의 운영 체계가 훌륭하더라도 기업의 특성상 이익을 보려 할 텐데, 그런 기업이 영리를 추구하지 않는 생협보다 학생들에게 이로울 리 없다. 더구나 생협은 일반 기업과 달리 조합원의 참여를 보장하는 민주적인 의사 결정 구조도 갖추고 있다. 물품이나 서비스의 가격부터 품질까지 조합원이 확인하고 참여할 수 있다. 당연히 민간 기업보다 생협이 학생들에게 이익일 수밖에 없다.

이렇게 학생들에게 불리한 것이 뻔한데도 재단과 대학 본부가 이를 추진하는 것은, 민간 기업이 공간 비용을 지불하고 비싼 가격으로 많은 수익을 본 뒤에 일정 액수를 대학에 발전 기금으로 내놓으면 자신에게 이득이 되기 때문이다. 결국 학생들의 돈으로 학교만 배불리는 셈이다. 공공성을 파괴하는 '민영화'의 실상은 대학에서도 충분히 확인되는 셈이다.

또 다른 한편의 코미디는 세종대 총장이 학부모에게 보낸 서한이다. 세종대 문제가 언론을 타자 총장은 학교 발전을 위한 다양한 건설 계획을 짜고 있다고 말한 뒤에 다음과 같은 얘기를 덧붙였다.

"이 모든 노력이 결실을 보기 위해서는 학내 구성들원 특히 학생들의 진실된 협조가 필요합니다. 아직도 몇몇 학생이 불순한 정치적 목적을 가지고 허위 사실들을 유포하여 순수한 학생들을 선동하고 대학의 명예를 훼손하고 있습니다. 자신들은 졸업하고 소위 '노동 운동'을 하면서 살아갈지 모르지만, 오로지 실력을 쌓고 학업에 매진해 온 학생들의 이미지를 '데모나 하는 대학 졸업생'으로 만들어 가고 있습니다. 불순한 학생들이 계속 대학의 질서를 어지럽히고 학생들을 선동한다면 결국, 대학 본부가 추진하고 있는 등록금 동결 및 50억 원의 추가 장학금 마련의 길은 불가능하게 될 것입니다."

20세기의 빨갱이 논리가 여전히 21세기 대학을 지배하고 있으니, 그리고 이런 사람들이 대학의 권력을 장악하고 있으니, 한국의 대학이 지금 이 모양인 것은 지극히 당연한 일이다.

지금도 대학 본부는 세종대 생협을 쫓아내려고 안간힘을 쓰고 있다. 학교 비리로 쫓겨났던 이사장이 복귀를 시도하는 와중에, 2011년 4월 세종대는 생협을 상대로 학교 식당 및 복지 시설의 운영권을 위임하라는 소송을 제기했다. 학내의 반대가 거세지자 강자의 도구인 법의 힘을 빌려, 외부의 힘에 기대어 생협을 쫓아내려 하고 있다. 이미 1차 소송에서는 생협이 패했고, 2차 소송을 앞둔 상황이다.

다른 대학에서도 이런 일이 반복될 가능성은 크다. 진리의 상아탑은 이미 무너졌다. 이런 현실을 바꾸려면 대학의 구성원들이 자기 역량을 되찾고 강화시켜야 하는데, 특히 생협이라는 생활의 장은 그러한 역량 강화에 디딤돌 역할을 할 수 있다. 아무런 일 없이 공허하게 연대를 얘기할 수는 없다. 작고 하찮아 보일지 모르지만 함께하는 일이 쌓여 가면서 그러한 역량이 마련되는 것이다. 매점이나 식당, 서점만이 아니라 조금 더 시야를 넓혀 새로운 망을 만들어 갈 수도 있다. 대표적인 예가 바로 주거 문제이다. 대학 기숙사에 들어가도 기업이 운영하는 기숙사가 많아 비싸고 그 운영 방식도 꽤 까다롭다. 그리고 지금 대학가 앞은 온통 원룸이다. 하숙집을 찾기 어려울 뿐 아니라 월세도 만만치 않다. 보증금과 월세에 각종 공과금을 생각하면 혼자 방을 얻어 사는 일은 불가능하다.

상황이 이러하기에, 옆 나라 일본에서도 대학 생협이 식당과 의류, 주거를 포함해 대학 내에서 다양한 활동을 펼치고 있다. 개인적으로 나는, 일본으로 유학을 가는 사람들에게 꼭 대학 생협에 가입하라고 권유하는데, 그만큼 일본의 대학 생협은 대학 생활의 필수 요소이다.

한국에서도 대학 생협이 운영하는 매점, 식당, 서점 등의 사업과 주거 공동체를 연계하면 말 그대로 먹고 생활하고 사는 생활 전체가 협동의 틀 내에서 이루어질 수 있다. 꼭 새로운 집을 지을 필요는 없고 지역의 풀뿌리 운동 단체와 연계하면 의외로 좋은 공간을 마련할 수도 있다. 그러면 대학의 안과 밖에 작은 코뮌들이 생겨서 대학을 바꿀 힘이 조금씩 조금씩 만들어지지 않을까?

그러려면 관심이 없어 그동안 보지 못했던 사람들과 손을 잡아야 한다. 생활을 통해 관계망을 넓히면 그만큼 더 단단한 연대의 그물망을 만들 수 있다. 최근 대학 내에서 청소 용역 노동자와 학생 간에 이루어진 연대는 주목할 만하다. 고려대의 '불완전 노동 철폐를 주도할꺼야'(불철주야)와 '공공 노조 고려대 분회'가 연대한 이후 비슷한 사건이 이어지고 있다. 연세대에서도 비정규직 노동 문제를 다루는 '살맛'이라는 학생 모임과 청소 용역 노동자가 연대해서 부당한 인사 조치나 계약 해지를 막고 있다. 이화여대에서도 용역 노동자의 노동조합이 만들어지고 비정규직 노동을 고민하는 학생 모임인 '신바람'이 만들어졌다. 홍대 청소 용역 노동자의 투쟁이 알려지면서 사회적인 관심도 높아지고 있다. 2011년에는 청소 용역 노동자의 노동조합을 지지하는 '십만송이 장미 운동'도 다양한 대학에서 벌어졌다. 동덕여자대학교, 성신여자대학교에서도 학생과 노동자가 스스로 권리를 지켜냈고, 청주대학교, 한양대학교 안산 캠퍼스에서도 학교가 사기업으로 전락하는 것을 막으려는 다양한 운동이 벌어졌다.

이러한 문제들은 가까이 생활하는 사람의 문제, 상식적으로 이해할 수 없는 부조리함의 문제, 자신의 삶에도 영향을 미치는 문제이기에 학생들은 적극적으로 반응한다. 보이지 않던 것이 보이기 시작하면 새로운 관계가 만들어지고 새로운 삶이 시작된다.

따지고 보면 대학에서 일하는 비정규직 노동자가 청소 용역 노동자만은 아니다. 주차와 캠퍼스를 관리하는 일도 용역 노동자의 몫이고, 대학 교육의 절반을 책임지고 있는 시간 강사도 비정규직이다. 교수라는 허울만 좋은 꿈을 포기하고 자신을 노동자로 받아들이면 시간 강사는 새로운 관계에 눈을 뜰 수 있다. 그리고 이런 새로운 관계망은 교수의 권위적인 문화도 바꾸고 대학 당국의 일방적인 결정을 막아 낼 힘을 만들 수도 있다.

꼭 대학 생협이 아니어도 좋다. 조금 더 상상력을 동원하면 대학이 닥쳐올 사회적 위기를 대비하는 지역 사회의 거점으로 활동할 수 있는 여러 가지 방안을 찾을 수 있다. 다가올 식량 위기를 대비해 대학이 지역 사회 먹거리 순환(로컬푸드)의 한 축을 담당할 수 있다. 대학이 학교 내 급식을 친환경 유기농 먹거리로 전환하고 지역 내의 초·중·고등학교를 대상으로 학교 급식 센터를 설립해 운영할 수도 있다. 대학이 캠퍼스 안의 자투리 공간에 씨앗을 심고 농사를 지으며 그와 관련된 다양한 연구를 책임지고 진행할 수도 있다. 실제로 '레알텃밭학교'처럼 대학 캠퍼스에 씨를 뿌리고 수확하며 농사를 짓는 학생들이 등장하고 있다.

그리고 대학의 화장실과 식당에서 나오는 자원(쓰레기가 아니다!)을 발효시킨 바이오메탄은 중요한 에너지원이 될 수 있다. 2010년, 녹색연합은 2007년 국내 대학이 사용한 에너지의 양을 분석한 결과 2000년과 비교할 때 84.9퍼센트나 소비량이 늘어났다고 보고했다. 이는 같은 기간 한국 사회의 전체 에너지 소비량 증가 폭보다 무려 3.7배나 높다. 각 대학이 캠퍼스에 건물을 신축하거나 증축해서 에너지를 낭비하고 에너지 효율을 감소시켰기 때문이다. 학교 자산만 불리는 규모의 확장을 그만두고 에너지를 생산하는 기지로 변신한다면 대학은 지역 사회에 에너지를 공급하는 역할을 담당할 수도 있다. 대학이 에너지를 잡아먹는 블랙홀에서 에너지 농장으로 변신하는 것이다.

이런 변화가 가능하다면 식량 위기와 에너지 위기의 시대에 대학은 지역 사회에서 대안의 중심지가 될 수 있다. 그리고 대학의 교육 과정이 이런 대안을 중심으로 구성된다면, 대학은 명실상부한 지역 사회의 대안적인 거점이 될 것이다. 대학의 각 전공 학문이 주민과 함께 그 지역에 맞는 대안을 만들어 간다면, 생각은 결코 꿈으로 그치지 않을 수 있다.

여차하면 아예 새로운 대학을 만들 수도 있다. 허황된 말처럼 들릴 수도 있지만, 영화 〈어셉티드accepted〉는 이와 관련해 여러 가지 생각을 하게 해 준다. 이 영화의 줄거리는 대략 이렇다. 어느 대학에도 가지 못한 바틀비는 친구들과 정신병원을 접수해 SHIT이라는 가짜 대학을 만들고 그곳에 입학한다. 그런데 부모님을 속이기 위해 만든 대학 웹사이트를 통해 전국에서 대학에 가지 못한 청년이 몰려들고 바틀비는 이들과 함께 새로운 대학을 운영한다. SHIT이 너무 잘 운영되고 그 옆의 진짜(?) 대학에서 학생이 몰려들자 진짜 대학은 SHIT을 불법 교육 기관으로 교육청에 고발한다. 그러나 교육청은 SHIT의 교육성을 인정하고 다시 문을 열게 한다.

〈어셉티드〉에서 SHIT이 만들어지고 운영되는 방식은 우리에게 많은 시사점을 준다. 먼저 SHIT은 하먼 대학이라는 유명 사립 대학 옆에 만들어진 가짜 대학, 재미있게도 정신병원을 개조해서 만든 대학이다. 정신병원이 진정한 대학으로 거듭난다는 아이러니한 발상이다! 고작 4명이 힘을 모아 만든 대학이다. 힘과 돈을 가진 자들이 지어 준 대학이 아니라 대학을 가고 싶은 사람이 등록금을 모아서 만든 대학이다. 대학에 가고 싶은 사람이 그곳에 모여서 그동안 하고 싶었던 공부를 마음껏 한다.

그렇게 만들어진 새로운 대학의 교육 과정은 학생들에게 아주 유익하다. 좋은 것은 역시 단순하다. 각자 자신이 할 수 있고 원하는 바를 서로 나누면 된다. 모두가 학생이자 교수이고, 내가 남들보다 잘 하는 일, 내가 남에게 배우고 싶은 일을 보드에 적어서 나누는 것만으로 훌륭한 교육 과정이 만들어진다. 너와 나의 능력을 나누는 것만으로 부족하다면 도와줄 사람을 찾아 길을 떠나거나 그 사람을 데리고 오면 된다. '새로움'에 현혹되어 내가 가진 능력을 버리지 말고 지금 내가 가진 것에서부터 시작하면 된다.

이런 교육을 거쳤기에 SHIT이 진짜 대학이 아니라는 사실을 알고도 학생들은 대학을 떠나지 않는다. 자신에게 진짜 필요한 것은 졸업장이 아니기 때문이다. 이처럼 경험은 편견의 힘을 넘어설 수 있다. 그러니 지금 필요한 것은 따분한 충고나 꿈나라 상상력이 아니라 시행착오를 겪으면서 진행되는 조그만 시도들이다. 새로운 가능성은 언제나 존재한다.

아무런 단계 없이 이런 힘이 바로 만들어지지는 않을 것이다. 먼저 서로가 상대방의 삶을 이해하려는 노력이 필요하고 서로 부대끼며 조금씩 다가서야 한다. 서로가 상대에게 줄 수 있는 것, 상대에게 원하는 것을 적어서 나눠 보면 어떨까. 서로가 서로에게 필요한 것을 채워 주고 그 대가를 돈으로 치르지 말고 지역화폐를 만들어 사용하면 어떨까. 서로의 열정과 지식, 요령, 공간, 문화가 한데 어우러지는 흥겨운 축제를 열면 어떨까.

다양한 사람들이 조금 더 나은 세상을 상상하면서 그런 삶을 살려고 노력하면 대학도 공동체로 변할 수 있다. 학벌로 얼룩진 대학이 가르칠 수 있는 것보다 더 큰 배움大學의 가능성이 지금 대학의 위기 속에서 드러날 수도 있다. 판도라의 상자에 마지막으로 남은 것이 희망이듯이.

ⓒ 노순택 | 민주주의는 교과서에서만 배울 수
있는 것이 아니다. 서울 종로 2008.

8
예고된 파멸에 맞선 싸움,
탈핵 운동과 녹색당

1986년 4월 26일, 소련의 체르노빌 핵 발전소가 폭발했다. 4기의 원자로를 가동한 지 10년도 안 돼 발생한 이 사고로 방사능 낙진이 유럽 곳곳으로 날아들었다. 처음에는 소련 정부가 이 사고를 숨기면서 피해가 더 커졌고, 수백만 명의 사람이 방사능의 영향을 받았다.

2011년 3월 11일, 일본 대지진과 해일로 후쿠시마의 핵 발전소가 폭발했다. 체르노빌 사고보다 더 위험하다는 얘기에도 일본 정부는 안전하다는 말만 반복했다. 폭발한 원자로를 식히기 위해 바닷물을 쏟아부어 방사능이 고스란히 바다로 흘러들어 가는 상황에 누구에게 어떤 안전을 보장할 수 있다는 말이었을까?

두 개의 사건에서 공통된 점은 언제나 정부가 사고를 숨기려 든다는 점이다. 이런 심각한 재난을 보면서 새삼 한국에 이미 21개의 핵 발전소가 있고, 현재 7개를 더 짓고 있으며, 2030년까지 핵 발전소가 총 40개까지 늘어날 것이라는 끔찍한 사실을 떠올렸다. 우리에게 불구경할 여유가 있을까? 우리의 정부는 소련이나 일본 정부와 다를까?

후쿠시마 사고 소식을 들으며 이제 두 돌을 맞이하는 아이 얼굴을 바라본다. 어느 순간 일본 핵 발전소 사고와 관련된 보도가 조금씩 사라지고, 안전하다고 그토록 선전해 대는 한국형 원자로가 전략 수출 품목으로 떠오르는 것을 보며 머릿속이 핑 돌았다. 이 아이를 영화 〈터미네이터〉에 나오는 전사로 키워야 하나? 보태 줄 것은 없더라도 최소한 살아갈 수 있는 조건은 남겨 줘야 할 텐데, 핵이라는 것은 아예 미래 자체를 파괴하니 어질어질할 수밖에 없었다.

핵 발전을 찬성하는 사람들, 핵 발전소가 자동차보다 안전하다고 주장하는 사람들은 그동안 일어난 핵 발전소 사고에 대해 결코 당당하게 설명해 주지 않는다. 1978년 한국에서 처음으로 가동된 고리 지역의 핵 발전소에서 일어난 사건 사고들만 추려 보자. 고리 핵 발전소 인근에 살던 잠수부가 2차례 기형아를 출산했고, 1988년 10월에는 핵 발전소에서 10년을 근무한 노동자가 임파선암으로 사망했고, 그때에는 핵 폐기물 불법 매립 사건도 터졌다. 1989년에는 핵 발전소에서 일하던 노동자가 방사능 피폭으로 사망했고, 1994년 과학기술처 안전 점검 때는 1호기의 증기 발생기에서 344군데나 결함이 발견되었다. 1995년 6월 핵 발전소 부지 내의 배수로와 폐기물 저장고 근처에서 자연 방사선보다 최고 100배 높은 방사선이 누출되었고 15개의 곳이 세슘과 코발트에 오염되었는데, 한 달이 넘도록 사고가 보고조차 되지 않았다. 1997년에는 핵 발전소 내에 매립되어 있던 건설 폐기물 1390톤이 밀

국내 핵 발전소 운영 현황 (《한국경제》 2011년 12월 24일자)
(단위 : 만kw)

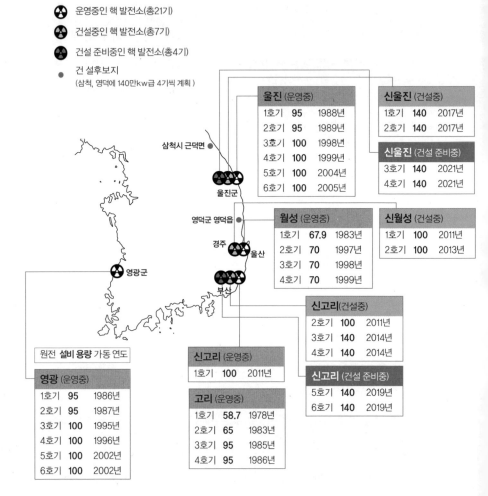

운영중인 핵 발전소(총21기)

건설중인 핵 발전소(총7기)

건설 준비중인 핵 발전소(총4기)

건 설후보지
(삼척, 영덕에 140만kw급 4기씩 계획)

삼척시 근덕면

울진군

영덕군 영덕읍

경주 울산

부산

영광군

울진 (운영중)

1호기	95	1988년
2호기	95	1989년
3호기	100	1998년
4호기	100	1999년
5호기	100	2004년
6호기	100	2005년

신울진 (건설중)

| 1호기 | 140 | 2017년 |
| 2호기 | 140 | 2017년 |

신울진 (건설 준비중)

| 3호기 | 140 | 2021년 |
| 4호기 | 140 | 2021년 |

월성 (운영중)

1호기	67.9	1983년
2호기	70	1997년
3호기	70	1998년
4호기	70	1999년

신월성 (건설중)

| 1호기 | 100 | 2011년 |
| 2호기 | 100 | 2013년 |

신고리 (건설중)

2호기	100	2011년
3호기	140	2014년
4호기	140	2014년

신고리 (운영중)

| 1호기 | 100 | 2011년 |

신고리 (건설 준비중)

| 5호기 | 140 | 2019년 |
| 6호기 | 140 | 2019년 |

원전 **설비 용량** 가동 연도

영광 (운영중)

1호기	95	1986년
2호기	95	1987년
3호기	100	1995년
4호기	100	1996년
5호기	100	2002년
6호기	100	2002년

고리 (운영중)

1호기	58.7	1978년
2호기	65	1983년
3호기	95	1985년
4호기	95	1986년

반출되었고, 1998년 10월에는 핵 연료봉 1개가 손상된 것이 확인되었다. 1999년 6월에는 고리 3호기의 제어봉이 심각한 고장을 일으켜 발전이 중지되었고, 2001년에는 2호기의 핵 연료봉 42개와 3호기의 핵 연료봉 1개가 손상된 것이 확인되었다. 2010년 9월에는 신고리 1호기의 원자로 냉각수 밸브가 자동으로 열리는 사고가 터져, 방사성 물질이 원자로가 있는 건물에 영향을 미칠 때 발생하는 '백색 비상'이 발령되었다.

핵 발전소 한 곳에서 일어난 사건 사고를 대충 나열해도 이 정도니, 다른 핵 발전소에서 일어난 사고까지 합치면 잠을 들기가 두려울 정도이다.

핵 발전을 찬성하는 이들은 핵 발전소에서 일하는 사람이 안전하다고 홍보한다. 하지만 그것은 조금만 상식적으로 생각해 봐도 말이 안 되는 소리이다. 정부가 발표하는 공식 문서에서도 방사성 물질을 다루는 노동자가 위험하다는 사실을 인정한다. 만일 안전하다면 그 많은 장비와 안전 교육은 왜 필요할까? 그리고 핵 폐기물을 안전하게 처리할 수 있다면 왜 불법으로 몰래 매립할까? 핵 발전소에서 벌어지는 사고는 일반 사고와 달리 한번 터지면 걷잡을 수 없다는데 어찌 안전을 논할 수 있을까?

더 심각한 문제는 이런 중요한 사실을 우리가 모른다는 점이다. 원자로 핵 연료봉이 손상되고 원자로 제어가 안 되어도 발전소가 폭파되기 전까지는 시민들이 그 사건을 알 수 없다. 핵 발전소에 사고가 터지면 일단 반경 30킬로미터 이내의 주민은 대피를 해야 하는데, 고리 핵 발전소 바로 옆에 부산광역시가 있다. 부산광역시의 주민은 이런 다양한 사건, 사고를 알고 있을까. 사고를 인식하는 순간은 이미 늦었다.

핵 사고는 이전에 벌어진 어떤 사고와도 다르다. 자연재해와도 차원이 다르다. 한번 발생하면 수습이 불가능하고, 어떤 생명체도 그 사고의 영향에서 벗어날 수 없다. 한번 사고가 터지면 그 영향이 수백, 수천, 수만 년 동안 이어진다. 한 번의 실수로 인류가 만들어 놓은 그 모든 문명이 파괴될 수 있다. 전기를 맘껏 쓰는 편리한 생활에 취해 핵 발전을 막기 위한 행동을 포기하면 미래를 논하는 것이 불가능하다. 미래를 생각할 때 가장 큰 위협은 핵이다. 우리 사회를 아무리 바꿔 놓아도 핵 한방이면 모든 것이 무위로 돌아간다.

핵은 이렇게 근본적으로 다른 위협 물질이기에, 아렌트는 근대와 현대의 차이를 핵의 발명에서 찾는다. 핵무기를 다루는 정치는 전쟁으로 민간인을 대량 학살할 뿐 아니라 세계 자체를 새로이 만드는, 이전과는 완전히 다른 정치이기 때문이다. 아렌트는《정치의 약속》에서, 핵무기의 등장이 "정치를 궁극적으로 정당화하는 바로 그것, 즉 모든 인류가 살아가기 위한 기초적인 가능성을 위협"하는 모순을 만들었다고 얘기한다. 일반적으로 아렌트는 정치와 진리를 연관 짓는 것을 거부하지만 핵의 발명에서는 정치 자체가 불가능해지는 모순을 찾았다. 바로 이 지점에서 아렌트의 정치 이론을 재해석할 수 있다. 즉, 정치의 기반인 세계의 파멸을 막기 위해 우리는 다양한 의견을 존중하더라도 일정한 입장을 가지고 행동해야 한다. 의견을 내세우는 많은 말보다 의지를 드러내는 행동이 필요하다는 것이다.

그동안 핵 발전소는 비밀에 싸여 있었기에 한국 사회에서 탈핵 운동이 대중적으로 벌어지지 못했다.

일본에서 한국으로 방사능이 날아들고 서울의 아스팔트에서 방사능이 검출되며 일본에서 수입된 생선에서는 세슘이 검출된다. 그런데도 한국 정부는 대책을 세우기는커녕 이 사실을 숨기려 든다. 한국이 전 세계에 팔려는 것이 한국형 원자로이기 때문이다. 국민의 목숨을 담보로 경제를 살리는 정부, 참으로 모순된 말이다. 그래서 정치가 필요하고, 권력을 잡기 위해서가 아니라 누구도 지나친 권력을 행사할 수 없도록 해체하기 위해 녹색당이 반드시 필요한 시점까지 우리는 와 있다. 그리고 다행히도 이 문제를 전면에 내세운 정당인 녹색당이 한국에서도 서서히 모습을 드러내고 있다. 탈핵 운동은 인류가 직면한 근본적인 위기에 맞서는 직접행동이다.

| 핵 발전과 민주주의의 파괴 |

지금 우리는 통제할 수 없는 재앙을 미래 세대에게 떠넘기고 있다. 부정적인 결과가 확실한 것만은 아니라거나 기술이 더 발전되면 대안을 찾을 수 있을 것이라며 핑계를 대지만, 결국 우리가 당장 쓸 에너지를 생산하기 위해 미래를 팔고 있다. 핵 발전으로 생기는 핵 폐기물은 치명적인 독성을 가지고 있고, 그 가운데 플루토늄은 반감기가 2만 4000년이나 되고 단 1그램만으로도 수십만 명에게 폐암을 일으킬 수 있다. 그리고 핵 폐기물은 뜨거운 덩어리이기 때문에 전력 생산이 끝나도 50년 동안 냉각수를 부어 식혀야 한다. 그러다 냉각수 공급이 중단되면 핵 폐기물이 폭발할 수도 있다. 100년을 못 사는 인간이 수백 세대를 거쳐 엄격히 관리되어야만 하는 위험한 물건을 만들어 내고 있고 그러면서도 뻔뻔스럽게도 그것이 안전하다며 후손에게 떠넘기고 있는 것이다.

더구나 사실을 밝히고 대책을 마련해야 할 한국 정부는 방사능이 검출되어도 안전하다며, 이 정도는 건강을 해치지 않는다며 국민을 속이고 있다. 방사능이란 사실 기준치 안으로 피폭된다 하더라도, 체내에 축적되는 것이기에 결코 안전하다고 할 수 없다. 병원에서 순간적으로 쬐는 방사선 역시 마찬가지이다. 핵 사고로 인한 방사능 오염은 바람과 물, 또 다른 생명체들을 통해 일어나기에 결코 완벽하게 통제될 수 없다. 그렇게 호흡기와 피부, 음식을 통해 체내에 흡수되어 몸속에 축적된다. 오염된 땅과 물은 반드시 인간에게 복수한다는 진리를 여기에서도 확인할 수 있다. 그리고 지금 당장은 우리에게 해가 없다손 치더라도 체내에 축적된 방사능이 미래 세대에게 영향을 미치리라는 점은 분명한 사실이다. 당장 죽거나 서서히 죽어 가는 것, 이것은 원자력 르네상스 시대의 피할 수 없는 진실이다.

그런데도 정부는 이 위험하고 끔찍한 물질에 관한 정보를 철저히 통제하고 있다. 왜 핵 발전소를 더 지어야 하는지, 어디에 지을 것인지, 거기서 나오는 핵 폐기물을 어떻게 처리할 것인지, 이와 관련된 정보들은 철저히 차단된다. 소수의 핵심 관료와 전문가가 수많은 사람의 목숨과 건강을 담보로 위험한 도박을 벌이고 있다. 시민의 생명조차 지켜 주지 못하는 정부라면 그것이 존재해야 할 이유가 있을까?

사실 핵무기만큼이나 핵 발전도 '비밀스럽고 비민주적'이며 위험한 기술이다. 핵무기가 현재를 위협하고 파괴하는 공포의 무기라면, 핵 발전은 언젠가 다가올 '예고된 파멸'이라는 차이가 있을 뿐이다. 그래서 반전反戰과 반핵反核은 함께 붙어 다닐 수밖에 없다.

그렇다면 왜 예고된 파멸이 중단되지 않는가? 북한의 핵 개발을 막고 대량살상무기를 없애야 한다고 호들갑을 떨면서도, 왜 우리는 핵 발전에 대해서는 이렇게 너그러울까? 원인 없는 결과 없듯이, 이유 없는 부패 역시 없다. 청와대 발표를 따르더라도, 핵 발전소 1기당 건설 비용은 현재 2조 7000억 원 정도라고 하는데 안전성과 핵 폐기물 처리 때문에 그 건설 비용은 시간이 흐를수록 계속 늘어난다. 그러니 이윤을 노리는 똥파리들이 어찌 꼬이지 않겠는가. 위험하고 끔찍한 핵 발전이 중단되지 않는 이유는 그것을 통해 이득을 보는 세력이 있기 때문이다.

정부와 기업이 이익 때문에 핵 발전의 위험성에 관해 입을 다물어도 언론의 눈이 제대로 떠 있다면 시민의 여론이 만들어지지 않을 리 없다. 그런데 철저하게 언론을 막고, 거의 세뇌에 가깝게 홍보를 하고 있기에 시민들은 핵 발전을 깨끗하고 안전한 에너지라고 믿게 된 것이다. 한국원자력문화재단이 1년에 100억 원 이상을 홍보 비용으로 사용하는 것은 이런 세뇌를 위해서이다. 각종 방송 매체에 홍보 광고를 실을 뿐 아니라 그 광고의 힘으로 방송 매체를 관리한다. 정부와 기업, 언론이 한통속이 되어 시민을 속이며 민주주의를 파괴하는 사회가 바로 핵 발전 사회이다.

후쿠시마 사고 이후 여러 신문과 주간지가 핵 발전을 추진하는 한국의 핵 마피아를 다뤘다. 대략적인 그림은 교육과학기술부와 지식경제부, 현대건설, 두산중공업, 삼성물산, 대림산업, 대우건설 등 5대 재벌 기업, 이들과 어울리는 학계와 전문가 집단이 한국의 핵 산업을 이끌고 있다.

국무총리실 산하 원자력위원회와 교육과학기술부 산하의 한국원자력안전기술원, 지식경제부 산하의 한국수력원자력 등 원자력을 연구하거나 규제하는 기구의 수는 10개 이상이다. 그리고 한국원자력학회와 한국원자력산업회의 같은 민간 단체들이 조직되어 원자력 연구와 산업을 함께 논의한다. 이들이 바로 한통속인 핵 마피아이다. 한국원자력통제기술원은 원자력을 통제하는 기관인데, 정부는 무단으로 우라늄 농축 실험을 했던 사람을 그 기관의 이사장으로 임명했다.(《시사인》 2011년 4월 2일자) 고양이에게 생선을 맡기는 꼴이라는 말이 딱 들어맞는다. 그런데도 시민은 이런 사실을 전혀 모른다.

이처럼 권력과 자본, 이들에 빌붙은 지식인이 시민의 참여를 막고 '중립'과 '전문성'을 내세우며 핵 개발을 주도하고 있다. 그렇기에 핵 발전은 전문가와 관료, 독점 재벌의 지배를 강화시키고 민주주의를 파괴할 수밖에 없다.

한국만이 아니라 외국의 상황도 크게 다르지는 않다. 핵 발전소 건설과 관련된 핵 마피아는 호시탐탐 기회를 엿보며 제3세계를 노리고 있다. 이 타락한 잔치에 한국이 원자로 수출을 외치며 끼어들려고 발버둥을 치고 있다.

그런데 핵 개발이 비민주적인 이유는 핵 마피아가 나눠먹는 이권에만 있지 않다. 한국적인 또 다른 맥락이 있다. 2009년 기준 서울의 전력 자급률은 1.9퍼센트에 불과할 정도로, 한국의 에너지 정책은 중앙정부의 손에서 결정되고 전력 소비는 수도권에 집중되어 있다. 또한, 핵 발전소가 세워지는 지역을 보라. 대부분 한반도의 외곽 지역이고 그 가운데서도 가장 못 사는 지역이다. 핵 마피아는 '지역 발전'을 빌미로 주

원자력 관련 정부 기관 (《시사인》 2011년 4월 2일자)

■ 정부 **원자력위원회**(위원장 김황식 국무총리) : 원자력 이용에 대한 최종 심의·의결

교육과학기술부(장관 이주호)

원자력안전위원회(위원장 이주호 장관) : 원자력 안전에 관한 중요 사항 심의·의결

원자력안전전문위원회(위원장 장순흥·김숭평)
: 원자력안전위원회 소관업무의 전문적 조사·심의

원자력안전국(국장 홍남표)

한국원자력연구원(원장 정연호) : 원자력 기술 연구·개발

한국원자력안전기술원(원장 윤철호) : 원자력 안전 심사·검사

한국원자력통제기술원(원장 장상구) : 원자력의 평화적 목적 외 전용 방지

한국원자력국제협력재단(이사장 정연호)
: 원자력 선진국으로서의 위상 확립, 세계 원자력 시장 진출 기반 구축

자문/영업

원전 사업 수주/
간부 스카우트

지식경제부(장관 최중경)

한국전력공사(사장 김쌍수) : 전력 자원 개발·발전 등 발전 사업 총괄

한국수력원자력(사장 김종신) : 원자력 발전소 운영

한국원자력문화재단(이사장 이재환) : 대국민 원자력 홍보 전담

한국방사성폐기물관리공단(이사장 민계홍) : 방사성 폐기물 관리 사업 총괄

■ 산업계 **원자력 관련 산업 기관**

원전 건설업체(두산중공업, 삼성물산, 현대산업개발, 대림산업 등)

한국원자력산업회의(회장 김쌍수) : 원자력의 산업적 이용 촉진

언론 : 전문·경제·종합 신문과 방송

후원/자문

■ 학계 **원자력 관련 학술 기관**

서울대·한양대 등 원자력 관련 학과

한국원자력학회(회장 윤철호) : 원자력에 관한 학술 및 기술 발전, 회원 상호간의 협조 도모

한국방사성폐기물학회(회장 양명승)
: 방사성 폐기물에 관한 제반 연구 및 회원 상호간의 협조·친목 도모

민들을 유혹하고 그들의 터전을 파괴한다. 그래서 지방은 자신이 쓰는 것보다 훨씬 많은 양의 전력을 생산해서 수도권에 '에너지 조공'을 바쳐야 한다. 조공을 바쳐야 중앙 정부로부터 예산을 얻을 수 있기 때문이다. 에너지 조공을 계속 받기 위해 핵 마피아는 지속가능한 발전이나 지역 발전이라는 논리를 받아들이는 시늉을 하기도 한다. 하지만 대부분 건설 사업을 중앙의 재벌 기업이 맡기 때문에 지역에 돌아가는 몫은 거의 없다고 봐야 한다.

그리고 핵 발전소에서 일하는 사람은 대부분 가난하고 약한 주민이다. 안전하고 깨끗한 에너지라며 핵을 선전하는 원자력문화재단에서 일

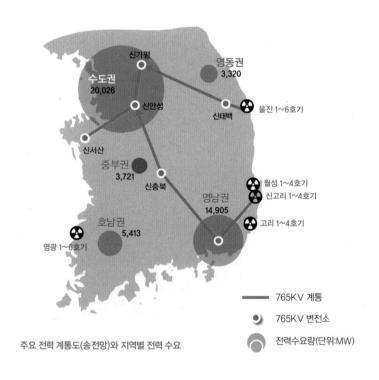

주요 전력 계통도(송전망)와 지역별 전력 수요

하는 사람이 직접 핵 발전소에서 일할 리 없고, 원자력 르네상스를 꿈꾸는 이명박 대통령이 핵 발전소의 연료봉을 갈 리도 없다. 일반 시민의 누적 피폭량 허용 한도가 연간 1밀리시버트라면, 핵 발전소에서 일하는 노동자의 누적 피폭량 허용 한도는 보통 10밀리시버트라고 한다. 우리가 일반적으로 알던 상식과 달리, 노출되지 않는 것이 아니라 노출량이 적다는 말이며, 그 기준치마저도 핵 발전소 노동자는 열 배이다. 앞서도 말했듯이 핵에 노출되는 것에서 '안전한 기준치'란 없다.

핵 발전소에서 일하는 사람은 대부분 하청 노동자이고 위험한 곳에서라도 일하며 생계를 꾸려야 하는 사람이다. 자발적 노동이라고 하지만 다른 선택지가 없는 '노예 노동'인 셈이다. 이렇듯 나의 안락함을 위해 가난하고 약한 사람을 죽음으로 몰아넣으면서도 우리가 민주주의를 논할 수 있을까? 타인의 희생을 딛고 선 안락함을 인정한다면 그것은 민주주의가 아니다.

핵 발전소가 실제로 지어지는 과정은 민주주의와 전혀 무관한 폭력적인 과정이다. 1971년 핵 발전을 국책 사업으로 내세운 독재 정권은 시민의 동의나 민주적인 절차를 무시하고 일방적으로 고리 핵 발전소를 지었다. 고리 핵 발전소의 1호기가 운행되는 동안 무려 124건의 고장이나 사고가 발생했는데 그 사실을 아는 시민은 거의 없다.

핵 사고가 일어났을 때 직접적인 피해를 받을 수 있는 영역은 얼마나 될까? 지금 핵 발전소가 있는 지역들을 중심으로 각각 반경 30킬로미터를 그 피해 가능 지역으로 봤을 때, 그 지역 내에 9개의 광역 자치 단체, 28개의 기초 자치 단체가 포함된다. 가장 낡고 자주 고장을 일으키는 고리 핵 발전소는 부산광역시, 울산광역시, 경상남도, 3개의 광역 자치 단체와 맞물려 있다. 이렇게 무서울 만큼 가까이에 모두 모여 있는데 핵 발전소 사고가 터지면, 밀집된 핵 발전소가 연이어 영향을 받으면, 대체 누가 사태를 책임질까? 중앙 정부나 핵 마피아가 지방 정부나 지방 주민에게 사고 소식을 제대로 전해 주기나 할까?

그동안 핵 발전소 사고는 핵 발전 선진국이라는 미국, 프랑스, 일본도 비껴 가지 않았다. 그런데 세계에서 4번째로 많이 핵 발전소를 보유하고 있으며 밀집도로 보면 세계 1위인 한국이라고 핵 사고에서 특별히 안전할 이유는 전혀 없다. 실제로 한국에서는 크고 작은 핵 발전 사고가 650회 이상 일어났지만 정부는 즉각 사고 사실을 발표하지도 않고 때로는 사고 자체를 철저히 은폐해 왔다.

이렇게 심각한 문제인데도, 정부는 2005년 9월에 원자력법 시행령과 시행 규칙을 개정해서 수명이 다한 핵 발전소를 계속 가동할 수 있도록 허용했다. 교육과학기술부가 허가하면 수명이 다한 원자로를 계속 가동할 수 있도록 정부가 허용했다. 실제로 2011년 6월에 한수원은 교육과학기술부에 고리 1호기 수명 연장을 위한 평가서를 제출했다. 한수원은 이 평가서를 제출하기 불과 1주일 전에 주민들에게 이를 알리는 설명회를 개최했다. 상식적으로 판단하면 도저히 있을 수 없는 일이 핵 발전과 관련해서 계속 벌어지고 있다. 이를 방치하고서 우리가 민주주의를 논할 수 있을까?

설령 핵 발전소가 아무런 사고를 일으키지 않고 운영된다 하더라도 우리는 결코 안전하지 않다. 핵 발전에 반드시 뒤따르는 핵 폐기물을 처리하는 과정도 우리의 생명을 위협하고 민주주의를 파괴하기 때문이다. 1978년에 고리 1호기가 처음 발전을 시작한 이후 계속 쌓여 가는 핵 폐기물을 처리하기 위해 정부는 비밀리에 핵 폐기장 건설을 추진해 왔다.

그동안 핵 폐기장을 만들기 위해 정부가 추진한 곳도 역시 서울이 아니라 지방이다. 경상북도 영덕군과 영일군, 울진군, 충청남도 안면도, 경상남도 양산시, 인천시 굴업도, 전라남도 영광군, 전라북도 고창군, 전라북도 부안군 등이 핵 폐기장 후보지로 거론되어 왔다. 처음에는 주민에게 알리지도 않은 채 핵 폐기장을 몰래 지으려다 주민들의 반발로 계속 실패하자, 지금은 한수원이 많은 돈을 풀어 주민들의 여론을 내세워 신청을 하게 만들고 중앙 정부가 이를 받아들이는 식으로 진행되고 있다. 이 역시 민주주의의 껍질을 쓰고 있지만 참으로 비민주적인 과정이다.

핵 발전소와 마찬가지로 핵 폐기장이 들어설 후보지에서 핵의 안전성 여부는 쟁점조차 되지 못한다. 앞서 경주 핵 폐기장 선정 과정에서 봤듯이 대부분의 후보지는 중앙의 핵 마피아가 '지역 발전'을 내세워 핵 폐기장 유치를 추진하고, 붕괴한 지역 경제에 낙담한 주민들이 이에 동조하는 식으로 진행되고 있다. 허나 누가 핵 발전소나 핵 폐기장이 있는 곳을 발전된 지역이라 여길까? 사건, 사고가 끊이지 않으면서 주민들은 떠나고 지역은 더 뒤처지고 생활은 더 어려워진다. 승자는 중앙의 비민주적 권력과 막대한 이득을 보는 재벌, 주민의 이름을 팔아먹는 지역의 토호 권력뿐이다. 그리고 그 피해를 고스란히 당하는 것은 지방의 주민이다.

그런데도 왜 끔찍한 재난은 반복되는가? 가장 큰 이유는 누군가의 재난이 다른 누군가에게는 엄청난 기회이자 이익이기 때문이다. 재난이 쑥대밭을 만들고 간 자리에서 누군가는 재건축과 재개발의 가능성을 본다. 이를 막을 수 있는 '정상적인' 방법은 없다. 앞서 주민들의 저항이 증명하듯 현 사회를 움직이는 힘은 재난을 당하거나 당할 사람의 것이 아니기 때문이다.

자본과 권력을 쥔 이들은 주민들의 반대가 거세도 힘으로 누르고 돈으로 유혹하면 일이 성사될 수 있고 그러면 엄청난 돈을 챙길 수 있으리라 기대한다. 그러니 아무리 설득하고 요구해도 이들은 자신의 계획을 수정하거나 포기하지 않을 것이다. 그래서 그들에게는 국가나 공동체가 있을 수 없다. 애국심을 내세우고 공동체의 발전을 떠들어도 그건 껍데기일 뿐 속마음은 오로지 이권에 있다. 이를 위해서라면 어떠한 폭력을 써도 좋다는 것이 그들의 상식이다. 이런 폭력에 어떻게 맞서야 할까? 정부가 이런 폭력 자체라면 시민들은 어떤 방법을 선택해야 할까?

핵 발전과 민주주의는 공존할 수 없는 단어이다. 그래서 반핵·탈핵 운동이야말로 민주주의를 살리는, 죽은 민주주의에 생명력을 불어넣어 주는 직접행동이다.

| 반핵 운동과 주민들의 살아 있는 정치 |

절망적인 상황에서도 희망은 싹트는 법이다. 실제로 핵 폐기장이 들어서려는 곳마다 주민들은 상황을 수동적으로 받아들이지 않고 적극적으로 저항했다. '평범한 주민들이 권력의 부당한 억압에 직접 맞설 수 있을까?' 의심하는 사람이 있다면 반핵 운동의 역사를 한번 볼 필요가 있다.

1989년 3월, 정부가 경상북도 영덕군을 핵 폐기장 후보지 1순위로 정하자 주민들의 저항이 시작되었다. 남녀노소 가리지 않고 전 주민의 1/3 가량이 집회에 참여했고 국도를 점거하기도 했다. 주민들의 강력한 저항에 부딪히자 정부는 계획을 포기했고, 이에 힘을 얻은 반핵 운동은 4월에 전국핵발전소추방운동본부를 만들어 본격적으로 반핵 운동을 벌였다.

그 이후에도 정부가 핵 폐기장을 지으려는 곳마다 주민들의 저항은 이어졌다. 그 가운데 광주 민주 항쟁 이후 가장 격렬한 주민 시위로 꼽히는 안면도 투쟁은 눈여겨볼 만하다. 1990년 11월 과학기술처가 안면도에 원자력 제2연구소라는 이름으로 핵 폐기장을 건설하려 한다는 보도가《한겨레》에 실리자 주민들의 저항이 시작되었다. 당시 공해추방운동연합의 간사가 안면도에 들어가 주민 저항을 조직했고, 보수적인 단체로 분류되는 청년회의소, 로타리클럽, 라이온스클럽, 그 밖의 여러 청년회들, 심지어 지역의 건달들까지 힘을 모아 안면도핵폐기장반대추진위원회를 결성했다. 2만여 명의 주민 가운데 절반이 집회에 참여했는데, 이 과정에서 지역 공동체가 힘을 발휘했다. 최대 규모의 집회로 불린 11월 8일의 집회에는 1만 5000여 명의 주민이 참여했다. 주민들은 한 가구낭 한 명 이상을 반드시 집회에 참석시키고 참여하지 않는 가구에 5만 원씩 벌금을 물린다는 규약을 만들었다. 나아가 핵 폐기장 유치를 주장하는 사람의 장례식이나 결혼식에 참여하지 않고, 동네 상여도 빌려 주지 않는 징계를 내리기도 했으며, 유치 신청자나 그 자식들을 해고하라고 요구하기도 했다.

안면도의 주민 항쟁은 폭력과 비폭력의 경계를 넘어서 진행되었다. 경찰의 폭력 진압에 맞서 청년결사대가 조직되고, 안면 지서가 불에 타기도 했다. 주민들은 안면 읍사무소를 접수하기도 했고 육지와 연결되는 하나뿐인 다리를 폭파시킨다는 계획을 세우기도 했다. 그리고 "안면 공화국 만세"라는 구호가 시위 도중에 등장하기도 했다. 만일 주민들이 이토록 극렬하게 저항하지 않았다면, 죽음의 평화가 안면도를 뒤덮었을 것이다. 안면도 투쟁은 주권을 회수한 민중들이 국가의 법치주의나 폭력/비폭력이라는 '강요된 경계'를 넘어설 수밖에 없다는 점을 증명했다.

이런 저항에 밀려 정부는 안면도 핵 폐기장 건설을 포기하는 듯 보였지만 실제로는 주민들을 돈으로 유혹하며 안면도의 공동체를 분열시키려 들었다. 허나 이마저도 1992년 5월, 주민 공작을 일삼던 원자력환경관리센터 직원들이 묵던 여관을 마을 청년들이 습격해서 서류를 빼앗고, 1993년 1월에는 유치를 찬성하던 주민의 양심선언이 이어지면서 정부는 계획을 포기할 수밖에 없었다.

허나 핵 폐기장을 짓겠다는 계획은 포기될 수 없었다. 핵 발전을 이미 시작한 곳에서는 핵 폐기장의 포기가 불가능하다. 핵 발전소가 늘어나는 만큼 핵 폐기물의 양도 계속 늘어나기 때문이다. 1994년에는 굴업도에 핵 폐기장을 건설할 것이라는 소문이 퍼지자 그 옆의 덕적도 주민들의 저항이 시작되었다. 주민들은 고립된 섬에서 빠져나와 서울과 인천을 오가며 반대 시위를 벌였고 당시 액수로 500억이라는 거금을 투자하겠다는 정부 발표에도 계속 시위를 벌였다. 주민들의 시위가 1년을 끌었지만 꿈쩍도 하지 않던 정부는 지반이 약해서 핵 폐기장에 적합하지 않다는 지질 조사 결과가 나와 스스로 계획을 접었다. 이처럼 핵과 관련된 사업들은 가장 기본적인 상식조차 거부한다.

표류하던 핵 폐기장 건설은 2003년 5월 중앙 정부와 전북 부안 군수가 폐기장 유치를 반대하는 부안 군민의 의견을 뒤집고 위도 주민 80퍼센트의 서명을 받아 핵 폐기장 유치를 신청하자 다시 시작되었다. 이에 부안 군민들의 반대 집회가 이어졌고 눈물겨운 촛불 집회가 시작되었다.

그러자 주민들에게 현금 보상을 하겠다는 산자부와 한수원의 거짓말 행진과 주민들을 분열시키려는 공작이 시작되었다. 더구나 정부는 주민들과 대화하면서 합의를 유도하기는커녕 공권력을 투입해 강제로 촛불 집회를 막았다. 그리고 중앙 언론들은 지역 이기주의, 폭력 사태 등의 자극적인 헤드라인을 뽑으며 부안 주민들을 몰아붙였다.

결국 부안에서는 앞서 살폈듯이 주민투표라는 새로운 대안이 등장했다. 주민투표는 이렇게 돈과 공권력의 힘이 주민들의 입을 완전히 틀어막은 상황에서 주민들의 의견을 밝히는 유일한 방법이었다. 그런데 정부는 그 주민투표마저 거부하며 주민들의 의견을 무시하려 들었다.

이후 핵 폐기장 건설은 4개 지역 핵 폐기장 동시 주민투표라는 희대의 사기극으로 마무리되는 듯했지만 여전히 심각한 문제가 남아 있다. 그 사기극의 결론이었던 경주는 지반이 매우 약해 핵 폐기장에 적합하지 않고 공사 현장에 수맥이 흘러 방사능이 유출될 수밖에 없다고 한다. 그런데도 공사는 계속되고 있다. 우리가 민주적인 나라에 살고 있다면 절대 불가능한 일이다.

이제 우리는 '핵 폐기장 사고'를 예약한 채 살고 있다. 다만 사고가 언

279

제 터질지 알지 못할 뿐이고 내가 살아 있는 동안 끔찍한 사고가 나지 않기만을 바랄 뿐이다. 허나 미래의 누군가는 그 공포를 현실로 감당해야 한다.

이런 절망적인 재난을 막을 방법은 그들의 뜻을 대표할 대의 제도나 공권력에 있지 않다. 주민들이 직접 나서서야 가까스로 재난을 막을 수 있었다. 안면 공화국이 선포되고 《부안독립신문》이 발간되어서야 기득권층은 타협을 고민하기 시작했다.

따라서 정치학 교과서에나 나올 법한 수준에서 한국의 민주주의를 논하는 얘기는 사람들의 착각을 부추길 뿐이다. 근본적으로 한 국가 내에 두 개의 나라가 만들어져 있고 민중이 사는 나라의 삶이 불안정하고 위험한데 어떻게 민주주의를 논할 수 있을까? 몇몇 사람이 바뀐다고 재난 자본주의가 무너질까?

그러기에 더욱 강력한 반핵 운동, 탈핵 운동이 필요한 것이다. 핵 발전은 민주주의를 근본적으로 부정하기에 이에 저항하는 운동은 새로운 정치의 역사를 쓸 수밖에 없다. 정부 스스로 기존의 정치 논리를 부정하고 정치 과정을 파괴하기 때문에 그에 저항하는 운동이 기성 정치의 논리나 정치 과정을 따를 수는 없다. 그래서 반핵 운동이나 탈핵 운동은 폭력이나 불법이라는 비난을 받고는 한다. 하지만 실제 과정을 지켜보면 정부야말로 폭력과 불법의 근원이다. 탈핵 운동은 주권을 넘어 존엄의 질서를 세우려는 직접행동이다.

마찬가지로 반핵 운동은 자기 지역에 핵 발전소나 핵 폐기장이 들어서는 것을 반대하는 지역 이기주의가 아니다. 핵의 위험을 피하면서도 그 에너지의 혜택을 무한정 누리려는 수도권 주민이야말로 진짜 이기적인 사람이다.

사실 핵이 터지면 누가 예외일 수 있는가? 핵에는 이기주의라는 말이 무의미하다. 그리고 반핵 운동은 다른 사회 운동과 달리 '보편 운동으로서의 가능성'을 가지고 있다. 반핵 운동은 제1세계와 제3세계의 구분을 뛰어넘어 전 세계의 민중이 보편적으로 공감하며 함께 싸울 수 있는 운동이다. 핵의 개발은 인류에게 공멸이라는 근본적으로 새로운 질문을 던졌고, 핵의 위험은 국경을 넘어 퍼져 전 세계에 영향을 미친다. 핵은 인류를 진정한 운명 공동체로 만들었다. 함께 멸망할 것인가, 아니면 함께 생존할 것인가?

그런 의미에서 반핵 운동은 다양한 사회 운동과 주민 운동이 손을 잡을 기회를 마련하기도 한다. 과거 '반전과 반핵, 양키 고 홈'을 함께 외쳤던 〈반전반핵가〉에서도 잘 드러나듯이, 핵 발전소를 반대하는 운동은 식민지에서 해방되려는 운동, 자본주의를 반대하는 운동, 억압적인 정권에 저항하는 운동, 개발에 반대하는 운동일 수밖에 없다. 즉, 반핵 운동은 비민주적인 정부와 독점 재벌, 토호 세력에 맞서는 운동이다. 반핵 운동은 주민 운동이 지역을 벗어나 전국적인 이슈에 개입하게 만들고, 근본적으로 다른 사회를 꿈꾸게 한다.

그동안의 반핵 운동은 민주주의를 파괴하려는 힘을 가진 자들에게 맞서는 시민들의 저항이었다. 그런데 현실의 정치 구조를 볼 때 정당을 완전히 배제하고 시민들의 힘만으로 정치를 바꾼다는 것은 쉬운 일이 아니다. 물론 국가 내에서 국가를 배제하고 시장 내에서 자본의 논리를 배격하자는 전략도 있지만 이것은 특정한 조건에서만 가능하다. 한국처럼 권력보다 폭력의 논리가 앞서고 기득권이 거의 모든 사회 자원을 독점한 사회에서는 소수의 엄청난 헌신과 순교에도 그 가능성을 장담하기 어렵다. 지나치게 많이 일하고 자기 목소리를 스스로 검열하는 한국 사회에서 그 정도의 능동적인 에너지를 많은 시민이 지금 당장 드러내리라 기대하기는 어렵다. 그리고 핵 마피아를 해체하려면, 부패한 학자와 관료, 독점 재벌, 언론의 강력한 동맹을 해체시켜야 한다. 엄청나게 강한 정치적인 힘이 없다면 이런 카르텔을 깨기는 어렵다. 여기서 우리는 다시 한 번 녹색의 정치를 고민하게 된다.

| 녹색당, 지옥문 앞에서의 피스몹 |

30년의 수명을 넘긴 고리 핵 발전소 1호기는 지금도 계속 돌아가고 있다. 언제 사고가 터질지 모르는 고장 난 시한폭탄이다. 그 폭탄을 해체할 생각은 않고 미래를 논하고 있는 우리는 얼마나 어리석은가.

　자동차 사고가 무서워 자동차를 타지 않겠느냐며 핵 발전을 지지하는 사람들이 있는데, 이처럼 어리석은 이야기가 또 어디 있을까? 자동차와 핵이 어찌 같은가? 핵 발전소나 핵 폐기장에서 사고가 터지는 순간 그곳은 죽음의 땅으로 변하고 죽음의 재는 멀리 멀리 퍼진다. 미국의 스리마일 섬, 소련의 체르노빌 핵 발전소 사고로 수많은 사람이 목숨을 잃거나 고통을 겪고 있고, 아직도 그 고통은 계속되고 있으며, 앞으로 얼마나 고통이 이어질지 우리의 시야로는 도저히 가늠할 수 없다.

　스리마일 핵 발전소 사고로 14만 명의 주민이 대피해야 했고, 현기증과 구토, 코피, 설사로 고통을 받았다. 새로 태어난 아이들은 갑상선 기능이 다른 아이들에 비해 심하게 떨어졌다. 1986년 체르노빌 핵 발전소 사고로 죽은 사람이 56명에 불과하다고 국제원자력기구IAEA는 주장하지만 사고를 수습하기 위해 투입된 65만 명 가운데 적어도 5000명에서 1만 명이 후유증으로 젊은 나이에 목숨을 잃었다는 보고도 있다. 그리고 이 사고의 영향을 받은 지역은 지금도 평균 수명이 매우 낮고 갑상선암의 비중이 매우 높다고 한다. 핵 발전을 지지하는 사람들은 진심으로 이런 엄청난 재난을 자동차와 비교할 수 있다고 생각하는 것일까?

핵은 '근본적인 악'이다. 그 어떤 이유를 대더라도 정당화될 수 없는 재앙이다. 이 말은 결코 과장된 표현이 아니다. 앞서 얘기했듯이 핵은 자연재해나 전쟁과는 또 다른, 결코 되돌릴 수 없는 결과를 낳기 때문이다. 그런데도 저주받은 죽음의 물질을 대대손손 후손들에게 물려줄 것인가? 억압적인 권력보다도 더 무서운 유산이 바로 원자력이라는 이름으로 포장된 핵이다.

한국 사회에서 탈핵은 단순히 에너지의 문제가 아니다. 이것은 에너지 정의와 환경 정의, 사회 정의의 문제이다. 탈핵은 수도권으로의 초집중화와 불균등 발전, 중앙집권형 국가에 대한 비판이자 그들과 결탁한 독점 재벌과 언론, 지식인에 대한 비판이고 기술과 정보를 독점하고 공개하지 않는 비민주적인 권력에 대한 비판이다. 그런 점에서 탈핵은 반反자본주의, 반反국가를 선언하는 가장 정치적인 구호이고, 자치와 자급의 삶을 전제하는 근본적인 정치 운동이다.

그러니 우리의 미래를 위해 우리의 현재와 싸워야 한다. 1999년 11월 28일, 덕산 핵 발전소 반대 투쟁을 벌인 삼척시 근덕면 주민들은 '원전

백지화 기념비'에 이렇게 적었다.

"근덕 면민은 결사의 투쟁으로 덕산 원전 건설 계획을 백지화하였다. 애향의 열정과 살신의 각오로 청정 해역과 수려한 강산을 지켰다. 이 승리의 기쁨을 아름다운 삶의 터전을 물려주신 조상에 바친다. 우리의 반핵 의지를 이 땅을 지켜 갈 후손에 계승한다. 이로써 우리는 8·29 공원을 조성하여 기념탑과 기념비를 세우고 향토 사랑의 큰 터로 삼고자 하나니 삼척과 근덕인의 번영과 영광이 이 비와 함께 영원하리라."

하지만 삼척에 다시 핵 발전소가 들어설 계획이니 영원하리라는 바람은 흔들리고 있다.

이 길고 긴 싸움은 이기기 위해, 나를 증명하기 위해, 온전히 나 자신으로 살기 위해 결코 포기될 수 없는 싸움이다. 그리고 다른 누군가가 대신해 줄 수 없는 싸움이다. 그래서 희망은 나의 삶에 있다. 미래의 희망을 실현하기 위해 우리는 지금 현재와 단절해야 한다. 그것도 아주 단호하게.

이미 여러 가지 대안이 제시되었다. 이다 데쓰나리 지속가능에너지 정책연구소ISEP 소장에 따르면, 대체 에너지 가운데 가장 비싸다는 태양광 발전도 2010년 이후에는 핵 발전보다 비용이 싸졌고 효율성도 높아지고 있다고 한다. 그리고 수도권으로 사람과 자원이 집중되지 않는다면 에너지 자급은 충분히 가능하다. 그래서 에너지도 민주주의와 분리될 수 없다. 평화롭게 생활한다면 에너지를 소비할 뿐 아니라 생산할 수도 있다. 자원을 쓰레기로 만들고 폐기하는 삶이 아니라 순환하는 삶을 살면 우리와 후손들의 미래가 지속될 수 있다.

이런 사회를 만들려면 강력한 힘이 필요하다. 녹색당은 이런 단호한 단절을 뒷받침할 중요한 정치 세력이다. 흔히 녹색당은 환경 보호를 주장하는 정당 정도로 알려져 있지만 그것은 잘못된 상식이다. 전 세계의 다양한 녹색당 가운데 독일 녹색당Die Grünen이 가장 유명한데, 이당의 정강 정책이 녹색당의 기본적인 틀을 마련했기 때문이다. 독일 녹색당의 정강 정책을 살펴보면, 장기적 안목에 의거한 '생태학' '사회적 관심' '풀뿌리 민주주의' '비폭력'이라는 네 가지 기본 원칙이 부각된다. 녹색당은 우리가 사는 세계의 정치, 경제, 문화를 근본적으로 전환시키려는 것이다. 실제로 유럽과 미국을 뒤흔들었던 1968년 혁명의 고민은 녹색당 창당으로 이어졌다.

그래서 독일 녹색당의 정강은 당의 내부와 외부에서 권력을 분권화하는 강력한 풀뿌리 민주주의를 주장했고, 생태적으로 사회적으로 책임을 지는 생산, 즉 '생산에 관련된 것들이 어디에서 어떻게 생산되어야 하는가'뿐 아니라 '무엇이 생산되어야 하는가'를 스스로 결정지어야 한다는 것을 강조했다.

그동안 한국에서도 다양한 녹색 정치의 실험이 있었지만 몇몇 단체나 명망가의 활동에 지나지 않았다. 그러다 2011년 일본 후쿠시마 핵발전소 폭발을 계기로 탈핵을 내세운 녹색당 창당 운동이 시작되었다. 녹색당은 "여성과 청년들, 청소년들의 정당, 지역에 기반한 분권 정당, 소외된 목소리에 귀 기울이고 소수자와 함께 하는 정당, 일상의 변화를 만들어 가는 정당, 우정과 낙관, 해학으로 서로를 북돋우며 즐거움을 잃지 않는 정당"을 추구한다.

물론 녹색당의 창당이 쉽지는 않다. 한국의 정당법에 따르면, 정당을 창당하려면 서울에 중앙당을 두고 전국에 5개 이상의 시·도당을 두되 각 시·도당에 주소를 둔 1000명 이상의 당원이 있어야 한다. 그리고 정당을 창당하더라도 국회의원 선거나 지방 선거에 참여하지 않거나 국회의원 선거에 참여하여 후보자를 당선시키지 못하고 유효 투표수의 2퍼센트 이상을 얻지 못하면 정당 등록이 취소된다. 전국 정당이 아니면 허용하지 않겠다는 이 정당법은 녹색당 같은 정당은 아예 창당되지 못하도록 족쇄를 걸고 있는 셈이다. 실제로 2006년 지방 선거 때 충청북도 옥천에서 만들어진 옥천당은 선관위에 고발되어 처벌을 받았다. 이런 악조건에도 녹색당은 '생애 첫 당원'을 선언한 시민들의 능동적인 참여로 2012년 3월 4일 창당 대회를 열었다.

정당 민주주의나 정책 선거라는 말을 꺼내기도 부끄러운 한국의 정치판에서 녹색당이 어떤 역할을 할 수 있을지 기대 반, 우려 반 여러 목소리가 있다. 2012년 4월의 국회의원 총선, 12월의 대통령 선거에서 녹색당은 자신의 정치력을 검증받을 것이다. 분명한 것은 '통치'의 관점이 아닌 '자치'의 관점으로, '이윤'의 관점이 아니라 '호혜'의 관점으로, '수도권'의 관점이 아니라 '지방'의 관점으로, '다수'의 관점이 아니라 '소수'의 관점으로, '조직'의 관점이 아니라 '생활'의 관점으로, '공약'이 아니라 '수다'의 관점으로 정치를 실현하려는 정당이 등장했다는 사실은 놀라운 사건이다.

어쩌면 이 시도가 우리에게 주어진 마지막 기회일지도 모른다. 지옥문은 이미 열렸고 파멸의 시계는 째깍째깍 돌아가고 있기 때문이다. 어느 누군가가 이 문을 닫고 시계를 멈춰 주기를 기대하기에는 남은 기회가 많지 않다. 내가 직접 나서서 조금이라도 문을 밀고 시계를 붙들면, 나와 같이 하려는 사람들이 줄을 이어 등장할 수 있다. 한 걸음 내디디면 세계가 바뀐다. 나의 한 걸음, 우리의 한 걸음이 중요한 때이다.

나의 어머니는 녹색당 창당 이후 이런 메일을 내게 보냈다.

"3월 6일인가 녹색당에 가입했다. 누가 시킨 것이 아니고 나 스스로 내가 나의 의사를 처음으로 밝힌 것이다. 누가 뭐래도 나는 핵 발전을 늘리는 것을 거부한다. 우선 조금 편리하고 편하게 살자고 후손들에게 큰 해악을 물려주는 것은 염치없는 일이다. 내가 여태껏 살아오면서 남에게 도움을 준 일이 없지만, 그리고 그것이 항상 가슴속에 아쉬움으로 남아 있지만, 이 일만큼은 도외시할 수 없는 일이라고 생각한다. 자연이 가진 힘은 인간의 능력으로서는 상상조차도 하기 어려운 일이다. 세계 어느 곳에도 안전한 곳은 없다고 본다. 나의 3세들이 잘 자랄 수 있게, 파이팅."

이미 걸음은 내딛어지고 있다. 바로 내 곁에서.

9

평화로운 삶은 어떻게 실현되는가?

한국 사회에서 평화는 참 낯선 단어이다. 학교에서 배운 '평화통일'이라는 말 외에는 그 단어를 써 본 적이 거의 없다. '참 평화롭다.'라는 말은 가끔 자연을 보면서 뇌까리는 말일 뿐 사회를 보며 그렇게 말하는 경우는 없다. 평화는 일상의 언어가 될 수 없었다. 사회를 보면 평화보다는 이익과 힘이라는 말이 더 익숙하다. 그래서 평화통일도 힘을 길러서 하는 것이고 우리에게 이익이 되어야 하는 것으로 여겨졌다. 평화가 목적인 것은 맞지만 그것을 이룰 수단과는 무관한 것으로 느껴졌다. 그래서 평화로운 수단은 언제나 이상적인 것이고 비현실적인 것으로 간주된다. 때로는 평화를 위해 전쟁이 필요하다는 위선이, 제주도 해군 기지를 평화를 위한 기지라고 주장하는 허구가 정당화되기도 한다.

2003년 4월, 미국의 이라크 침공을 막기 위해, 폭탄이 떨어질 것으로 예상되는 곳에서 '인간 방패'를 자처하던 사람들이 잠깐 귀국하면서 기자회견을 가졌다. 이 자리에서 이들은 선언했다.

"자기의 이익을 위해서도 아니고, 정치인들이나 관료들처럼 이중 국적을 갖겠다는 것도 아니다. 단지 우리는 국익이라는 이름으로 이라크 민중을 학살하는 침략 전쟁에 참여하려는 대한민국의 자국 이기주의에 반대하고 평화를 위해서 국적 포기를 한다."

야만적인 전쟁에 동참하는 국가의 국민으로서 국적을 포기하겠다는 선언이었다.

이 선언으로 논란이 일었다. 인터넷에서는 이들을 매국노라고 욕하는 글들이 도배되기 시작했고, 취지는 이해해도 국적 포기는 신중하지 못한 행동이라는 글도 올라왔다. 국적을 포기해도 달라지는 것이 없으니 자기 나라에서 더 열심히 반전 운동을 하라는 충고도 올라왔다. 그런데 정말 국적이란 것이 그렇게 중요한가? 출생 신고를 하면 자동적으로 갖게 되는 국적이 뭐 그리 중요하단 말인가? 국가가 내게 무엇을 해주었다고?

이 논란이 벌어진 지 얼마 뒤인 2003년 8월 13일에는 일제의 침략 전쟁에 피해를 입은 노인들이 청와대 앞으로 행진하며 성명서를 발표했다.

"수천만 한국인 중 그 누가 고국의 사람됨을 포기하고 싶겠는가! '목숨을 잃었다.' '평생을 울며 지냈다.'라며 통곡하는 우리들에게, '다 필요 없는 짓이니 입 다물고 살아라.' '전쟁 범죄국에게 피해가 간다.'라

평화를 위해 우리는 어떻게 싸워야 하는가?

289

고, 바로 우리의 정부가 역설하며 우리를 외면하고 무시하기에, 우리가 우리 정부에 치를 떨었기 때문이다. 우리가 우리나라 사람됨을 포기하도록 종용했기 때문인 것이다. 우리는 한국의 국민됨이 창피하고 서러워서 차라리 국적을 포기하려 한다. 우리 늙은이들이 고통받다 죽기를 천지신명에게 기도드린다면 우리를 끝까지 무시하라. 그러나 우리를 한국 국민으로 인정한다면 한국 정부는 무신경한 단잠에서 깨어나라. 이제 우리들의 고통을 듣고, 우리들을 보살펴라."

이 노인들의 절규에 대해서 사람들의 관심은 뜨거웠고 정부는 2004년 2월 '일제 강점하 강제동원 피해 진상 규명 등에 관한 특별법'을 통과시켰다. 이라크 전쟁 때 국적 포기 선언이 나왔을 때와는 그 반응이 너무도 달랐다.

똑같은 국적 포기 선언인데 왜 사람들의 반응이 달랐을까? 둘 다 정부의 정책을 문제 삼는 선언이었는데 말이다. 사실 차이는 분명하다. 일제 강점기의 강제 징병과 징용에서는 우리가 피해자였고, 이라크 전쟁에서는 우리가 가해자였다. 국적의 성격과 권리를 둘러싼 복잡한 논쟁이 벌어졌지만 본질은 간단하다. 우리가 속한 국가가 어느 편에 있는가이다. 전쟁과 평화의 문제도 마찬가지이다. '우리'의 범주를 어떻게 정하는가에 따라 전쟁이 평화가 되기도 하고 평화가 전쟁이 되기도 한다. 그래서 세상을 보는 새로운 눈이 필요하다. 함석헌이 얘기했듯이, "국가주의가 있는 한 평화는 있을 수 없다."

그리고 전쟁은 단지 인간과 인간 사이에서만 벌어지는 것이 아니다. 2005년 전라북도 남원시에서는 마을 주민들이 도로 건설을 반대하는 기이한(?) 일이 벌어졌다. 남원시와 익산시 국토관리청은 무려 1140억

원을 투자해서 8킬로미터 국도 구간을 4차선으로 넓히고 터널을 뚫고 다리를 세우면 지역 경제가 발전될 것이라며 공사를 강행하려 했다.

그러나 지리산생명연대를 중심으로 개발을 반대하는 주민들의 목소리가 높아졌다. 주민들은 기존의 도로 폭을 조금만 넓혀 보행자와 자전거, 농기계가 안전하게 다닐 수 있는 길을 만들자고 건의했다. 그리고 주민들은 고속화 도로가 건설된 다른 지역을 돌아보며 도로가 건설된 뒤에 지역 경제가 발전하기는커녕 몰락했다는 사실을 눈으로 확인했다.

꼬불꼬불한 길을 직선으로 펴고 터널을 뚫으면 빨리 달릴 수 있다는 것은 전쟁의 논리이다. 그렇게 하면 주민들의 삶을 풍요롭게 했던 자연이, 그리고 사람들이 자연과 함께 했던 평화로운 교감이 파괴될 수밖에 없다. 그래서 주민들은 "아름다운 길이란 목적지에 도달하는 '과정' 그 자체여야 하고, 자연을 거스르지 않는 것이어야" 한다며 고속화 도로의 건설을 반대했다.

주민들은 반대에 그치지 않았다. 주민들은 직접 지역의 작은 길들을 돌아보고 확인하며 마을을 풍요롭게 했던 옛길을 마을 지도로 제작했다. 마을 지도에는 기존의 지도에 나오지 않던 길, 사람과 자연이 공존하는 좁고 꼬불꼬불한 길이 생생하게 묘사되었다. 이 마을 지도는 인간과 자연이 전쟁 상태에서 벗어나 평화롭게 공존할 수 있는 나름의 해법을 제시한 것이다.

물론 인간이 제시하는 해법은 언제나 불완전하다. 다른 생명체와 마찬가지로 인간도 불완전한 존재이기 때문이다. 인간이 다른 생명체보다 뛰어나다는 생각은 근대에 발명되었다. 인간에 대한 고정 관념에서 벗어나면 다양한 생명체가 서로 맺고 있는 관계망이 눈에 들어온다. 나

의 불편함이 다른 누군가에는 당연함으로, 나의 권리가 어떤 존재에게
는 폭력으로 느껴지듯이, 생태계 내의 다양한 생명체는 그런 관계망 속
에 있다. 서로가 서로의 삶을 보완해야 한다.

　어떤 생명체는 다른 생명체를 먹는 먹이사슬 속에 있고, 어떤 생명체
는 다른 생명체를 돕고 도움을 받는 상호부조의 고리 속에 있다. 나를
희생해서 다른 생명체를 살릴 수도 있지만 그런 희생의 삶을 일상으로
살 수는 없다. 어쩔 수 없이 다른 생명을 해치거나 위협해야 할 때, 문
화는 그 넋을 기리며 의식을 치르고 그것을 보완할 나름의 방법을 제
시해 왔다.

　우리 문화에도 그런 의식이 많이 남아 있었다. 권정생은《우리들의 하
느님》에서 "'고수레'로 들판에 던진 음식은 벌레도 먹고 새도 먹는다.
가을 감나무 꼭대기의 까치밥과 까마귀밥은 눈물겹도록 아름다운 자
연과의 사랑"이라 얘기한다. 어쩌면 이렇게 평화로운 문화를 만드는 것
이 제도를 만들고 군대를 기르는 것보다 세상을 더 쉽게 바꿀 수도 있다.

　이런 문화가 사라진다는 것은 우리가 점점 더 전쟁 상태로 내몰리고
있음을 뜻한다. 마음 편히 몸을 뉘어 본 적 없는데 평화는 무슨 평화인
가? 직접행동은 이런 전쟁 상태에서 벗어나 평화로운 삶을 상상만 하
지 않고 직접 누릴 수 있게 한다. 직접 들어가 느끼고 경험해야 평화라
는 말을 실감할 수 있다. 머릿속으로 상상하는 평화가 아니라 고통스럽
고 힘들어도 한 걸음씩 걸어갈 때 평안이 아니라 평화가 실현될 수 있
다. 누군가가 강요하는 삶이 아니라 스스로 행하고 누리는 평화가 우
리 사회를 근본적으로 바꿀 수 있다.

| 평화 유지와 평화로운 삶의 차이 |

전쟁을 경험한 이들이 아직 많이 있고 실제적으로 휴전 협정 상태인 한국에서는 평화를 얘기하기가 쉽지 않다. "북한 속셈 변함없다. 위장 평화 경계하자."는 반공 표어를 외우며 살아온 세대에게, '평화통일'이라는 말을 꺼내기도 어렵던 시대를 살아온 세대에게, 북한의 물 공격을 막아야 한다는 '평화의 댐' 사기극에 놀아나 1986년 당시 액수로 661억 원이라는 엄청난 돈을 성금으로 냈던 세대에게 평화의 감수성이 자라기를 기대하기란 어려운 일이다. 그래서 우리 사회에는 평화 운동의 뿌리가 약하고 그동안 평화라는 개념에 대한 논의도 활발하지 못했다.

사회학자 권인숙은 《대한민국은 군대다》에서 한국 사회에서 "40년 넘게 평화 운동이 부재했던 주요 원인은, 전쟁 발생에 대한 기피 욕구는 강하지만 평화 유지가 평화 운동에 의해서 이루어지는 것은 아니라는 '상식'이 일반화되었기 때문이라고 추정된다. 평화는 힘에 의해서만 유지된다는 신념이 박정희나 진보 진영에서 동시에 발견되듯이, 평화 운동이 우리 사회와는 동떨어진 비현실적 운동이라는 생각과 평화적 방법에 대한 냉소"가 사회 운동가들에게서도 드러난다고 지적한다.

비현실적이라는 말은 다른 많은 대안을 가로막는다. 그런데 따지고 보면 힘으로 평화를 실현하겠다는 생각이야말로 비현실적이다. 매를 들고 아이에게 침묵을 강요하는 것이 평화인가? 서로 총을 겨누고 있기에 아무 일도 일어나지 않는 공포스런 균형이 평화일까? 그런 상태를 평화로 인식하는 것이야말로 비현실적인 생각이다.

그런데 평화라는 개념 자체에도 그런 비현실적인 사고가 숨어 있다.

서양에서 평화를 뜻하는 피스peace라는 말의 어원은 라틴어 팍스pax
로, 서로 다투지 않겠다는 합의를 뜻하는 말이다. 다투지 않겠다는 말
이니 평화의 의미와 일치하는 듯하지만, 평화가 단지 분쟁이나 전쟁이
없는 상태만을 뜻할까? 더구나 팍스라는 말이 팍스 로마나Pax Romana
에 쓰일 때 이 평화는 로마의 지배를 받아들인 평화를 뜻했다. 로마 시
대 이후에도 팍스라는 말은 팍스 브리태니카Pax Britannica, 팍스 아메리
카나Pax Americana처럼 초강대국이 구현한 세계 질서와 평화를 뜻하는
말로 사용되었다. 이처럼 팍스가 뜻하는 평화란 주체들의 자유로운 선
택보다 강요된 질서에 가까운데도 이를 좋은 상태로 받아들이는 것은
뭔가 이상하다.

물론 평화가 목에 칼을 들이댄 위협적인 질서만을 의미하지는 않는
다. 아렌트에 따르면, 로마 시대의 평화는 전쟁의 승리와 패배로 결정되
는 것이 아니라 연합국이 된 전쟁 당사국들 간의 합의, 전투에서 형성
된 새로운 관계와 그것에 대한 로마법의 인정을 뜻했다. 여기서 평화란
무력보다 법적인 상태와 가까웠고, 평화 협정이라는 말처럼 평화는 무
조건적인 강압보다 인위적인 합의에 가까웠다. 즉, 평화의 다른 이름은
질서였고, 그 질서를 받아들인 사람들은 그 질서의 결과를 즐길 수 있
었다. 그러니 팍스를 무조건 나쁘게만 볼 필요는 없다는 것이다. 그러
나 여전히 로마가 중심에 있다는 점에서 이 평화 역시 불편하다.

아렌트가 주목했던 로마 시대의 정치가 키케로는 노예 제도가 평화
를 가져올 수 없고, 평화란 "모든 사람의 권리를 인정하는 데서 오는
자유"라고 "그렇기 때문에 우리는 평화를 획득하기 위해서 모든 것을
희생해야 하며, 또 노예 제도를 타파하기 위해서는 더욱더 그렇게 하지

않으면 안 된다."라고 주장하기도 했다. 그리고 근대의 공화주의자들 가운데 몇몇은 민중이 평화의 수호자일 때에만 자유와 평화가 양립할 수 있다고 주장하기도 했다. 그렇지만 이런 주장들은 특별한 상황에서 소수가 주장했던 것이라 현실로 실현되지 못하고 주장으로만 머물렀다. 그러면 결국 평화는 계속 비현실로 존재해야 할까?

우리의 역사를 들여다보면 조금 다른 얘기를 할 수 있다. '평화'라는 말은 19세기 말에 일본인이 팍스에서 유래된 피스라는 말을 국가들 사이에 전쟁이 없는 상태를 뜻하는 평화平和로 번역하면서 처음 우리에게 쓰이기 시작했다. 그전까지 동양에서는 평화라는 말은 없었지만 태평太平, 인화人和, 대동大同, 대도大道 등이 평화로운 삶을 뜻하는 말로 사용되었다. 그런데 이 말들은 질서나 법적 상태를 뜻하는 평화의 의미와 달랐다. 예를 들어 《예기禮記》에는 다음과 같은 구절이 있다.

"대도大道가 행해지니 천하가 만민의 것이 되고 어질고 유능한 자가 선출됨으로써 모두가 신의를 중히 여기고 화목한 사회가 되었다. 그러므로 자기 부모만을 사랑하거나 자기 자식만을 사랑하지 않고 모두가 한 가족같이 사랑하였다. 그럼으로써 늙은이는 수명을 다하고 젊은이는 재능을 다하고 어린이는 무럭무럭 자랐으며 홀아비와 과부, 고아와 자식 없는 늙은이, 병자도 부양받게 되었다. 또한 남자는 모두 직분이 있고 여자는 모두 시집을 갈 수 있었다. 재물을 땅에 버리는 낭비를 싫어하지만 결코 자기만을 위하여 소유하지 않으며, 노동하지 않는 것을 부끄러워했으나 반드시 자기만을 위하지 않는다. 이처럼 풍습이 순화되어 간특한 모의가 통하지 않으니 변란이 일어나지 않고, 도둑질과 약탈이 없으니 대문을 닫지 않고 살았다. 이것을 일러 '대동'이라 말한다."

이 대동의 의미는 팍스나 피스와 다르다. 대동 사회에서는 정부가 질서를 만들기는커녕 정부가 가만히 놔둘 때 백성들이 평화를 즐겼다. 너와 내가 서로를 차별하지 않고 더불어 살 수 있는 세상, 누구나 꿈꾸는 이상 사회는 위대한 지배자나 특정한 정치 체제가 아니라 민중의 평화로운 삶에서 구현되었다.

이반 일리치는 팍스에 관해 다른 얘기를 들려준다. 로마의 콘스탄티누스 대제가 팍스라는 말을 학살을 정당화시키고 군대를 통제하는 말로 이용했지만 12세기에 팍스는 영주들이 전쟁을 벌이지 않는 상태를 뜻하는 말이 아니었다는 것이다. 일리치에 따르면, 팍스는 가난한 사람들과 그들이 자급할 생존 수단을 전쟁의 폭력에서 보호하는 것을 뜻했고, 이런 '신의 평화' '땅의 평화'는 전쟁을 일으킨 자들의 휴전과는 달랐다. 이런 삶의 문제였기에 평화는 하나의 질서로 환원될 수 없었고 각자의 자율성을 누렸다. 이런 역사를 바탕으로 일리치는 "내게는 한 인간 사회가 누리는 평화는 그 사회 구성원들이 향유하는 시詩만큼 개성적"이고 "각 시대와 각 문화 영역에 따라 서로 다른 의미를 갖고 있"다고 얘기한다.

그런 의미에서 강대국들이 강요하는 평화 유지와 민중의 평화로운 삶 사이에는 큰 차이가 있다. 평화가 시의 언어처럼 다양하고 자율적이지 못하다면 그것은 강요된 질서나 살아남기 위해 타자 앞에 무릎을 꿇는 굴욕에 지나지 않는다. 그런 평화가 지속되다 보면 나의 존엄함을 잃고 스스로 의지를 꺾고 자기 자신을 검열하게 된다. 그렇게 만들어진 평화는 결국 세계의 자율성과 다양성을 파괴한다. 하나의 질서, 하나의 평화라는 고정관념에서 벗어나야 평화로운 삶이 가능하다.

그리고 지금의 지구 전체를 놓고 본다면, 국가만이 평화를 파괴하는 것은 아니다. 국경을 넘나드는 초국적 기업, 초국적 자본도 평화를 파괴한다. 그렇게 본다면 평화가 국가만의 문제라는 것 역시 고정관념이다. 지금은 국가 간의 전쟁보다 금융 자본과 초국적 산업 자본의 약탈이 국경을 넘나들면서 민중을 고통에 빠트리고 있다. 아동 노동과 착취 노동이 제3세계의 민중에게 죽음과 가난, 폭력을 강요하고 있다. 우리의 먹거리와 생활용품 대부분이 이런 착취 노동으로 생산된다는 사실은 일상생활 속에 이미 전쟁 기운이 깃들어 있음을 뜻한다. 이런 폭력을 방치하고 평화로운 삶을 논할 수는 없다.

그래서 간디는 《마을이 세계를 구한다》에서 평화롭게 자치와 자급의 삶을 누리려면 국가만이 아니라 "사악한 산업 문명"에 맞서야 한다고 얘기했다. 간디는 "어떤 대가를 치르든 산업주의를 파괴하는 것"이 중요한 과제라고 강조했다. 그리고 간디는 산업주의의 폭력과 파괴에 맞서는 힘이 자급자족에 있음을 간파했고, 초국적 운동의 마음이 마을에 있어야 함을, 즉 세계가 마을을 구하는 것이 아니라 마을이 세계를 구한다는 점을 강조했다.

허나 우리의 현대사는 이런 노력을 계속 가로막거나 처벌해 왔고 지금도 처벌하고 있다. 입으로는 평화를 얘기하지만 실제로는 전쟁 국가, 토건 국가를 만들어 왔다.

일제 강점기와 한국전쟁, 군사 독재라는 가혹한 현대사를 거쳐 온 한반도의 주민들에게 평화는 어떤 의미일까? 아직도 외세의 영향력에서 자유롭지 않은 한반도에서, 서로의 땅을 포격하며 손가락을 방아쇠에 걸고 있는 휴전 상태의 한반도에서, 군사 작전권조차 온전히 가지고 있지 못한 나라에서, 평화는 단순히 전쟁이나 분쟁이 없는 상태, 즉 질서 유지나 현상 유지의 의미만을 담을 수밖에 없다. 우리에게 평화기념관이 아닌 전쟁기념관이 있는 이유도 바로 그 때문이다. 휴전과 분단이라는 현실은 지금도 평화를 위한 전쟁, 국익을 위한 파병이라는 모순된 표현을 정당화시키고 있다.

한국의 현대사에 여러 비극이 있었지만 제주도 4·3 항쟁만 한 비극은 없다. 1947년 3월 1일, 경찰이 3·1 운동 기념행사를 치르던 주민에게 발포해 6명이 사망하면서 그 비극은 시작되었다. 그 뒤 1년 동안 2500여 명의 주민이 감금되거나 고문을 당했고, 1948년 4월 3일 무장대가 경찰지서와 우익 단체를 공격했다. 4·3 사건 위원회 보고서를 따르면, 1954년에 한라산 금족 지역이 개방될 때까지 7년여 동안 제주 도민의 약 10퍼센트인 2만 5000명에서 3만 명이 희생당했다. 그 가운데 86.1퍼센트가 군대나 경찰에 의해 목숨을 잃었다. 남녀노소 가리지 않고 저질러진 이 학살은 제주 도민의 가슴에 깊은 상처를 남겼다. 한 증언자는 "비참하게 죽은 누이를 산에 묻고 돌아오니 온 가족이 죽어 있더라."며 말을 잇지 못했다.

2003년 10월 노무현 정부는 4·3 항쟁에 대한 과거 권력의 잘못을 공식적으로 사과하며 상처를 달래는 듯했다. 하지만 이명박 정부가 들어서자 국방부는 교과서에서 4·3 항쟁을 "남로당의 폭동 지시에 의해 발생한 좌익 세력의 반란"이라 규정할 것을 요구하고, 심지어 소설가 현기영의 《지상의 숟가락 하나》라는 작품을 '불온 서적'으로 규정했다. 최근 벌어지는 다른 많은 일처럼 역사의 시계바늘도 거꾸로 돌아가고 있는 셈이다. 아니, 정확하게 말하면 역사는 더 이상 역사이기를 포기하고 바늘을 멈춘 채 권력을 가진 자들의 노리개가 되고 있다.

역사만 노리갯감이 되는 것은 아니다. 지금 또다시 제주 도민의 삶은 육지를 지배하는 사람들의 노리개가 되고 있다. 2007년 국방부는 제주도 강정 마을에 주민들의 반대를 무릅쓰고 대규모 해군 기지를 건설하겠다는 계획을 밝혔고, 지금도 많은 주민이 온몸을 던져 반대함에도 해군 기지 공사를 강행하고 있다.

세계 평화의 섬이라 불리는 제주도에 해군 기지를 만들겠다는 해괴한 발상은 누구의 머리에서 나왔을까? 주민들의 반대를 줄이기 위해 사용하는 '민군 복합형 관광 미항'이라는 해괴한 말은, 핵을 사용하지 않는 대규모 재래식 폭탄을 뜻하는 '친환경 폭탄'처럼 기괴한 우리 현실을 드러낼 뿐이다. 하지만 더 이상 아름다움과 더러움을 뒤섞어 우리의 판단을 흐리게 하는 그런 말들이 우리를 속일 수는 없다.

앞서 얘기했던 반선 평화팀의 국적 포기가 논란이 되는 이유도 그 때문이다. 평화가 힘으로 이루어지는 것이라고 믿고, 평화란 먼 미래에나 가능한 것으로 배워 왔기 때문에 강력한 국가가 여전히 소중한 가치가 되는 것이다. 국익을 늘려 국가가 더욱더 강해져야 미래에 평화가 실현되리라 믿기에 우리의 평화는 언제나 가냘프다.

2010년 6월 15일 조은은 병역 거부 소견서에서 "국가의 의무를 거부했으니 한국을 떠나라는 반박이 있을 수도 있다. 나는 나에게 폭력적일 수 있는 강제성을 거부한 것일 뿐이지, 이 사회 시스템 자체를 부정하는 것이 아니다. 난 한국이라는 공동체에서의 삶을 선택했고, 내 선택에 따라 이 사회의 규범을 존중한다. 내 선택에 따라 감옥에 갈 수도 있다고 생각하며, 선택에 책임을 지겠다."라고 말했다. 국적을 포기하고 병역을 거부하는 것이 공동체에서의 삶을 거부하는 것은 아니다. 오히려 이 공동체를 더 올바른 방향으로 변화시키겠다는 생각이 전쟁 상태에서는 포기와 거부라는 역설적인 말로 드러날 수밖에 없다.

한국에서는 전쟁이 아니라 평화가 예외 상태이다 보니 병역 거부도 '시민의 권리'나 '인권'의 차원에서 다뤄지지 않는다. 옆 나라 일본에서는 시민의 권리를 침해하는 것으로 여겨질 징병 제도가 우리에게는 당연한 상식이자 시민의 의무로 받아들여진다. 우리 민족, 국민과 적대적, 위협적인 타민족, 국민을 구분하는 경계를 세우고 국경선을 그으며 전쟁 국가는 안보를 빌미로 군대를 만들고 자신의 질서를 시민들에게 강요할 명분을 만든다.

하지만 톨스토이는 군대야말로 국가의 사악한 면을 가장 잘 보여 준다고 봤다. 톨스토이는 《국가는 폭력이다》에서 "모든 정부와 통치 계급은 기존의 제도를 유지하기 위해 군대를 필요로 한다."며 군대가 외부의 침략을 막기 위한 조직이라는 주장을 반박했다. 오히려 톨스토이는 "세금을 성공적으로 거두어들이기 위해 정부는 상비군을 유지한다."며 국가가 자기 나라의 국민을 착취하기 위해 군대를 유지한다고 주장했다.

국가는 폭력성을 비판받을 때면 언제나 외부의 적을 핑계로 대며 애국심을 자극한다. 하지만 톨스토이는 그런 계략에 넘어가지 않고 애국심이란 국가가 만들어 낸 환상에 지나지 않는다고 비판했다. "국가는 사람들로부터 엄청난 부를 거두어 갔고, 징집병으로 이루어진 군대를 훈련시켰을 뿐 아니라, 대중에게 정신적으로 영향력을 행사할 수 있는 모든 수단을 손아귀에 넣었다. 언론, 종교 집단, 무엇보다 교육이 그런 수단들이다." 사실 애국심이란 국가가 만들어 낸 비합리적이고 해로운 감정에 지나지 않았다. 그러니 국가와 전쟁은 분리될 수 없고 국가 자체가 전쟁 국가이다. 전쟁 국가에서는 평화로운 삶의 추구가 질서 유지와 안보를 내세운 평화와 충돌한다. 위장된 평화가 평화로운 삶을 몰아낸다. 그리고 전쟁 국가에서는 평화를 위한 전쟁이 상식으로 받아들여진다. 따라서 이런 전쟁 국가가 사라지지 않는다면, 평화로운 삶도 실현되기 어렵다.

권정생은 이런 생각을 〈애국자가 없는 세상〉이라는 시에 담았다.

이 세상 그 어느 나라에도
애국 애족자가 없다면
세상은 평화로울 것이다

젊은이들은 나라를 위해
동족을 위해
총을 메고 전쟁터로 가지 않을 테고
대포도 안 만들 테고

탱크도 안 만들 테고
핵무기도 안 만들 테고

국방의 의무란 것도
군대훈련소 같은 데도 없을 테고
그래서
어머니들은 자식을 전쟁으로
잃지 않아도 될 테고

젊은이들은
꽃을 사랑하고
연인을 사랑하고
자연을 사랑하고
무지개를 사랑하고

이 세상 모든 젊은이들이
결코 애국자가 안 되면
더 많은 것을 아끼고
사랑하며 살 것이고

세상은 아름답고
따사로워질 것이다

병역 거부 운동은 바로 이 진실을, 근대 국가의 가장 취약한 부분을 건드린다. 2001년 12월에 불교 신자인 오태양은 평화를 강조하는 불교의 교리에 따라 총을 들지 않겠다고 선언했다. 기독교만이 아니라 거의 모든 종교가 평화와 사랑의 원리를 강조하기 때문에 사실상 종교인의 양심적 병역 거부는 매우 자연스러운 일이다. 다만 병역을 거부할 경우 개인이 감당해야 할 희생의 무게가 너무 무겁기에 '여호와의 증인'을 제외하면 실제로 병역을 거부하는 종교인의 수가 적었을 뿐이다. 그런 점에서 불교 신자인 오태양의 선언은 한국 사회에서 하나의 사건을 만들었다.

그리고 종교적인 이유만이 아니라 전쟁보다 평화를 택하겠다는 신념 때문에 병역 거부를 선언하는 사람의 수도 늘어나고 있다. 평화를 사랑하고 폭력과 전쟁을 반대하며 차별을 철폐하겠다는 신념은 종교만큼 강력한 것이다. 2002년에는 당시 민주노동당 당원인 유호근이 '전쟁 반대, 평화주의' 신념을 이유로 병역 거부를 선언했다. 그는 "전쟁 없는 평화로운 세상을 만드는 것은 저의 소망이며 또한 모든 이의 소망일 것입니다. 다만 저는 그 소망을 현실로 만들기 위하여 적극적으로 노력하는 삶을 살고자 하는 것이고 그 실천의 진정성을 온전히 보전하고자 개인적 소신에 비추어 그에 반하는 행위를 적극 거부하고자 하는 것"이라고 병역을 거부하는 이유를 밝혔다.

그리고 2006년에는 경기도 평택시 둔문초등학교 교사 김훈태가 평화를 지향하는 자신의 신념을 포기할 수 없고 교사로서 자신의 신념에 어긋나는 바를 아이들에게 가르칠 수 없다는 이유로 입영을 거부했다. 그는 "평화에 대한 신념대로 비무장 지대의 대인 지뢰 제거도 할 의지가 있다."며 단지 개인의 안락함을 위해 병력을 거부하는 것이 아님을 밝혔다. 교육의 근본 목적은 평화를 실현하는 데 있기 때문에 총을 들지 않는 다른 방법으로 사회의 평화에 봉사하고 싶다는 것이 그의 바람이었다.

2009년 하동기는 "어떠한 전쟁도 사람을 살릴 수 없습니다. 어떤 목적을 가진 전쟁이라고 하더라도 그것은 사랑의 표현이 될 수 없습니다. 누군가는 자신을 지키기 위한 전쟁을, 혹은 평화를 얻기 위한 전쟁을 주장하지만 어떠한 전쟁도 모든 사람을 지킬 수 없으며, 어떠한 전쟁도 진정한 평화를 보장하지 못합니다. 그래서 저는 모든 전쟁에 반대합니다."라는 자신의 생각을 밝혔다.

병역 거부의 언어들은 모두 권정생의 〈애국자가 없는 세상〉처럼 한 편의 시이다. 개인의 소망 같지만 실은 세상의 소망을 자기 언어로 표현한 평화의 언어이다. 앞서 일리치가 얘기했듯이 평화의 언어는 시로 표현될 수밖에 없다. 그 사람이 살던 시대의 희망이 한 사람, 한 사람의 소망으로 피어나기 때문이다. 우리 시대의 이런 문학을 정부는 감금으로 응대하고 있고, 사람들은 비난과 무관심으로 대응하고 있다. 병역 거부를 비판하는 사람들 가운데 이들의 병역 거부 소견서를 처음부터 끝까지 읽어 본 사람이 있을까? 누구라도 이들의 목소리를 진정 귀담아 듣는다면 그들을 당장 감옥에 가두거나 나라 밖으로 내쫓아야 한다고 소리치기는 어려울 것이다. 잘못된 편견과 고정관념으로 문학을 재단하고 있으니 예술을 검열하겠다는 발상이 아직도 한국 사회에서 사라지지 않는 것은 당연한 일이다.

우리가 전쟁 국가의 경계를 넘어서 평화로운 삶을 상상하지 못하는 것은 기존의 평화관을 극복하지 못한 탓도 크다. 일리치는 민중의 편에서 전쟁을 비판하는 역사가들도 평화의 의미를 제대로 밝히지 못했고 심지어 "가난한 사람들의 평화보다도 폭력에 대해서 더 큰 흥미를 느끼고 있다."고 지적한다. 민중의 혁명과 투쟁을 다룬 기록들은 그나마 있지만 그들이 어떻게 평화로운 삶을 누려 왔는가에 관한 기록은 거의 없기 때문이다. 그러다 보니 우리는 일시적인 투쟁의 역사만 기억할 뿐 훨씬 더 오래되고 길었던 평화의 역사를 기억하지 못한다.

그래서 일리치는 "농민과 유목민, 마을 문화와 가정생활, 여성과 아이들의 역사를 기록하는 역사가들에게는 검토할 만한 흔적이 거의 남아있지 않"기에 "속담과 수수께끼와 민요에 담겨 있는 암시에 주의를 기울여야" 평화로운 삶의 문화를 찾을 수 있다고 본다. 만일 이런 노력을 하지 않는다면 평화 연구는 "제로섬 게임에 갇힌 경쟁자들 간의 최소한의 폭력과 휴전에 대한 연구로 제한"되어 버린다고 일리치는 경고한다. 평화에 관한 논의가 평화의 언어로 구성되지 않으면 평화는 힘을 잃어버리고 만다.

병역 거부자이자 사회학자인 임재성 역시 《삼켜야 했던 평화의 언어》에서 "군사 훈련을 거부하는 신념의 성격, 거부하는 행위의 범위, 대체복무의 용인 여부 등과 같은 기준으로 병역 거부를 구분하고 설명하는 것은, 어쩌면 '체제의 언어'로 병역 거부에 접근하는 것일 수" 있다고 지적한다. 체제의 언어가 아니라 평화의 언어로 평화를 노래하려면 수많은 고정관념에서 벗어나야 한다. 이런 고정관념들은 우리 자신의 삶을 평화의 관점에서 바라보기 어렵게 만들고, 아니 우리의 전쟁 같은 일상은 평화의 시야를 가리고, 나 자신을 전쟁의 희생자이자 전쟁을 치르

평화는 누가 어떻게 실현하는가?

305

는 주체로 만들기 때문이다.

그리고 우리의 일상이 진정 평화를 지향하는지도 물어봐야 한다. 우리의 평화로운 일상과 안락한 소비를 위해 다른 나라를 침략하고 파괴한다면, 그러한 일상은 우리의 심성을 파괴할 수밖에 없다. 석유 한 방울 나지 않는 나라 한국이 석유를 마음껏 소비하려면 석유를 차지하려는 침략 전쟁에 동참할 수밖에 없다. 해외 파병을 아무리 비판해도 석유에 의존하는 생활을 바꾸지 않으면 그것은 위선일 뿐이다.

또 설령 국가 간에 전쟁이 없다 하더라도 국가 안에서는 살아남기 위한 끔찍한 전쟁이 벌어지기도 한다. 아주 평화로운 상태처럼 보이지만 어느 한편에서는 전쟁이 계속 벌어지고 있다. 우리의 시야를 인간에서 생태계의 다양한 생명체로 넓히면 그 잔인한 전쟁터가 모습을 드러낸다. 농지와 조력 발전소를 만든다며 수많은 생명이 사는 갯벌과 습지를 파괴하고, 신종 인플루엔자나 조류 독감, 광우병이 발생하면 그 지역의 모든 가축이 죽임을 당한다. 보통 한 해에 수백만 마리의 동물이 인간에게 전염된다는 이유로 살해되고 있다. 살처분이라는 애매한 명칭으로 불리고 있지만 결국 한 번에 수만의 생명체를 몰살하는 홀로코스트인 것이다. 이런 살육을 저지르고도 우리가 평화를 논할 수 있을까?

2003년 10월, 지율 스님이 고속철도 관통 구간인 천성산의 도롱뇽을 대신해서 공사 착공 금지 가처분 소송을 냈을 때 사람들은 비웃었다. 어떻게 도롱뇽이 소송의 주체가 될 수 있느냐고. 하지만 지율 스님이 그 소송을 제기한 것은 도롱뇽만이 아니라 우리 존재의 평화를 회복하기 위해서였다. "천성산이 죽고, 도롱뇽이 죽는다면 다음 죽을 차례는 다름 아닌, 바로 우리 인간 자신일 수밖에 없음을 분명히 인식합

시다."라는 지율 스님의 말은 평화로운 삶의 터전이 끊임없이 파괴되어
왔고 그 파괴의 밖이 아니라 그 속에 우리가 있다는 진실을 드러낸다.
허나 100일을 넘긴 단식에도 전쟁은 멈추지 않았고 결국 고속철도 공
사는 완공되었다. 그리고 4대강 사업은 이런 전쟁의 결정판으로 전국
을 공사판으로 만들며 생명의 권리를 짓밟았다.

개발권, 발전권이라는 말처럼 권리를 오로지 인간의 권리로 제한하
는 순간 인권은 생태계의 파괴를 정당화하는 근거가 될 수 있다. 개인
의 자유권을 넘어 사회적인 권리로 해석될수록 인권은 생태주의와 충
돌하고는 한다. 인간은 생존하기 위해, 그리고 자본주의 사회에서는 생
산하기 위해 끊임없이 생태계를 파괴해 왔다. 다른 생명체도 이 세계에
서 함께 생활할 권리가 있다는 점은 인간이 다른 생명체보다 우월하다
는 발명된 논리에 의해 무시되었다.

그런 의미에서 휴전으로 억지 평화를 누리고 있는 한국 사회에서 모
습을 드러내지 않는 또 다른 전쟁이 있으니, 바로 경제이다. 지금 한국
사회에서 평화로운 삶을 파괴하는 팍스의 본질 말이다. 전쟁 국가의 명
분도 경제이고 그 결정이 옳다고 믿는 우리의 명분도 경제이기 때문이
다.

일리치는 평화를 깨뜨리는 전쟁의 주역은 세상의 오해와 달리 바로
경제 발전이라고 지적한다. 일리치는 '민중의 평화popular peace'와 '팍
스 에코노미카pax economica'가 서로 충돌하고, 국민 국가가 등장하면
서 민중의 자급 생활을 보장하던 민중 문화와 공유지, 여성에 대한 공
격을 시작했으며, 엘리트들이 발전을 내세워 민중을 지배했다고 지적
한다. "'팍스 에코노미카'는 자급적 생존 방식을 '비생산적'이라고 규정

하고, 자율적인 것을 '비사회적'이라고 부르며, 전통적인 것을 '미개발된' 것"으로 봤다. 더구나 이런 팍스 에코노미카는 강대국과 초국적 자본의 질서를 민중에게 강요한다.

전쟁 같은 경제가 이명박 정부의 등장을 가능하게 했고 4대강 사업을, 한미 FTA를 가능하게 했다. 우리가 자랑스러워하도록 세뇌당해 온 '한강의 기적'이야말로 평화를 파괴하는 근원이다. 공장의 착취와 억압, 생태계의 파괴는 전쟁과 무관하지 않다. 선진국의 다른 이름이 바로 전쟁 국가이다.

논리가 아니라 실제 현실이 그렇다. 사람들의 인식과 달리 한국은 미국과 터키, 인도네시아 등지에 탄약과 기관총, 장갑차, 무기 부품을 판매하는 무기 수출국이다. 한화와 풍산이 생산해서 수출하는 집속탄(공중에서 터지며 대량으로 사람을 죽이는 폭탄)의 규모는 세계 제2위이다. 그래서 한국은 전 세계 107개국이 서명한 집속탄 금지 협약에도 가입하지 않고 있다. 즉, 우리의 경제를 위해서 우리는 전쟁을 필요로 한다. 다른 나라의 전쟁이 우리에게는 국민 총생산을 높일 수 있는 기회이기 때문이다.

그런 점에서 우리의 일상을 변화시키는 틀로 평화의 관점이 확장되어야 한다. 생태 운동과 반전 운동, 평화 운동, 노동 운동, 농민 운동은 사실 같은 세계에 서 있다. 생태주의를 단지 자연을 보존하자는 구호로만 이해하지 않는다면, 인간이라 정의되지 않는 생명체(태아)와 인간으로 받아들여지지 않는 생명체(프랑켄슈타인)를 인권이 배제하지 않는다면, 생태주의와 인권의 접점이 보인다. 그 접점은 바로 평화이다. 생명체의 생존과 생활을 권리이자 문화로 본다면 평화는 그런 권리와 문화를 가능하는 하는 디딤돌이다. 평화로운 삶에서 생명체들은 스스로 성장하고 서로 보살피는 가능성을 누릴 수 있다.

| 노래하며 춤추는 세상 |

그렇기에 정권을 바꾼다고 평화가 실현되지는 않는 것이다. 이런 삶의 질서에서 벗어나야 평화를 실현할 수 있다. 폭력의 문화에서 벗어나지 않으면 평화로운 삶은 불가능하다.

필요하지 않을 뿐 아니라 생명을 위협하는 각종 상품의 생산, 낭비의 생산, 지나친 풍요의 생산을 중단시켜야 민주주의가 실현될 수 있다. 그래서 각자의 조건에 맞는 삶을 사는 것이 중요하다. 꼭 자발적 가난을 얘기하지 않아도 그런 삶을 살아야 자족과 자급이 가능하다. 내 손으로 짓고 입고 살면 내게 맞는 평화를 누릴 수 있다. 간디가 물레를 돌렸던 이유도 비슷하다. 당신들의 도움 없이 내게 필요한 것을 충분히 마련할 수 있다는 것만큼 강한 메시지는 없다.

물론 개인의 노력만으로는 충분하지 않다. 평화는 생태계의 다양한 목소리를 반영하는 민주적인 사회 구조에서만 가능하다. 지적 소유권에 따른 종자의 독점과 신체적 권리의 상실, 생태계 파괴에 따른 생명체의 오염과 기형화, 가장 극단적으로는 핵의 위협이 인간의 생활 세계 자체를 위협하고 있기 때문이다. 나의 몸과 정신에 대한 권리를 온전히 누리려면 내가 생활하는 세계가 그런 권리를 뒷받침하고 지지해야 한다. 그리고 생태계를 위협하는 파괴적인 산업 문명과 낭비의 생산을 막아야 한다. 이런 근본적인 전환이 없다면 행복한 미래는 불가능하다.

그런 점에서 몫 없는 사람들의 몫, 목소리를 잃어버린 사람들의 목소리를 회복하는 것이 '인권의 정치'라면, '생태의 정치'는 그 몫과 목소리의 범위를 더 넓히라고 요구한다. 아니, 몫과 목소리를 나누는 기준을 해체하고 서로의 관계망의 새로 구성하라고 요구한다. 그렇다고 녹색과 적색을 무조건 뭉뚱그리자는 주장은 아니다. 오히려 각각의 운동이 자신의 경계를 허물고 적극적으로 소통을 시도하며 새로운 운동의 흐름을 만들어야 한다.

생태주의 운동이 다양한 사회 운동의 목소리에 귀를 기울인다면 사회를 민주화시킬 힘이 만들어질 수 있다. '칼과 무기를 쟁기로'라는 구호는 칼을 생산하던 사람이 쟁기를 생산할 수 있도록 끊임없는 관심을 쏟고 함께할 것을 요구한다. 근본적인 비판은 늘 기본적인 삶을 무시하지 않으면서 품고 가야 한다.

1970년대에 노동자들이 공장 점거를 하여, 무기를 생산하던 영국의 루카스 항공사를 '사회적으로 유용한 생산'으로 유도한 것은 대표적인 사례이다. 루카스 항공사의 노동자들은 무기 산업에서 하이브리드 엔진이나 장애인을 위한 보조 기구, 에너지 저장 장치 등을 만드는 방향으로 생산을 전환시켰다. 이런 전환은 노동자만이 아니라 그들과 함께했던 다양한 공동체 운동, 지역 주민이 있었기에 가능했다.

하지만 그런 과정이 늘 유쾌할 수만은 없다. 그래서 노래와 춤이 필요하다. 머리로는 완전히 동의하지 못해도 마음으로 공감하며 공명할 수 있도록 하는 것은 논리적인 설득이 아니라 즐거운 노래와 춤이다. 문화가 중요한 것은 그런 공감과 소통을 낳기 때문이다. 하물며 우리는 예로부터 음주가무에 능한 사람들이 아닌가. 하지만 우리의 전통은 탄탄하나 그걸 실행할 의지가 약하다. 생태 운동을 비롯한 한국의 시민 사회 운동이 가장 취약한 점은 그런 문화가 사라지거나 파괴되었다는 점이다. 평화의 문화를 만들어야 평화롭게 살 수 있다.

다행이 최근 들어 그런 가능성을 엿볼 수 있는 시도들이 등장하고 있다. 2004년 5월 평택에서 열린 '5·29 반전평화 문화 축제'에서 문정현 신부는 이렇게 연설했다.

"저는 6개월 동안 유랑하면서 평화가 무엇인가를 터득했습니다. 공장에서 쫓겨난 노동자가 원직 복직하는 것이 평화입니다. 청주에 갔습니다. 천연기념물인 두꺼비와 맹꽁이가 개발에 밀려서 멸종이 되지 않도록 서식처를 만들어 주는 것이 평화입니다. 움직일 수 없는 장애인이 성한 사람들의 도움으로 가고 싶은 곳을 쉽게 갈 수 있게 만들어 주는 것이 바로 평화입니다. 이 땅을 일궈 온 농민들이 더 이상 빼앗기지 않게 하는 것이 평화입니다. 영문도 모르고 강대국의 침략으로 죽어 가는 부녀자들, 노인들을 살려 주는 것이 바로 평화입니다. 그러기에 이라크 파병을 반대하고 미군을 이라크에서 철수하도록 만들어 주는 것이 평화입니다."

그리고 평화 활동가 조약골은 이 연설을 〈평화가 무엇이냐〉라는 노래로 만들었다.

"성매매 성폭력 성차별도 더 이상 존재하지 않는 세상. 군대와 전쟁이 없는 세상 신나게 노래 부르는 것이 평화. 배고픔이 없는 세상 서러움이 없는 세상. 쫓겨나지 않는 세상 군림하지 않는 세상. 빼앗긴 자 힘 없는 자 마주보고 손을 잡자. 새 세상이 다가온다 노래하며 춤을 추자."

일리치의 말처럼 평화를 시의 언어로 표현하려는 시도들이 우리 사회에도 등장했다. 긍정적인 것을 전복시키는 부정의 언어, 인간의 사유를 형성하는 시의 언어가 바로 그 힘이다.

평화의 시를 느끼는 감수성이 일상을 사는 시민들의 가슴속에 자리 잡을 때, 우리는 전쟁 상태에서 벗어나 평화로운 삶을 누릴 수 있다. 그것은 남이 만들어 준 안전한 평화가 아니라 우리 스스로가 만들어 가는 평화를 가능하게 한다. 하나의 평화, 하나의 질서가 아니라 다양한 평화, 다채로운 질서를 가능하게 한다. 지배자의 구별 짓기, 경계 짓기, 분할 통치를 넘어서야 평화로운 삶이 가능하다.

톨스토이의 단편 소설 〈바보 이반〉에서 이반은 군대를 악대로 만든다. 군대는 폭력이 아니라 농사일을 즐겁게 만드는 음악으로 변한다. 다른 나라 군대가 침입해도 싸우지 않고 그들을 환대해서 돌려보낸다. 지금 우리가 보기에는 바보 같은 사람들이 가장 현명하게 세상을 사는 법을 알려 준다. 그건 그 바보들이 손바닥에 굳은살이 박힌 사람만이 식탁에 앉을 수 있다는 원칙을 지키며 살기 때문이다.

국가가 강요하는 평화를 유지하는 활동과 민중과 시민이 평화로운 삶을 추구하고 누리는 활동은 다르다. 평화는 전쟁이 없는 하나의 질서가 아니라 부딪치고 갈등하더라도 다양한 질서가 공존하는 상황을 뜻한다. 그러니 어떻게 해서라도 갈등이나 전쟁을 피해야 한다는 우리의 조바심이야말로 평화의 확산을 방해한다.

그리고 전쟁 같은 밤일과 전쟁 같은 경쟁을 그냥 받아들이면서도 평화로운 미래가 저절로 실현되리라는 헛된 기대를 버려야 한다. 평화롭게 살지 않으면 평화는 결코 실현되지 않는다. 또한 평화를 합리적인 타협이나 이해관계의 조정으로 축약하는 문화에서 벗어나 다양한 언어로 평화를 노래할 수 있는 문화가 실현되지 않는다면 평화는 실현되지 않는다. 그러기에 우리 일상 속에 평화의 언어, 평화로운 시의 언어가 뿌리를 내리도록 하는 직접행동이 지금 우리에게는 더없이 중요하다.

나오는 말 지금 우리에게 필요한 것은 둥글게 모여 앉는 것

사실 "직접행동으로 세상을 바꿀 수 있을까?"라는 물음은 조금 뒤틀린 질문이다. 행동하려 마음을 먹는 순간, 행동하는 순간 이미 세상은 변하고 있기 때문이다. 내가 원했던 결과가 아닐 수도 있지만 행동하는 순간 세상은 이미 예전과 같을 수 없다. 결과를 예상할 수 없는 것은 우리가 신이 아니라 인간이기에 자연스러운 일이다. 이 부패하고 부조리한 세상을 한번에 바꾸면 좋겠지만 그것은 욕심일 수 있고 다양한 사람이 함께 사는 세상에서 내 바람대로 세상이 바뀌는 것이 꼭 좋은 일만은 아니다. 그러니 뭘 해도 세상이 바뀌지 않는다고 냉소할 이유는 없다.

그리고 나와 세상이 분리되지 않듯이, 나와 다른 사람들도 분리되지 않는다. 우리는 같은 세상에 더불어 살고 있기에 좋은 방식이든 나쁜 방식이든 서로 서로 많은 영향을 주고받는다. 내가 변하면 나와 관계를 맺고 있는 사람들이 영향을 받고, 그 변화의 파동은 예측할 수 없을 만큼 퍼져 나갈 수 있다. 그러니 직접행동을 하는 순간 내가 예상했던 것보다 훨씬 더 많이 세상이 바뀔 수도 있다.

나 자신을 세상과 분리하는 생각은 우리를 자꾸 머뭇거리게 만든다. 그런 인식은 우리를 머뭇거리게 하고 변화의 의미를 나의 것이 아닌 특정한 목적에서, 나의 용기가 아니라 다른 누군가의 선의에서 찾게끔 만든다. 냉소하거나 동경하거나, 나의 자리가 없는 가운데 세상이 변한다.

하지만 직접 나서는 순간에는 나와 우리 자신이 바로 목적이다. 한

걸음 내딛는 순간 우리는 존엄한 존재가 되기 때문이다. "우리가 이겼다!"라고 외치면 좋겠지만 그렇게까지는 아니더라도 "결코 너희 마음대로 되지는 않을 것이다!"라고 외치는 것도 세상을 바꾸는 중요한 방법이고 그러면서 우리는 존엄해진다.

미국의 아나키스트 헤나시가 말했던 '한 사람의 혁명one-man revolution'도 그런 의미이다.

"만약 내게 용기가 있다면, 사람이 마땅히 그래야 한다고 내가 생각하는 대로 오늘 당장 살기 시작할 수 있다. 나는 사회가 바뀔 때까지 기다릴 필요가 없다. 세계를 변화시키는 방법은 자기 자신의 변화를 위한 시도이다."

이런 생각으로 헤나시는 매년 히로시마 핵폭탄 투하일이 오면 하루 동안 단식했고 자기 지역의 연방 정부 건물 앞에서 피켓을 들고 시위를 벌였다. 사람들이 그렇게 해서 세상을 바꿀 수 있겠느냐고 물으면 헤나시는 이렇게 답했다. "아뇨, 하지만 세상이 나를 바꿀 수 없다는 것은 확신합니다." 앞서 일리치의 입을 빌어 얘기했듯이 희망은 외부의 것이 아니라 내 속에 있는 것이니까.

세상의 변화를 얘기할 때 우리가 빠지기 쉬운 또 다른 함정은 순수한 이타주의이다. 우리는 언제나 순수하고 거룩한 변화를 꿈꾼다. 하지만 세상은 그렇게 변하지 않는다. 이현주 목사는 장일순 선생과의 대화를 기록한 《장일순의 노자 이야기》에서 이런 말을 남겼다.

"우리가 오늘 새삼스레 도를 찾고 도를 말하고 하는 것이, 제 생각에는 이렇습니다. 그것이 그렇게 해서 이 세상을 어떻게 변혁시키겠다는 거창한 의도를 내세울 게 아니라, 세상이 이대로 가면 모두 함께 망할 것이 너무나도 뻔하니 나만이라도 살아남는 길을 찾겠다는 그런 몸부림이어야 한다고 봅니다. 성경의 노아 이야기가 바로 그런 것 아닙니까? 노아는 세상이 장차 물로 멸망할 것을 미리 안 사람이었지요. 물을 이길 수 있는 것이 배밖에 더 있겠어요? 그래서 노아는 배를 지은 겁니다. 사람들이 비웃었겠지만, 살아남기 위해서는 그 길밖에 없었지요. 그래요. 저는 노아는 세상을 바꿔 보겠다는 의지보다 그저 살아남겠다는 단순한 뜻밖에 없었다고 봅니다. 선생님, 그 행위야말로 노자의 '위무위爲無爲' 아닙니까? 그런데, 그렇게 해서 노아는 살아남았고 그 살아남은 '한 사람' 때문에 결국 '인류'가 살아남게 됐다는 얘기지요. 이걸 두고, 남들은 어찌 됐든 자기 혼자 살아 보자는 투의 타락한 이기주의로 매도하는 것은 그야말로 천박한 무지의 소치라고 봅니다."

장일순 선생이 말했던 '수동적 능동성'이나 내가 생각하는 '이기적인 이타성' 모두 같은 맥락이다. 가장 절망적인 순간이라도 내가 희망의 근원이라 여기면 새로운 가능성이 존재한다. 내가 드러나야 각각의 타자도 드러나고 그 드러남이 다양하게 어우러질 수 있다.

운동권의 변절에서도 드러나듯이 자신을 모두 바친 사람들은 세상의 더딘 변화 속도에 지쳐 결국 '자기 몫'을 요구한다. 이타주의인 듯하지만 결국은 자신의 이기주의에 불과하다. 그런 의미에서 성인이나 운동가가 아니라 일상을 사는 사람들이, 남만 바라보는 사람이 아니라 나를 주시하되 남을 배제하지 않는 사람들이 세상을 바꿀 수 있다.

직접행동을 하려는 순간 우리가 질문을 던지는 방식이 바뀐다. 우리는 세상이 아니라 자기 자신에게 질문을 던지게 된다. 나는 내 삶의 주인인가? 내가 믿는 바를 실천하며 존엄하게 살고 있나? 학교나 공장, 사무실, 공공 시설에서 나는 내가 원하는 대로 생각하고 행동할 자유를 누리고 있나? 부당하고 부조리하며 불공정한 일을 당할 때마다 우리는 그것을 정당하고 정의로우며 평등한 일로 바로잡고 있나?

직접 민주주의가 민주주의에서 소외된 사람에게 다시 시민의 지위를 보장하려 하듯이, 직접행동은 자기 삶에서 소외된 사람이 다시 주인으로 서기를 원한다. 정치 공간에서, 공장과 사무실에서, 학교에서, 가정에서 그런 삶을 살기를 원한다. 그리고 사람들이 자기 자신의 존엄함을 깨닫고 남이 강요하는 삶이 아니라 자신의 삶을 살기를 원한다.

직접 민주주의의 '직접'이 혼자서 결정하는 일이 아니듯이, 직접행동의 '직접' 또한 내가 하는 일일 수도 있고 우리가 벌이는 일일 수도 있다. 다만 그 속에 반드시 나의 자리가 있어야 한다. 모두가 항상 그 일에 참여해야 한다는 것이 아니라 내가 원하면 언제든 그 일에 개입할 수 있어야 하고 그건 다른 사람도 마찬가지이다. 그러니 타인을 위해 직접행동을 하기도 하고, 직접행동은 나만이 아니라 우리의 자리를 마련하는 행동이기도 하다.

지금껏 봤듯이 우리 역사에는 그런 삶을 살았던 많은 사람이 존재한다. 다만 큰 것만 바라보는 우리 눈에 그들의 삶이 보이지 않았고 우리 삶의 의미로 다가오지 못했을 뿐이다. 표준화된 언어로 정리되지 않은 무수한 삶이 존재한다. 중앙에서 파견된 관리들이 알아듣지 못하는 사투리는 반란과 저항의 언어였다. 그래서 중앙 권력은 관리를 위해 자기 방식대로 말하고 듣고 소통할 것을 요구하지만 자신의 언어를 고집해 온 사람들, 그래서 우리가 이해할 수 없다며 그냥 넘겨 버리는 삶들이 있었다. 기록되지 않은 것이 아니라 기록될 수 없는 역사가, 박물관에 곱게 보관되는 기록이 아니라 길 위에서 소리, 소문으로 떠도는 기록이 그런 사람들의 것이다.

내가 지금껏 들어 본 연설 가운데 가장 감동적인 연설은 20세기 초 러시아 혁명 당시 게릴라 부대를 이끌었던 우크라이나의 아나키스트 마흐노가 자신이 해방시킨 마을에서 했던 연설이다.

"형제들이여, 우리는 여러분을 도우러 왔습니다. 우리는 지주들과 그들의 마름들을 따랐지만, 이제 우리는 자유인입니다. 정의와 평등의 이름으로 여러분끼리 땅을 분배하십시오. 그리고 모두의 행복을 위해 동등한 관계에서 일하십시오."

'이제 내가 당신들을 책임지겠소.' '나만 믿고 따라오시오.'가 아니라 '여러분은 자유인이니 이제 알아서 땅을 분배하시오.'이다. 이 얼마나 존엄한 연설인가. 민중'을 위한' 민주주의가 아니라 민중'의' 민주주의가 바로 존엄한 사람들의 민주주의이다. 그러나 우리는 이 연설의 존재를, 마흐노라는 사람의 이름조차 기억하지 못한다.

이 존엄한 연설을 했던 마흐노는 같이 혁명을 일으켰던 적군에 쫓겨 낯선 땅 프랑스에서 삶을 마쳐야 했다. 지금 우리의 시선으로 보면 그는 세상을 바꾸는 데 실패했지만, 그렇다고 그의 삶이 가치 없거나 아무런 변화를 일으키지 못한 것도 아니다.

백무산은 〈기대와 기댈 곳〉이라는 시로 그런 삶을 예찬했다.

방글라데시에서 왔다고 했다
검은 얼굴의 두 사내가 쇼핑을 나왔다
할인매장 계산대에서
기름때가 다 가시지 않은 손으로
라면과 야채를 넣었다 뺐다 들었다 놓았다
돈에 맞추느라 줄였다 늘렸다 했다

계산서를 구기던 여직원이 무전기 든 덩치를 불렀고
덩치는 주먹을 흔들고 욕을 퍼붓고 침 튀겼다
깜둥이 새끼들 돈 없으면 처먹지 말지
여기까지 와서 지랄은 지랄이야!
옆 계산대를 빠져나오던 자그마한 한 비구니가 그 소리를 들었다
두 배는 됨직한 그 덩치를 무릎 꿇렸다

저 자리에서 절절매며 살던 덩치가
우리도 인간이라고 외치던 때가 엊그제였다
힘있는 덩치와 문명의 나라에 기대를 걸었던
사람은 맑스였고
희망 없는 '인류의 쓰레기'들과 땅을 잃은
뜨내기들이 우글거리는 나라에
새로운 역사의 기대를 걸었던 사람은 바꾸닌이었다
한줌 가진 것에 기대 비굴하게 오염되어
열정을 잃어버린 덩치들을 그는 경멸했다

그로 인해 그는 패배자가 되어 역사에
이름을 더럽혔지만 진실은 그의 것이었다

꿈꾸지 않는 자의 절망은 절망이 아니다

마음에 티끌 하나 남기지 않고 비구니는
어둠속으로 사라졌다
순결한 것은 스스로 기댈 곳이 없다

실수와 실패는 있을 수 있지만 그렇다고 그 행동이 무의미하거나 잘못된 것은 아니다. 꿈꾸지 않는 자의 절망은 절망이 아니다. 우리가 서로에게 기댈 곳이 될 때, 혼란스럽지만 존엄한 세상이 만들어질 수 있다.

지금의 세계적인 위기는 과거 마르크스와 바쿠닌이 살았던 시대처럼 사람들에게 다시금 '공통의 정체성'을 부여하고 있다. 모든 차이를 무로 만드는 공통성이 아니라 함께 살아가는 사람들로서의 공통성 말이다. 나는 당신과 다르다가 아니라 나도 언젠가는 당신의 처지가 될지 모른다는 공통성, 그렇기에 함께 손을 잡아야 한다는 깨달음.

"거리를 점령하라!" "우리는 정치인과 은행가의 상품이 아니다!" "우리가 99퍼센트다!" "진짜 민주주의가 필요하다!" "세상을 바꾸자!"라고 외치는 유럽의 '브뤼셀 아고라', 뉴욕의 '제너럴 어셈블리'는, 희망버스, 희망텐트, 희망광장으로 이어지는 한국의 희망 운동은 그런 공통성과 깨달음을 반영한다.

물론 내가 모든 일에 개입할 수는 없다. 그래서 직접 해야 한다는 당위보다 더 중요한 것은 민중이 그렇게 할 수 있다는, 실제로 그런 힘을 가지고 태어나고 살아간다는 강한 '믿음'과 그렇게 산다는 '존엄'이다. 민중에 대한 그런 믿음이 없다면 그들의 존엄함을 믿고 결정을 맡길 수 없기 때문이다.

누가 조직하고 마이크로 고함을 치지 않아도 사람들은 항상 둥글게 모여 앉아 회의한다. 마치 회의라는 본능을 타고난 것처럼. 시간이 흐르면 규칙도 자율적으로 짠다. 모여서 생각을 나누고 같이 규칙을 짜는 행동은 우리가 세상을 조금 더 넓게 보고 강한 힘을 만들 수 있게 한다. 지금 우리에게 필요한 것은 둥글게 모여 앉는 것이다.

* 참고한 자료

고병권 지음, 《추방과 탈주》(그린비, 2009년)

구해근 지음, 신광영 옮김, 《한국 노동계급의 형성》(창작과비평사, 2002년)

권인숙 지음, 《대한민국은 군대다》(청년사, 2005년)

권정생 지음, 《우리들의 하느님》(녹색평론사, 1997년)

김도현 지음, 《당신은 장애를 아는가》(메이데이, 2007년)

김상봉 지음, 《학벌사회》(한길사, 2004년)

김용덕 지음, 《신한국사의 탐구》(범우사, 1992년)

김준 지음, 〈해방의 섬에서 빨갱이의 섬으로〉, 《오마이뉴스》 2005년 8월 17일자

김진숙 지음, 《소금꽃나무》(후마니타스, 2007년)

김창진 지음, 《사회주의와 협동조합운동》(한울 아카데미, 2008년)

나오미 클라인 지음, 김소희 옮김, 《쇼크 독트린》(살림Biz, 2008년).

더글러스 러미스·쓰지 신이치 지음, 김경인 옮김, 《에콜로지와 평화의 교차점》(녹색평론사, 2010년)

레프 톨스토이 지음, 조윤정 옮김, 《국가는 폭력이다》(달팽이, 2008년)

로버트 달 지음, 조기제 옮김, 《민주주의와 그 비판자들》(문학과지성사, 1999년)

로버트 달 지음, 박상훈·박수형 옮김, 《미국헌법과 민주주의》(후마니타스, 2004년)

로버트 콜스 지음, 박현주 옮김, 《환대하는 삶: 도로시 데이, 평화와 애덕의 83년》(낮은산, 2011년)

로버트 O. 팩스턴 지음, 손명희·최희영 옮김, 《파시즘: 열정과 광기의 정치혁명》(교양인, 2004년)

리 호이나키 지음, 김종철 옮김, 《정의의 길로 비틀거리며 가다》(녹색평론사, 2007년)

마쓰모토 하지메 지음, 김경원 옮김, 《가난뱅이의 역습》(이루, 2009년)

마저리 쇼스탁 지음, 유나영 옮김, 《니사: 칼라하리 사막의 !쿵족 여성 이야기》(삼인, 2008년)

마하트마 간디 지음, 김태언 옮김, 《마을이 세계를 구한다》(녹색평론사, 2006년)

모리치오 비롤리 지음, 김경희·김동규 옮김, 《공화주의》(인간사랑, 2006년)

박은식 지음, 김도형 옮김, 《한국독립운동지혈사》(소명출판, 2008년)

버나드 마넹 지음, 곽준혁 옮김, 《선거는 민주적인가》(후마니타스, 2004년)

볼프강 작스 외 지음, 이희재 옮김, 《반자본 발전사전》(아카이브, 2010년)

브루스 커밍스 지음, 김동노 외 옮김, 《브루스 커밍스의 한국 현대사》(창작과비평사, 2001년)

소안항일운동기념사업회 엮음, 《소안항일운동사료집》(瑞寶印刷株式會社, 1990년)

손낙구 지음, 《부동산 계급사회》(후마니타스, 2008년)

송기숙 지음, 《암태도》(창작과비평사, 1981년)

송윤경, 〈소안도 항일운동사, 전설에서 역사로〉, 《뉴스메이커》 제737호

신동호, 〈안면도 반핵항쟁〉, 《뉴스메이커》 제684, 685, 686호

안토니오 네그리·마이클 하트 지음, 조정환 외 옮김, 《다중: 「제국」이 지배하는 시대의 전쟁과 민주주의》 (세종서적, 2008년)

앤드류 커크 지음, 유강은 옮김, 《시민불복종》(그린비, 2005년)

어니스트 칼렌바크·마이클 필립스 지음, 손우정·이지문 옮김, 《추첨민주주의》(이매진, 2011년)

엄기호 지음, 《이것은 왜 청춘이 아니란 말인가》(푸른숲, 2010년)

에이프릴 카터 지음, 조효제 옮김, 《직접행동: 21세기 민주주의, 거인과 싸우다》(교양인, 2007년)

오현철 지음, 《시민불복종: 저항과 자유의 길》(책세상, 2001년)

오현철 지음, 〈'시민불복종'과 낙선운동의 정치학적 정당성〉, 《정치비평》 제7호(2000년)

이계삼 지음, 《영혼 없는 사회의 교육》(녹색평론사, 2009년)

이반 일리치 지음, 〈평화의 근원적 의미〉, 《녹색평론》 2002년 1~2월호

이정은 지음, 《3·1독립운동의 지방시위에 관한 연구》(국학자료원, 2009년)

임재성 지음, 《삼켜야 했던 평화의 언어》(그린비, 2011년)

전순옥 지음, 《끝나지 않은 시대의 노래》(한겨레신문사, 2004년)

전진한 지음, 《이렇게 싸웠다》(무역연구원, 1996년)

제임스 스콧 지음, 전상인 옮김, 《국가처럼 보기》(에코리브르, 2010년)

조경달 지음, 박맹수 옮김, 《이단의 민중반란》(역사비평사, 2008년)

조경달 지음, 허영란 옮김, 《민중과 유토피아: 한국근대민중운동사》(역사비평사, 2009년)

조동걸 지음, 《일제하한국농민운동사》(한길사, 1983년)

지주형 지음, 《한국 신자유주의의 기원과 형성》(책세상, 2011년)

지행네트워크 지음, 《나는 순응주의자가 아닙니다》(난장, 2009년).

최장집·박찬표·박상훈 지음, 《어떤 민주주의인가: 한국 민주주의를 보는 하나의 시각》(후마니타스, 2007년)

칼 폴라니 지음, 홍기빈 옮김, 《전 세계적 자본주의인가, 지역적 계획경제인가 외》(책세상, 2002년)

크로포트킨 지음, 하기락 옮김, 《전원, 공장, 작업장》(형설출판사, 1983년)

파울로 프레이리 지음, 교육문화연구회 옮김, 《희망의 교육학》(아침이슬, 2002년)

페르디난트 자일트 지음, 차용구 옮김, 《중세의 빛과 그림자》(까치, 2000년)

평화유랑단 평화바람 엮음, 《들이 운다: 땅을 지키려는 팽성 주민들이 살아온 이야기》(리북, 2005년)

프란츠 파농 지음, 남경태 옮김, 《대지의 저주받은 사람들》(그린비, 2004년)

프란츠 파농 지음, 이석호 옮김, 《검은 피부, 하얀 가면》(인간사랑, 1998년)

피에르 조제프 프루동 지음, 이용재 옮김, 《소유란 무엇인가》(아카넷, 2003년)

하승수 지음, 〈생명과 평화, 자치의 공동체로〉, 《빛두레》 제659호(2004년)

하승우 지음, 《참여를 넘어서는 직접행동》(한양대출판부, 2004년)

하워드 진 지음, 문강형준 옮김, 《권력을 이기는 사람들》(난장, 2008년)

한국역사연구회·역사문제연구소 엮음, 《3·1민족해방운동 연구: 3·1운동 70주년 기념논문집》(청년사, 1989년)

한나 아렌트 지음, 김동식 옮김, 《공화국의 위기》(도서출판 두레, 1979년)

한나 아렌트 지음, 이진우 외 옮김, 《인간의 조건》(한길사, 196년)

한나 아렌트 지음, 이진우·태정호 옮김, 《인간의 조건》(한길사, 1997년)

한나 아렌트 지음, 홍원표 옮김, 《혁명론》(한길사, 2004년)

함석헌 지음, 《들사람 얼》(한길사, 2001년)

함석헌 지음, 《생각하는 백성이라야 산다》(생각사, 1979년)

함석헌 지음, 《생활철학》(서광사, 1966년)

홍영기 지음, 《1920년대 전북지역 농민운동》(한국학술정보, 2006년)

후아나 폰세 데 레온 엮음, 《우리의 말이 우리의 무기입니다》(해냄, 2002년)

D. Lummis 지음, 《Radical Democracy》(Cornell University Press, 1996)

Gustav Landauer 지음, 《For Socialism》(Telos Press, 1978)